동물, 그러니까 나인 동물

L'animal que donc je suis
by Jacques Derrida

© Succession Jacques Derrida, representee par les Editions du Seuil
Premiere publication, 2006

Korean Translation Copyright © NRF(National Research of Foundation), 2025
All rights reserved.
This Korean edition was published by arrangement with Editions du Seuil(Paris)
through Bestun Korea Agency Co., Seoul

이 책의 한국어판 저작권은 베스툰코리아에이전시를 통해 저작권자와의 독점 계약으로 (재)한국연구재단에 있습니다.
저작권법에 의해 한국 내에서 보호를 받는 저작물이므로 무단전제와 무단복제를 금합니다.

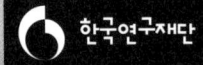
한국연구재단 학술명저번역총서 672

동물, 그러니까 나인 동물

L'animal que donc je suis

자크 데리다 지음
문성원·최성희 옮김

아카넷

일러두기

1. 이 책은 Jacques Derrida, *L'animal que donc je suis*, Paris: Editions du Seuil, 2006을 완역한 것이다.
2. 외래어 표기는 국립국어원 외래어표기법을 따랐으나, 관습적으로 굳은 표기는 그대로 허용했다.

차례

편집자 서문 | 7

1부 동물, 그러니까 나인 동물(계속) | 15

2부 그러나 나, 나는 누구인가요? | 113

3부 그런데 동물이 응답한다면? | 227

4부 왜 이러는지 | 267

옮긴이의 말 | 305
찾아보기 | 308

편집자 서문

마리루이즈 말레

자크 데리다는 자신이 '동물'에 관해 쓴 글들을 언젠가 하나의 큰 작품으로 통합하고자 하는 의도를 종종 내비쳤다. 그것은 심중에 담고 있는 계획이었으나, 급박한 여러 일들로 인해 계속 미뤄 두어야 했다. 1997년, 그 자신이 "자서전적 동물"이라는 표제로 제안했던, 스리지(Cerisy)에서 열린 열흘 간의 회합을 위해 그는 아주 긴 강연문을 썼다. 열 시간에 이르는 그 길이를 고려하면 차라리 일종의 세미나라고 해야 할 것이다. 그 원고의 도입부가 "그러니까 나인 동물(L'animal que donc je suis)"이라는 제목으로 학회지에 실렸는데, 거기에는 이어지는 부분들이 공간(公刊)될 계획임을 알리는 "계속(à suivre)"이라는 문구가 붙었다.[1] 2003년에 이르러서야 데리다는

---

[1] M.-L. Mallet(dir.), *L'Animal autobiogrpphique*, Paris, Galilée, 1999. 이 문구는 제목의 "je suis"가 두 가지 의미로, 즉 '이다(être)'와 '쫓다(suivre)'의 의미로 이해될 필요가 있음을 환

이 공식 강연의 막바지에 놓였던 텍스트를 "그리고 동물이 응답한다면?(Et si l'animal répondait?)"[2]이라는 제목으로 출판하도록 했다. 데리다에게 헌정한 잡지 『카이에 드 에른(Cabier de L'Herne)』에 미간행 문헌들 중 하나로 싣게 한 것이다.

　데리다가 강연 중에 스스로 환기했듯이, '동물'의 문제는 그의 텍스트 여러 곳에 자주 등장한다. 그의 저작들에 끈질기게 등장하는 이 문제는 적어도 두 가지 원천에서 비롯한다. 그 첫 번째는 의심할 나위 없이 특별하고 활기찬 감성, 철학이 대부분 무시하거나 망각했던 동물적 삶의 측면들과 '공감'하여 느낄 수 있는 능력이다. 여기서 데리다는 제러미 벤담이 동물에 관하여 제기하는 질문, 즉 "그들은 고통받을 수 있는가?"라는 질문에 아주 커다란 중요성을 부여한다. '그들은 추론할 수 있는가?', '그들은 말할 수 있는가?'가 아니라, '그들은 고통받을 수 있는가?'라고 벤담은 묻는다. 겉보기에는 단순하지만 데리다가 보기에는 매우 심오한 질문이다. 데리다는 그의 저작들에서 여러 번 이 질문으로 돌아온다. 동물의 고통에 그는 결코 무관심할 수 없다. 그러나 벤담이 제기한 문제는 데리다가 볼 때, 철학의 역사에서 가장 일관되고 가장 끈질긴 사유 전통을 배후에서─정면에서가 아니라 우회로로 맞서서─ 공격하는 데 철학적으로 매우 적절하며 적합한 것으로 여겨지기도 했다. 이것이 두 번째 원천이다. 인간을 이성을 지닌 동물(zôon logon ekhon) 또는 합리적 동물이라고 정의할 때조차, '동물', 그러니까 이성을 부여받은 동물이라고 정의할 때조차, 이 전통은 언제나 인간

∴
　기하기도 한다.
2　M.-L. Mallet et G. Michaud(dir.), CabierdeL 'Herne. jacques Derrida, n°83, Paris, L'Herne, 2004.

을 사실상 나머지 모든 동물 영역과 대립시켰다. 인간에게서 모든 동물성을 지우고, 거꾸로 동물은 인간에게 고유한 것이라 여겨지는 것이 없다고 본질적으로 부정적 방식으로 정의했다. 그러니까 "말, 이성, 죽음의 경험, 애도, 문화, 제도, 기술, 의복, 거짓말, 가장의 가장(feinte de feinte), 흔적의 말소, 선물, 웃음, 눈물, 존경 등등"이 없다는 것이다. "우리의 삶의 환경인 가장 강력한 철학적 전통은 '동물'에게 **이 모두**를 부인했다"[3]라고 데리다는 강조한다. 지배의 입장과 분리 불가능한 철학적 '로고스 중심주의'는 우선 "동물에 대한, 즉 **로고스**가 없는 동물, 로고스를 **가질-수-있음**이 없는 동물에 대한 테제"라고, "이것은 아리스토텔레스부터 하이데거까지, 데카르트부터 칸트, 레비나스, 라캉까지 견지되는 테제, 입장 또는 전제"[4]라고 데리다는 거듭 말한다. 동물에 행해진 폭력은 더욱이 이 의사-개념(pseudo-concept)인 '동물'과 더불어 시작된다고 그는 말한다. '동물'이라는 말은 마치 지렁이에서 침팬지에 이르는 모든 동물이 '인간'과 근본적으로 대립하는 동질적 총체를 이루는 것처럼 단수로 사용된다. 이 첫 번째 폭력에 대한 대응으로서 데리다는 'l'animot'라는 다른 단어를 고안하는데, 이것은 단수이면서도 프랑스어로 발음할 때 동물(animal)의 복수인 '아니모(animaux)'로 들리며, 그래서 '동물'이라는 단어가 지워 버리는 동물들의 극단적 다양성을 환기한다. 이 '동물말(l'animot)'은 써 놓았을 때는 '동물'이라는 말이 '말(mot)'일 뿐이라는 점을 보여 준다. 그러므로 여러 상황에서 이 텍스트에 등장하는 '동물말'은, 그때마다 '동물'이라는 말이 단수로 불가피하게 사용되어 우리가 아주 일상적이면서도 거의 깨닫지 못하는 독단적 잠에 빠지지

---

3 이 책의 3부, 「그런데 동물이 응답한다면?」, p. 258 참조.
4 이 책의 1부, 「동물, 그러니까 나인 동물」, p. 68 참조.

않도록 우리를 깨우는 경고와 환기의 기호로서 존재하는 것이다.

결국 이렇게 동물들을 잘못 다루어온 철학적 전통을 해체하는 일은 단지 동물들에게만 관계되는 것이 아니다. 해체는 관점을 단순히 뒤집어 버리지 않는다. 예컨대 일반적으로 이 전통이 늘 '동물'에게 앗아가 버린 것을 다시 '동물'에 돌려주지 않는다. 고전적 대립을 그 대립 못지않게 기만적인 무차별화의 혼동으로 대체하지도 않는다. 해체는 차이들을 참을성 있게 다중화하여, 사람들이 그토록 오랫동안 '인간'과 '동물'의 전통적 대립을 근거 지을 수 있다고 믿어 온 바탕인 '고유한' 것의 이 추정된 경계가 지닌 취약성과 다공성이 드러나게 한다. 이렇게 하면서 해체가 동물 '일반'의 '동물성'에 관한 모든 확신을 뒤흔든다고 할 때, 거기서는 인간의 '인간성'에 관한 확신 또한 그것 못지않게 뒤흔들리게 된다. 데리다가 애써 강조하듯이, "관건은 **단지** 동물에게 이런저런 능력(…)을 부인할 권리가 우리에게 있는지를 묻는 것만이 **아닙니다**. 그것은 **또한** 인간이라 불리는 자가 동물에게 부인하는 것을 아주 엄격하게 인간에게 귀속시킬 권리가 있는지, 그러니까 자신에게 귀속시킬 권리가 있는지, 그리고 그것에 대해 **순수하고 엄격하며 분할 불가능한** 개념을 그 자체로서 가지고 있는지를 묻는 문제이기도 합니다."[5]

이런 점에서 우리는 '동물'의 문제가 데리다의 사유에서 매우 중요한 자리를 차지하는 이유와 데리다가 이 책을 기획한 이유를 잘 이해할 수 있다. 우리는 데리다가 직접 책을 만들 시간이 있었더라면 이 책이 어떤 모습을 띠게 되었을지 안타깝게도 결코 알 수 없을 것이다. 하지만 우리가 보기에 데리다는 이미 따로 출간된 스리지의 대규모 강연 두 부분 외에 아직

---

5 이 책의 3부, 「그런데 동물이 응답한다면?」, p. 258 참조.

출간되지 않은 부분들을 이 저작에 모으겠다는 희망을 줄곧 가지고 있었던 것 같다.

  출간되지 않은 부분은 두 가지다. 한편으로는 출간된 두 토막 사이에 놓인 강연 부분에 해당하는 긴 텍스트[6]가 있는데, 여기서 데리다는 플라톤에서 레비나스까지 '동물'과 관련된 동일한 사유 도식들의 회귀를 "그 흔적을 따라" 쫓는다. 이 텍스트는 데리다의 모든 강연이 그렇듯, 그가 연 세미나에서의 모든 발표가 또한 그렇듯, 완전하고 완벽하게 작성된 상태였다. 그래서 이 원고는 미미한 오타 수정 말고는, 또 인용된 문헌에 몇몇 출처(또는 그 세부 사항)를 각주로 덧붙이는 것 말고는 다른 수정 없이 그대로 실었다.

  다른 한편 이 책의 끝에 놓인 강연의 마지막 부분[7]은 하이데거에게서의 동물 문제를 다룬다. 이 부분의 성격은 조금 달라서, 출판상의 몇몇 특수한 문제들을 안고 있다. 1997년 7월 15일에 시작된 강연은 이튿날로 연장되었고, 토론을 포함하여 아홉 시간 이상 이어졌다. 열흘의 회기는 예고된 다른 강연들로 계속되었지만, 참가자들 사이에는 어떤 기대가 남아 있었다. 강연 과정에서 여러 번 언급된 하이데거에게서의 동물 문제가 미해결 상태로 머물러 있었던 것이다. 그래서 마지막 날인 7월 20일 저녁에 데리다는 이 기대에 응답하는 임시 강연을 했다. 작성된 원고가 아니라, 단지 몇몇 메모와 하이데거 문헌의 몇몇 전거들에서 출발한 이 즉석 강연에서 데리다가 남겨 놓은 것은 녹음뿐이다. 그렇지만 우리가 보기에 이 스케치는 즉흥적인 것임에도 불구하고 강연 전체의 주요한 노선 가운데 하나

---

[6] 이 책의 2부.—옮긴이
[7] 이 책의 4부.—옮긴이

에 접근하는 의의가 있다는 점에서 출판할 만한 가치가 있다고 여겨졌다. 그래서 우리는 되도록 가장 충실한 그 사본을 여기에 내놓는다. 즉흥적 언변에 따르는 불가피한 몇몇 군더더기들만 수정되었을 뿐이다. 우리는 거기서 구어적 표현이나 친밀하며 때로 쾌활한 어조를 지우려 하지 않았다. 종종 단어 못지않게 의미를 전달하는 이 어조의 다양한 변화가 어쩔 수 없이 누락되어 버린 게 오히려 안타까울 따름이다. 발음된 단어들 모두를 정확하게 글로 옮기는 일은 상대적으로 쉬운 반면(이런 작업은 주의를 기울이는 것으로 충분하다), 특정한 해석은 리듬, 침묵, 억양의 강조를 구두점 기호들로 옮기는 일이 문제될 때 시작된다. 더욱이 데리다가 이런 기호들에 신경을 썼다는 건 잘 알려져 있다. 그러니 만일 데리다 자신이 이 출판을 진행했다면 그의 말대로 단순한 '실루엣'인 이 스케치를 틀림없이 다시 썼을 것이다. 그러나 데리다가 환기하다시피, 하이데거에게서의 동물 문제는 이미 오래전부터 데리다의 여러 저술에 등장했다. 특히 「인간의 종말」[8]에서, 「게슐레히트」와 「하이데거의 손」[9]에서, 『정신에 대하여』에서, 「하이데거의 귀」[10]에서, 끝으로 『아포리아』에서 말이다. 우리는 이 저작들을 읽을 필요가, 또는 다시 읽을 필요가 있을 것이다.

"내게 시간이 있었다면, 또 우리가 함께 시간을 보냈더라면 [⋯] 그러나 시간이 없군요⋯⋯." "내게 시간이 있다면 보여 주려 애쓸 텐데 [⋯] 우리에겐 아주 멀리 갈 시간이 없을 거예요⋯⋯." "그럴 시간이 있다면 [⋯] 여기에

- -
- **8** *Marges—de la philosophie*(철학의 여백), Paris, Minuit, 1972.
- **9** *Psyché, Invention de l'autre*(영혼, 타자의 발명), t. II, nouv. éd. augmentée, Paris, Galilée, 2003.
- **10** *Politiques de l'amitié*(우정의 정치들), Paris, Galilée, 1994.

오래 멈춰 있을 필요가 있을 거예요.〔…〕그럴 시간이 없을 것 같군요……" "내게 시간이 있었다면,〔…〕정당하게 평가하고 싶었을 겁니다.〔…〕나는 이 글에서 현기증과 순환의 계기들을 강조하고 싶었어요. 여기엔 시간이 필요할 겁니다……" "이 느낌표, 나는 이걸 이 대단한 논의를 관통해서 쫓고 싶었을 거예요. 내게 시간과 힘이 있다면 그렇게 했으면 좋겠어요.〔…〕이 텍스트는 정당하게 다루고 싶어요……" 이렇게 녹취된 글을 읽으면서 독자는 우리가 갖지 못한 시간이라는 이 모티프, 오늘날 우리에게 조종(弔鐘)처럼 울리는 이 모티프의 회귀에 강한 인상을 받지 않을 수 없을 것이다. 이 불안정의 상황적 이유(학회의 막바지, 실제로 얼마 남지 않은 시간, 그렇지만 그것을 요구해 마지않는 청중이 집중할 수 있는 시간을 낭비하지 않을까 하는 두려움) 너머에서 독자들, 그러니까 데리다의 친구들은 불안정을, 불안을, 그토록 자주 들리는 목소리의 '떨림'을 인지하게 된다. "내게 시간과 힘이 있다면"이라는 어구는 데리다의 사유가 하나의—그렇지만 광대한—작업에 만족하지 못한 채, 언제나 불확실한 미-래(à-venir)로 달려나간다는 점을 말해 준다. 무엇보다도 텍스트를, 주제를, 문제를, 모티프를, 주제화를 허락하지 않는 것이, 사건의 도래를 "정당하게 다루려는(rendre justice)" 염려에 의해 말이다. 가장 엄격한, 가장 비타협적인 '해체'는 언제나 정확함(justesse)만큼이나 정의(justice)에 대해 쏟는 이 염려에 의해 활력을 얻어 왔지 않았는가.

  1997년에 그에게는 아직 얼마간 시간이 있었다. 그러나 이미 오랜 시간 이래로, 그러니까 1997년 이전에도, 또 그 이후에는 더욱, 데리다에게 적합한 경구는 다음과 같은 것이었다. "삶은 그토록 짧은 것이었음이 드러날 것이다(La vie aura été si courte)." 이 전미래{미래완료}는 오늘날 자신의 "절대적 사용처"를 발견한 셈이다……

1부
동물, 그러니까 나인 동물(계속)[1]

시작하면서, 나는 말들에, 만일 가능하다면, 발가벗은 말들에 기대고자 합니다.

맨 처음부터 발가벗은—하지만 이것은 내가 발가벗음에 대해, 철학에서의 발가벗음에 대해 끊임없이 말할 것이라는 점을 미리 알리기 위한 것입니다. 창세기 이래로. 시작을 위해, 나는 발가벗고 있는 말들을, 정말 단순히, 마음에서 우러나온 말들을 선택하고 싶습니다.

그리고 같은 말을 반복하지 않고, 이 자리에서 내가 이미 한 번 이상 말했던 것을 되풀이하지 않고, 이 말들을 말하고 싶습니다. 길들여짐을 내

---

1 이 글의 프랑스어 제목인 "L'animal que donc ju suis(à suivre)"에서 'suis'는 동사 *être*(있다/이다)와 동사 *suivre*(쫓아가다)의 공통된 1인칭 현재 단수 형태다. 그래서 이 제목은 '동물, 그러니까 내가 쫓아가는 동물'이라고 옮길 수도 있다. 이런 중의성을 살려야 할 곳에서는 '/'을 사용하여 번역했다.—옮긴이

치려면, 앞서서 습관이나 관례를 내치려면, 같은 말을 반복하는 걸 피해야 한다고들 하지요. 그런 것들은 결국 인사치례(remerciement)² 같은 것이 되고 말 테니까요.

여기 몇몇 분들은 이미 1980년과 1992년에 열린 이전 두 번의 학술대회에도 계셨지요. 그때 생각을 떠올리면 눈물이 납니다. 내 가장 소중하고 가장 충실한 친구들 가운데 몇몇〔필립 라쿠라바르트(Philippe Lacoue-Labarthe)와 마리루이즈 마레(Marie-Louise Mallet)〕은 이미 그 두 번의 대회를 기획하고 실행에 옮기고 이끌었습니다. 마리루이즈가 다시 한 번 그 빛나는 천재성을 발휘했지요. 장뤽 낭시(Jean-Luc Nancy)는 다시 오겠노라고 약속했습니다. 그는 필립과 함께 1980년 대회를 열었지요. 나는 늘 그를 생각합니다. 그 역시 그의 친구들과 숭배자들이 여기에서 그에게 안부를 전하고 있다는 사실을 틀림없이 알고 있으리라 믿습니다.³

방금 언급한 사람들에게 너무 큰 빚을 져서 그들에게 어떤 감사의 말을 전해도 충분치 않습니다. 끝없는 감사의 마음을 지울 수가 없군요.

이 점을 잊지 않으면서, 여러분이 양해하신다면, 나는 더 이전의 순간으로, 이 시간 이전의 시간으로 거슬러 올라가고자 합니다.

그리고 이 시간 **이래로**, 사람들이 말하는 대로 '시간 이래로',⁴ 내게는 우화적이거나 신화적인 것이 되는 시간에 대해 말해 보고 싶습니다.

여기 몇몇 분들은—특히 모리스 드 강디야크(Maurice de Gandillac)에게

---

2 'remerciement'은 아카데미 프랑세즈 입회 연설을 뜻하기도 한다.—옮긴이
3 장-뤽 낭시는 병환으로 1997년 대회에 참석할 수 없었다. 하지만 그가 보낸 강연문이 낭독되었고 학술대회 책자에 실렸다.
4 '이 시간 이래로(depuis ce temps)'와 대구를 이루는 '시간 이래로(depuis le temps)'이라는 프랑스어 표현에는 '아주 오래전'이라는 뜻이 있다.—옮긴이

저는 우선 인사와 감사의 말씀을 드리고 싶습니다—거의 40년 전인 1959년에 여기 스리지에서 우리의 놀라운 주최자들이 이미 저를 환대해 주었다는 점을 잘 아실 겁니다. 그것이 나의 첫 번째 강의, 사실상 내가 대중 앞에서 처음으로 강연한 때였지요. 만일 다른 사람들이 자전적 동물의 본능이라고 부르는 것에 내가 이미 굴복했다 치면, 1959년 당시 그 주제는 한마디로 창세기였다고 회상할 것입니다. 그 학술대회의 제목은 "구조와 창세기"였고 그것이 내가 치른 첫 번째 열흘간의 스리지 행사였지요. 그 후로 나는 1972년의 '니체', 1974년의 '퐁주', 1982년의 '리오타르' 학술대회에 아주 기쁜 마음으로 다시 왔습니다. 여기에 대해 내가 더 말해야 할 필요는 없어 보입니다. 제 크나큰 감사의 마음을 측량하기보다는—왜냐하면 그것은 측량 불가하니까요—알아주시길 바랍니다.

그러므로 내가 오늘 감히 말하고자 하는 모든 것은, 다시 한번, 감사함을 표현하기 위한 것입니다. "이 자리에, 여기 우리를 환영해 준 분들께, 그리고 여러분께 감사드린다"라고 말하기 위한 것입니다. 그것은 내게 하나의 아름답고 강렬한 이야기, 내가 스리지로 귀환하는 이야기입니다. 그것은 내 성인 시절의 삶 거의 전체, 내가 말하면서 생각하려 시도했던 모든 것을 조목조목 보여 줄 것입니다. 만일 나라는 동물이 언젠가 자서전(지적이건 정서적이건)을 쓰려고 마음먹는다면, 스리지라는 이름을 반복해서, 한 번 이상 그리고 하나의 방식 이상으로—그 고유명과 환유의 명성 속에서—되뇌어야 할 것입니다.

열흘 동안의 이번 대회, 연속대회라 할 수 있는 대회의 이 세 번째 학술대회에 대해 말하자면, 그건 예측할 수 없는 것으로, 전망이 배제된(불가능한) 것으로 보였습니다. 지난 번 1992년의 마지막 날 밤에 디디에 카엥(Didie Cahen)이 다락방 숙소에서 내게 세 번째 대화 주제가 어떤 것일 수 있을까를 물으면서 이 주제를 암시했을 때, 나는 그 가정을 묵살했습니다. 그때의 기억이 아직도 생생하네요. 나는 "이 친구 미쳤군"라고 소리쳤죠. 실은 그가 미쳤던 게 아니고, 내가 그랬던 거죠. 만사가 그렇듯, 어떤 일이 일어나는 조건은 그렇게 예상 불가능한 것이지요. 일이 일어난 후에야, 더욱이 묘한 심정으로 이 세 모임의 명칭('인간의 종말', '경계 가로지르기', '자전적 동물')을 다시 읽고 나서야 나는 그것이 나름의 정돈 방식을 갖춘 것임을, 조화로운 것은 아닐지라도 미리 준비된 질서임을 인식하게 됐습니다. 하나의 섭리적 기계, 칸트가 동물에 관해 적절하게 말했듯, "섭리의 기계임(als ein Maschinen der Vorsehung)"을 말이지요. 그것은 어렴풋한 예측, 즉 배치 면에서 맹목적이지만 분명한 예시의 과정이었지요. "인간의 종말"(이것은 필립 라쿠라바르트와 장뤽 낭시가 고른 제목인데, 이 분들은 내게 의견을 구하지도 않았고 나도 그런 제목을 제공하려 한 적이 없어요. 비록 "인간의 종말"이라는 이 제목이 내 텍스트 중 하나의 제목이기도 했지만 말이죠), 그리고 "경계 가로지르기"와 "자전적 동물"(이 제목들은 나 자신이 마리루이즈에게, 또 스리지의 우리 주최자들에게 제안한 것이지요), 이 제목들에 대해 나는 이후에야, 연속 대회가 세 번에 걸쳐 열리는 가운데, 아무도, 특히 나 자신은, 결코 이것을 계산하지 않았다는 점을, 어느 누구도 이것을 재전유할 수는 없으리라는 점을 이해하게 되었습니다. 단 하나의 어구, 뒤따를 하나의 어구라도 구상하거나 시도하는 일을 계산하지도 전유하지도 못한다는 점을 말이지요.

그것은 쫓아갑니다, 그 자체로, 자신을 쫓아갑니다. 그것은 "나는 존재한다/쫓아간다", "나는 나 자신을 쫓아간다"라고 말할 수 있겠네요. 이렇게 뒤쫓아, 세 번에 걸쳐, 어떤 결과를 낳기에, 그것은 삼막으로 된 연극의 진행이나 어떤 삼단논법적 협주곡의 세 악장이라고, 스스로 쫓아가게 하는 자리바꿈이라고, 한마디로 어떤 쫓아감/연속물(suite)이라고 할 수 있겠습니다.

만일 내가 이런 쫓아감이라면/연속물을 쫓아간다면,[5] 그리고 내가 지금 말하려는 것 속의 모든 것이 '쫓아간다'나 '뒤쫓는다', 그리고 '뒤따라'가 의미하는 문제에, '내가 존재할/쫓아갈' 때, 그리고 '나는 존재한다/쫓아간다'라고 내가 말할 때, 내가 행하는 것의 문제에 이르게 되는 것이라면, 다시 말하지만 만일 내가 이런 쫓아감이라면/이런 연속물을 쫓아가고 있다면, 그렇다면 나는 "인간의 종말"에서, 그러니까 인간의 극한에서 인간과 동물 사이의 "경계 가로지르기"로 나아가게 되는 셈입니다. 인간의 경계 혹은 종말을 넘어서 나는 동물에게로 다가갑니다. 자기 안의{그 자체의}(en soi) 동물에게로, 내 안의(en moi) 동물에게로, 그래서 자신과 불편한 관계에 있는 동물에게로, 니체가 아직 결정되지 못한 동물이라고, 그 자체로 부족한 동물이라고 말했던(어디서였는지는 기억나지 않습니다만) 그 인간에게로 나아갑니다. 니체는 『도덕의 계보학』에서도 그 두 번째 논문의 첫머리에서 인간은 약속을 하는 동물이라고 말했지요. 니체가 의미한 것은 약속을 할 수 있는(das versprechen darf)—니체는 이 단어들을 강조하고 있는데—동물이라는 뜻이었습니다. 이 약속하는 동물을 기르고, 길들이고 "훈육하는(heranzüchten)" 임무를 자연은 스스로에게 부여했다고 했지요.

시간 이래로, 아주 오랜 시간 이래로, 그러니까, 모든 시간 이래로, 그리고 앞으로 계속 올 것에 대해서, 우리는 그 자신과 불편한 관계에 있는 이 동물의 약속으로 나아가고 있을 법합니다.

시간 이래로, 그러니까.
시간 이래로, 동물이 우리를 지켜본다고 말할 수 있을까요?

---

5   프랑스어 표현은 "si je suis cette suite".—옮긴이

어떤 동물이죠? 타자군요.

때로 나는 내게, 내 스스로, 시험 삼아 묻습니다. **나는 누구인가요?** 발가벗은 채, 침묵 속에서, 어떤 동물의 시선에, 가령 고양이의 눈에 포착된, 곤란해하는, 그래요, 거북함을 이겨내기 곤란해하는 그런 순간에 놓인 나는 누구인가요?

왜 이런 곤란(mal)이 생기지요?

나는 부끄러움(pudeur)의 동요를 억누르는 데 곤란을 겪습니다. 내 안에서 외설에 대한 저항을 침묵케 하는 데서 겪는 곤란이지요. 발가벗고 성기가 노출된 채, 발가숭이로 고양이 앞에, 미동도 없이 당신을 바라보는, 단지 보고만 있는 고양이 앞에 있다는 걸 깨달아야 할 그런 처지에 있을 수 있다는 부적절함에 대한 저항입니다. 어떤 동물이 다른 동물 앞에 발가벗고 있다는 부적절함/곤란한 만남(malséance). 그런 점에서 이걸 일종의 동물적 만남(animalséance)라고 부를 수도 있겠지요.[6] 호의적이건 가차 없건, 놀란 눈길이건 고마워하는 눈길이건, 동물의 집요한 응시 앞에, 발가벗은 채 진실된 모습으로 서는 이 곤란한 만남의 원초적인, 단일하고 비교 불가능한 경험. 보는 자의, 예견하는 자의 또는 투시력 있는 장님의 응시. 이것은 마치 내가 이 고양이 앞에 발가벗고 있어서 창피해하는 것 같기도 하고 또한 창피해하는 것을 창피해하는 것 같기도 합니다. 이것은 창피함(honte)에 대한 반성이고, 자기 자신을 창피해하는 창피함의 거울인 셈입니다. 반사되는 것인 동시에, 정당화 불가능한 동시에, 고백할 수 없는 창피함의 거울. 이러한 반성의 시각적 중심에 어떤 것이—내가 보기에는 이

---

[6] mal-séance와 animal-séance를 대비하여 유희적 효과를 노리고 있다. 'mal'은 '곤란한', '나쁜' 등의 뜻이고 'séance'는 '회합', '회기' 등을 뜻한다.—옮긴이

것이 비교 불가능한 이 경험의 초점인데요―, 발가벗음이라고 불리는 어떤 것이 일어난다는 얘기입니다. 그런데 사람들은 거기에 대해 그 어떤 것이야말로 인간에게 고유한 것이라고, 다시 말해 동물들에게는 낯선 것이라고 생각합니다. 동물들은 발가벗고 있기에, 발가벗고 있다는 것을 조금도 의식하지 못한 채로 발가벗고 있기에 그렇다는 것이지요.

무엇을 창피해하며 누구 앞에서 발가벗고 있나요? 왜 창피함이 엄습하게 내버려 둘까요? 그리고 왜 창피함에 얼굴을 붉히는 이 창피함이 생겨날까요? 특히나, 이 점을 분명히 해야 할 텐데요, 만일 그 고양이가 발가벗은 나를 정면에서(de face), 얼굴을 마주하고 지켜본다면 말입니다. 그리고 만일 내가 발가벗은 채 고양이의 눈과, 나를 머리부터 발끝까지 바라보는, 말하자면, 그냥 보기 위해(pour voir), 시선을 던지길 포기하지 않고, 보기 위해, 보려고, 성기를 향해 있는 고양이의 눈과 마주하고 있다면 말입니다. 그저 보기 위해, 그걸 보러 가지 않고, 그걸 건드리지도 않고, 또한 그걸 물지도 않은 채로. 비록 그런 위협이 입술 끝이나 혀끝에 남아 있다 해도 말이지요. 거기에는 뭔가 발생하지 말아야 할 어떤 것이 일어나는 것입니다―도래하는 모든 일이 그렇듯이, 요컨대, 실언, 추락, 실패, 잘못, 징후 등이 그렇듯이. [여러분도 알다시피 징후(symptom)라는 말에는 추락이라는 뜻도 있습니다. 사고, 불행한 사건, 우연한 일치, 피치 못할 결말, 해로운 일 따위의 뜻이 있는 것이지요.] 방금 나는 금지된 것을, 사람들이 말해서는 안 된다고 생각하는 어떤 것을 말했거나 말하려 한 것 같습니다. 어떤 징후로, 고백할 수 없는 것을 내가 고백한 것 같군요. 그러고는 흔한 표현대로, 혀를 깨물려 했던 것 같습니다.[7]

..
7   프랑스 말로 '혀를 깨물다(se mordre la langue)'는 우리말 '혀를 깨물다'보다는 그 함의의

무엇을 창피해하며 누구 앞에서 창피해하나요? 짐승처럼 발가벗고 있는 걸 창피해합니다. 비록 이제 내가 검토할 철학자들 중 어느 누구도 이 점에 대해 언급하진 않지만, 일반적으로 사람들은 짐승에 고유한 속성이, 또 마지막 심급에서 짐승과 인간을 구분 짓는 것이, 발가벗고 있다는 사실을 알지 못한 채 발가벗고 있다는 사실이라고 생각합니다. 결국 발가벗고 있지 않다는 것이죠. 그네들의 발가벗음을 알지 못한다는 것, 한마디로, 선악에 대한 의식이 없다는 겁니다.

그러니까, 알지 못한 채 발가벗고 있기에, 동물들은 진실로 발가벗고 있지 않은 셈입니다.

그들은 발가벗었기 때문에 발가벗고 있지 않은 셈입니다. 원칙적으로, 인간만 예외로 두고, 어떤 동물도 옷을 입을 생각을 하지 않습니다. 옷을 입는다는 것은 인간에 고유한 것, 인간의 '속성들' 중 하나입니다. '옷을 입는다'는 것은 다른 모든 '인간에 고유한' 것의 특징과 분리할 수 없을 것입니다. 물론 혹자는 이 옷을 입는다는 것에 대해 말이나 이성, 로고스, 역사, 웃음, 애도, 매장, 선물 등등보다는 덜 얘기할 수도 있겠지요.〔이러한 '인간에 고유한 것'의 목록은 처음부터 항상 하나의 형상(configuration)을 이룹니다. 바로 그런 이유에서, 그것은 결코 하나의 특성에 국한될 수 없고, 결코 닫혀 있지 않습니다. 구조를 통해 그 목록은 개념이라는 무한히 많은 수의 다른 개념들을 끌어들일 수 있습니다. 개념이라는 개념을 그 시작으로 해서 말이죠.〕

그러니까, 동물은 발가벗었기 때문에 발가벗고 있지 않습니다. 동물은

∴ 강도가 좀 약하다고 할 수 있다. '말하고 싶은 것을 참다', '말한 것을 후회하다' 정도의 뜻이다.─옮긴이

자신이 발가벗었다고 느끼지 못합니다. '자연에는' 어떤 발가벗음도 없습니다. 오직 발가벗음 속에 실존한다는 느낌, 정동(affect)이, (의식적이거나 무의식적인) 경험이 있을 뿐입니다. 동물은 발가벗음 속에 **실존함**이 없이 발가벗고 **있기** 때문에, 스스로 발가벗었다고 느끼지도, 보지도 못합니다. 그러므로 동물은 발가벗고 있지 않습니다. 적어도 사람들은 그렇게 생각합니다. 인간은 그 반대가 되겠지요. 옷은 기술에 부합하는 것입니다. 그러니까 우리는 부끄러움과 기술을 함께, 같은 '주제'로 생각해야 할 것입니다. 또 악과 역사, 노동, 그리고 노동과 연관되는 다른 많은 것들도 말이지요. 인간은 자기의 성기를 가리기 위해 옷을 발명한 유일한 존재일 겁니다. 오직 그런 인간만이 발가벗을 수 있는, 부끄러워함(pudique)을 아는, 더 이상 발가벗고 있지 않기 때문에 자기가 부끄러워함을 아는 인간이 될 겁니다. 그리고 **자기**를 안다는 것, 그것은 자기가 부끄러워함을 안다는 것일 겁니다. 동물 자신은 발가벗었지만 자신이 발가벗고 있다는 의식이 없기 때문에, 우리는 동물에게는 부끄러움도 부끄러워하지 않음/뻔뻔함(impudeur)도 늘 낯선 것이리라 생각합니다. 거기에 관여하는 자기에 대한 앎도 그럴 것이고요.

만일 우리가 여전히 부끄러워하지 않음으로써만 부끄러워할 수 있고 또 그 반대도 마찬가지라면, 부끄러움이란 무엇일까요? 인간은 발가벗음의 감각을, 즉 부끄러움 또는 창피함을 가지는 까닭에, 더 이상 발가벗지 않을 것입니다. 동물은 발가벗었기에 발가벗지-않음 **속에** 있을 것이고, 인간은 더 이상 발가벗고 있지 않다는 점에서 발가벗음 **속에** 있을 것입니다. 자, 여기에 하나의 차이가 있습니다. 여기에 **발가벗음 없는** 두 **발가벗음들** 사이에 놓인 하나의 시간(temps) 또는 반대시간/난처함(contretemps)이 있습니다. 이 반대시간은 선과 악(du mal)의 학문과 관련하여 우리에게 곤란을(du mal) 주기 시작할 따름입니다.

 발가벗은 나를 바라보는 고양이 앞에서, 나는 더 이상 자신의 발가벗음에 대한 감각을 갖지 않은 한 마리 짐승**으로서** 창피해할까요? 아니면, 반대로 자신의 발가벗음에 대한 감각을 지닌 한 인간**으로서** 그럴까요? 그렇다면, 나는 누구일까요? 나인 것/내가 쫓아가는 것은 누구일까요? 상대방/타자(l'autre)에게가 아니라면 이것을 누구에게 물어볼까요? 그리고 그 상대방이란 아마 그 고양이 자신이 되겠지요?

 곧바로 이 점을 분명히 해야 되겠네요. 내가 이야기하는 고양이는 진짜 고양이입니다. 정말이에요. **한 작은 고양이**지요. 그건 고양이의 **상**(figure)이 아니에요. 그건 소리 없이 침실에 들어와서 지구상의 모든 고양이들을 우의적으로 대표하는 그런 것이 아닙니다. 신화와 종교, 문학과 우화를 횡단하는 고양이와 동물들에 대한 알레고리 같은 것이 아니지요. 그런 것이 많기는 합니다. 하지만 내가 말하는 고양이는 여기서 끝없고 본래적인 관심을 끌 만한 카프카의 광대한 동물시학에 속하지 않습니다. 나를 바라보는 고양이, 그리고 내가 일종의 부정 동물신학을 헌정하려는 것 같은 —하지만 그렇게 믿지는 마세요—고양이는 호프만(Hoffmann)의 또는 코프만(Kofman)의 고양이 무르(Murr)가 아닙니다. 비록 그 고양이 무르도 나와 함께 이번 기회에 그 훌륭하고 가치가 무한한 책—사라 코프만이 그에게 헌정한 책, 이 학술대회와 너무나 잘 공명하는 『스스로 할퀸 상처들의 기록(*Autobiogriffures*)』[8]이라는 제목을 가진 책이죠—에 경의를 표할 것이긴 하지만요. 그 책은 이 학술대회 내내 우리를 지켜보면서 우리가 항상 그것을 인용하거나 다시 읽도록 요청할 겁니다.

⁝

8 Sarah Kofman, *Autobiogriffures*, Paris, Galilée, 1984.

한 동물이 나를 본다. 나는 이 문장에 대해 어떻게 생각해야 좋을까요? 그 고양이는 발가벗은 나를 보고 있고, 그것은 **정말로 한 마리 작은 고양이**지요. 내가 이야기하는 이 고양이는 또한 암고양이이기도 한데, 그렇다고 이것이 몽테뉴가 자신의 「레이몽 스봉을 위한 변론」[9]에서 "나의 암고양이"라고 부르는 그 고양이는 아닙니다. 여러분은 그 글을 동물에 대한 전(前)-데카르트적이고 반(反)-데카르트적 텍스트 중에서 가장 위대한 텍스트로 인정하실 겁니다. 나중에 우리는 몽테뉴에서 데카르트에 이르는 어떤 변이에, 그 두 고유명이 환유(換喩)하는 두 형상들 사이에서 발생한 모호한 사건에, 그 연대를 추정하기 어렵고 식별하기조차 힘든 어떤 사건에 주의를 기울일 것입니다. 몽테뉴는 "짐승의 사태에 대한 인간의 **뻔뻔함**"을, 인간의 "넘겨짚음"과 "상상"을 조롱합니다. 가령 인간이 동물의 머리에서 무엇

---

[9] Michel de Montaigne, *Essais*, II, ch. XII, Apologie de Raymond Sebond, Paris, Gallimard, coll. ⟨Bibliothèque de la Pléiade⟩, 1950, p. 498. 이 「변론」은 면밀히 검토할 필요가 있다. 무척이나 풍부한 이 글에서 몽테뉴는 특정한 언어로 시작하여 많은 것을 동물에 관련시키는 어떤 전통을 일깨우는 것으로 만족하지 않는다. 이 점과 관련하여 가장 적절한 장소는 우선, 우리가 나중에 분석할 지배적 전통의 (데카르트적 또 포스트-데카르트적) 근대적 형태와의 차이를 보여 주는 곳이다. 그곳에서 몽테뉴는 동물에게 소통의 권리, 신호의 권리, 신호로서의 언어의 권리(이것은 데카르트도 부정하지 않을 것이다) 이상의 것을, 즉 **응답함의 능력**(un pouvoir de répondre)을 인정한다. 예컨대 다음을 보자. "…자연이 수많은 다른 동물들에게 준 이러한 자원을 우리에게 주지 않았다고 믿기는 힘들다. 우리가 보듯, 동물들이 자신들의 목소리를 이용하여 불평하고, 기쁨을 표현하고, 서로 도움을 청하며 부르고, 서로 구애하는 이 역량(faculté)이 말이 아니면 달리 무엇이랴? 어떻게 동물들이 자기들 간에 말을 하지 않는다는 것인가? 동물들은 확실히 우리에게 말하며, 또 우리도 동물들에게 말한다. 우리는 우리가 키우는 개에게 얼마나 많은 방식으로 말을 하는가? **그리고 그들은 우리에게 응답한다.** 우리는 새, 돼지, 소, 말들의 경우와는 다른 언어로, 다른 이름으로 개들과 소통한다. 또 우리는 종에 따라 **관용어를 바꾼다.**" 그리고 개미에 관한 단테의 말을 인용한 뒤 이렇게 말한다. "락탄티우스는 짐승들에게 말뿐만 아니라 웃음도 있다고 보는 것 같다."(p.505, 강조는 데리다)

이 진행되고 있는지 안다고 주장할 때 말이지요. 특히 인간이 동물에게 어떤 능력들을 할당하거나 부정할 때 말입니다. 이와 반대로, 몽테뉴는 동물에게 글자와 음절을 발성하는 "재능(facilité)"이 있음을 인정해야 한다고 여깁니다. 이 능력은 "동물들이 내적인 말(discours)을 가지고 있음을 입증한다. 이 덕분에 동물은 훈련받을 수 있고 자발적으로 배울 수 있다"고 그는 자신 있게 장담하지요. "자기 동료이자 친구인 동물들에게서 몫을 잘라내어 그가 적당하다고 생각되는 만큼의 능력과 힘을 그들에게 분배해 주는" 인간을 겨냥하면서 몽테뉴는 다음과 같이 묻습니다. 그리고 이 물음은 이제 동물에 대한 것이 아니라 인간의 유치한 확신에 대한 것이 됩니다.

인간이 그 지성의 힘으로 동물들의 내적이고 비밀스러운 동요를 어찌 알겠는가? 그들과 우리 사이의 어떤 비교를 통해 인간은 자신이 동물들에게 부여하는 어리석음/짐승스러움(bêtise)[10]을 추론해 내는가?
내가 내 고양이(chatte)와 놀 때, 내가 고양이에게 시간을 내주는 게 아니라 고양이가 내게 시간을 내주는 것인지 누가 알랴?

〔1595년 판에는 다음 말이 추가되어 있다. "우리는 서로 흉내 내기를 하면서 논다. 내가 내 차례(heure)를 시작하거나 거절하면, 고양이도 자기 차례에 그렇게 한다."〕

발가벗은 나를 보는 고양이, 다른 어떤 고양이도 아닌 바로 그 고양

---

10 'bêtise'는 'bête'(짐승)에서 온 말이다. ―옮긴이

이, **내가 여기서 이야기하는** 고양이는 여전히 보들레르[11]나 릴케,[12] 또는 부버[13]의 고양이 계보에 속하지 않습니다. 하지만 우리는 거기로 다가가

∴
[11] 보들레르, 『악의 꽃』. 우리가 잘 알다시피, '**고양이**'는 시 두 편의 제목이다. 이 중 첫 번째 시만이 그 주제(sujet)에 말을 걸며 친근하게 부르고("오라, 나의 귀여운 고양이……"), 거기서 "내 여자"의 상을 인지한다. 보들레르는 고양이의 시선에 이름을 주는 데 그치지 않는다 ("내 여자의 이미지가 떠오른다. 그 시선, / 너의 시선처럼, 사랑스러운 짐승이여……"「고양이」, XXXIV. "나의 사랑스런 고양이를 향해 눈을 뜰굴 때 […]. 나는 나 자신을 바라본다……"「고양이」, LI). 또 고양이의 목소리에 이름을 주는 데 그치지 않는다("가장 긴 문장을 내뱉기 위해/ 고양이는 어떤 단어도 필요치 않다",「고양이」, LI).

[12] 라이너 마리아 릴케,「검은 고양이」. (나중에 다른 곳에서 이 시를 낭독해 보아야 하겠다. 내가 이 시를 재발견하는 데는 베르너 하마셰르(Werner Hamacher)의 도움이 컸다.) 이 시는 "너의 시선(dein Blick)"에 또 "유령(Ein Gespenst: 이것이 이 시의 첫 어구다)"(이 시는 "유령이란 그 옆에 당신의 눈길이 소리를 내며 부딪는 한 장소와 같습니다(Ein Gespenst ist noch wie eine Stelle,/dran dein Blick mit einem Klange stößt)"로 시작한다.—옮긴이)에 바쳐진 것이라고 할 수 있을 것이다. 이 시는 릴케가 '표범'에 대해 쓴 시와 엮일 수 있으리라. '표범'은 시선을, 이번에는 "그의 시선(Sein Blick: 이것이 첫 어구다)"을 이름하는 것으로 시작한다. 내가 이 시를 발견한 것은 이 시를 영어로 번역한 리처드 맥시(Richard Macksey) 덕분이었다. 스리지 이후, 전 세계의 고양이 친구들과 내 친구들이 내게 이렇게 얘깃거리들(des chats)('고양이들'과 철자가 같다.—옮긴이)을 보내 준다. 여기 이 자리에서 장클로드 레방스첸(Jean-Claude Lebensztejn)의 『고양이 울음—색깔이 있는 판타지』 (Miaulique-Fantaisie chromatique)('miauler'는 '고양이가 야옹하고 울다'는 뜻이다.—옮긴이)라는 제목의 결작(근간)에게도 인사를 보낸다(이 책은 2002년에 파사주(Le Passage) 출판사를 통해 파리와 뉴욕에서 출간되었다).

그런데 참, 사람들은 왜 자기 혀를 고양이에게 준다(donner sa langue au chat)('포기한다'는 뜻의 숙어—옮긴이)고 말하는 건가?

[13] "동물의 눈은 우리에게 위대한 언어로 말을 건넨다 […] 나는 때로 내 고양이의 깊은 눈을 들여다본다"(Martin Buber, *Je et Tu*, 1923, tr. fr. G. Bianquis, Paris, Aubier, 1969, p. 142)(마르틴 부버, 『나와 너』, 표재명 역, 문예출판사, 1994, 127~128쪽. 표현은 데리다가 인용한 프랑스어 본을 따라 약간 바꿨다. 아래도 마찬가지다.—옮긴이) 또한 부버는 "우리에게 이 시선을 보내는(말을 거는) 능력"에 대해 말한다. "이 고양이의 눈길은 내 눈길과 부딪혀 반짝이며 내게 무엇보다 이렇게 물었던 것이 분명하다. '네가 나에 대해 말을 거는 것이 가능해? […] 내가 실존하기나 하는 거야?'(여기서 '**나**'는 우리가 가지고 있지 않은 어떤 단어에 대한 표기로, **자아** 없는 **자기**를 지칭하는 것이다……)"(위의 책, p. 128.)

고 있지요. 적어도 문자 그대로는, 이 시인과 철학자들의 고양이들은 말하지 않습니다. '나의' 고양이(그러나 고양이는 결코 누구에게 속하지 않는 법이지요)는 그렇다고 『이상한 나라의 앨리스』에 나오는 **말하는** 고양이도 아닙니다. 물론, 어떻게든 내게 도착증의 혐의를 두고 싶으시다면 그건 언제라도 가능합니다. 내가 방금 말한 "정말로 한 마리 작은 고양이"라는 말이 『거울 나라의 앨리스(Through the Looking Glass)』의 11장에 나오는 말을 번역하여 인용한 것이라고 하는 항의를 듣거나 받아들일 수 있을 테니까 말이죠. '깨어남'이라는 제목의 이 끝에서 두 번째 장은 딱 이 한 구절로 이루어져 있지요. "—**그리고 결국, 그건 정말이지 한 마리 새끼고양이였다.**" 프랑스어 번역은 이렇습니다. "……그리고 결국, 그것은 정말로 한 마리 작은 고양이였다." 또 다른 번역은 이렇게 옮기고 있기도 하죠. "……그리고, 결국 그것은 아름답고 멋진 한 마리 작고 검은 암고양이였다."[14]

나는 물론 내 모든 이야기를 루이스 캐럴에 대한 독서 속에 새겨 넣고 싶습니다. 하지만 그럴 시간은 앞으로도 없을 것 같군요. 게다가 내가 좋든 싫든, 침묵 속에서, 무의식적으로 또는 여러분이 모르게, 그 일을 하는 것일 수도 있습니다. 이미 내가 그런 일을 한 게 아닌지도 확실치 않아요. 십 년 전쯤의 어느 날, 나는 새끼 고슴도치, 젖먹이 고슴도치 이야기를 했든가 지나는 길에 잠깐 언급했든가 그랬습니다. 아마 '시란 무엇인가?'[15]라는 질문을 앞에 두고 그랬을 겁니다. 동물에 대한 생각이란, 만약 그런 게

---

14 데리다가 본문에 인용한 루이스 캐럴의 원문과 프랑스어 번역 구절은 다음과 같다. "—*and it really was a kitten after all*", "……et finalement, c'était vraiment un petit chat"/"…… et, finalement, c'était bel et bien une petite chatte noire"—옮긴이

15 이 글은 이탈리아 잡지 *Poesia*, Ⅰ, 11(1988년 11월)에 "*Che cos'è la poesia?*"라는 제목으로 처음 실렸고, *Poésie, 50*(1989년 10월)에 재수록되었으며, 프랑스어로는 *Points de suspension—Entretiens*(『말줄임표들—인터뷰』), Paris, Galilée, 1992에 실렸다.

있다면, 시로 귀착하는 것이니까요. 자, 여기에 철학이 본질상 스스로 포기해야 했던 테제가 있습니다. 이것이 철학적 앎과 시적 사유 사이의 차이입니다. 「시란 무엇인가?」의 고슴도치는 내 이름의 글 한 조각만 얻은 게 아니지요. 그것은 앨리스의 고슴도치가 한 호소에 나름의 방식으로 응답한 것이기도 합니다. 크로케 경기장에서 "공은 살아 있는 고슴도치였다"[16]는 점을 상기해 보세요. 앨리스는 두 팔로 감싸 잡고 있던 플라밍고로 "고슴도치를 치"려 했죠. 그런데 그 플라밍고가 몸을 비틀어 그녀의 "얼굴을 올려다 보았고("look up in her face"[17])" 그녀는 웃음을 터뜨렸습니다.

한 동물이 어떻게 여러분의 얼굴을 들여다볼 수 있나요? 이것이 우리의 관심사 중 하나가 될 것입니다. 앨리스는 곧 "그 고슴도치가 말았던 몸을 풀고 기어서 도망가고 있다"는 사실을 알아챘습니다. "게다가, 그녀가 고슴도치를 보내기를 원하는 곳에는 어디나 등성이나 고랑이 있었다." 그곳은 "모든 참가자들이 순서도 기다리지 않고, 내내 다투면서, 고슴도치를 서로 차지하려고 싸우며 한꺼번에 경기했던" 들판이었어요.

우리가 일종의 **거울 단계**를 다뤄야 하는 만큼, 그리고 그것에 어떤 질문들을, 동물의 관점에서, 정확히, 제기해야 하는 만큼, 우리는 『거울 나라의 앨리스』에 말없이 더욱 끌려들어갈 것입니다.

하지만 실제의 내 고양이가 앨리스의 작은 고양이('작은 고양이' 이건 '새끼 고양이(kitten)'에 대한 번역이죠. 내가 앞서 인용했듯 "작고 검은 암고양이"

⁝

16 Lewis Carroll, Alice au pays des merveilles. De l'autre côté du miroir, tr. fr. Jacques Papy, Jean Gattegno(dira), Paris, Gallimard, 1990~1994, p. 127~128: "Tire croeket bail: were live hedgebogs…"
17 "…and was going to give the hedgehog a blow with its head, it would twist itself round and look up in her face." Lewis Carroll, *Alice's Adventures in Wonderland*, in *Complete Works of Lewis Carroll*(New York: Modern Library, 1936), 89, 90.

라는 번역도 있고요)와 다르다면, 그건 내가 무엇보다, 앨리스처럼 잠에서 깨자, 고양이는 대답하지 않거나 항상 같은 대답만 한다는 핑계로 고양이와 대화할 수 없다고 성급하게 결론지으려고 하지 않기 때문입니다. 내가 이제 막 여러분에게 부탁하려는 모든 것은 아마, 내게 **응답**하라고 여러분께 요구하는 것으로, 또 **응답한다**는 것이 무엇인지에 대하여 대답해 보길 여러분이 제게 요구하는 것으로—만일 여러분이 그럴 수 있다면 말이지요—귀착하니까요. 이미 말한 동물에 대한 물음은 모두 동물이 말할 수 있는지를 아는 것으로가 아니라, **응답한다**가 무슨 의미인지를 우리가 알 수 있는지를 아는 문제로 귀착할 겁니다. 그리고 응답과 반응을 구별하는 데로도요. 이와 관련해서 우리는 매우 데카르트적인 앨리스의 이야기를 마지막으로 새겨두어야 할 거예요. 우선 프랑스어 번역대로 인용해 봅니다.

고양이들은(앨리스는 이 점에 관해 이미 지적한 적이 있다) 아주 나쁜 습관이 있다. 그들에게 어떤 말을 해도 언제나 가르릉거리는 것으로 응답한다는 거다. "고양이가 가르릉거리는 건 '예'이고, 야옹하는 건 '아니오'이기만 하다면, 또는 그런 종류의 어떤 규칙을 따른다면, 고양이와 대화를 할 수가 있을 텐데! 하지만 언제나 똑같이 **응답하는** 누군가와 어떻게 이야기할 수 있지?"
이번에도 고양이는 가르릉거리기만 했다. 그래서 고양이가 "예"라고 말하고 싶어 하는지 "아니"라고 말하고 싶어 하는지 짐작하는 게 불가능했다.[18]

동물에게, 동물인 **실제의** 고양이에게 말할 수는 있지만, 고양이는 응

---

18 Lewis Carroll, *Alice au pays des merveilles. De l'autre côté du miroir*, tr. fr. Jacques Papy, Jean Gattegno (dir.), Paris, Gallimard, 1990~1994, p. 340.

답하지 않는다, 진짜로는, 결코. 이것이 앨리스가 내린 결론입니다. 나중에 알게 되겠지만, 이건 데카르트와 꼭 같은 생각이지요.

문자가 중요합니다. 동물에 대한 **물음**도 그렇고요. 동물의 응답에 대한 물음은 종종 문자가 내거는 것을, 말(mot)의 문자성을, 때로 '말'이 문자적으로 의미하는 것의 문자성을 거쳐 제기되지요. 예를 들어, '응답한다'는 말은 내가 살펴본 번역본 모두에 두 번씩 등장하지만, 영어 원본에는 거기에 상응하는 어떤 단어도, 그러한 어떤 말도 없어요. 영어 원본은 그 말을 하지 않으면서도 그런 의미를 담고 있는데, 이건 확실히 경제적인 방식이지요.[19] 번역은 "언제나"라는 말은 강조하지 않은 채 "그들에게 어떤 말을 해도 언제나 가르릉거리는 것으로 응답한다"[20]라고 하고 있지만, 원본에서는 "그들에게 뭐라고 말하든 그들은 **언제나** 가르릉거려"라고 되어 있을 뿐입니다. 번역에서는 '할 수 있다'의 의미 부분을 강조하지 않고, "하지만 언제나 똑같이 **응답하는** 누군가와 어떻게 이야기할 수 있지?"[21]라고 되어 있는 데 반해, 캐럴 자신은 이렇게 쓰고 있습니다. "하지만 그들이 **언제나** 같은 말만 한다면 어떻게 한 사람하고 이야기할 수 있을까?"

그래요, '응답하다'의 의미는 여기 함축되어 나타나니까, '응답하다'라는

---

19 영어 원본의 해당 부분은 다음과 같다.—옮긴이. It is very inconvenient habit of kittens (Alice had once made the remark) that, whatever you say to them, they always purr. "If they would only purr for 'yes', and mew for 'no', or any rule of that sort," she had said, "so that one could keep up a conversation! But how can you talk with a person if they always say the same thing?" On this occasion the kitten only purred: and it was impossible to guess whether it meant "yes" or "no". (Lewis Carroll, *Through the Looking Glass*, in Complete Works, 269)
20 "quoi qu'on leur dise, elles ronronnent toujours pour vous répondre."
21 "Mais comment peut-on parler avec quelqu'un qui *répond toujours* pareil?"

말이 있는지 없는지의 차이는 중요하지 않다고 언제나 생각할 수 있습니다. 아마 그렇겠지요. 어쩌면, 그 반대로 이 문제를 매우 심각하게 다뤄야 할지 모르겠는데, 그러나 그건 나중 일일 뿐입니다.

어쨌든, 앨리스의 이 손쉬운 믿음은 오히려 믿기 힘들지 않나요? 그녀는, 적어도 이 순간에는, 동물의 경우와 달리 사람에게서는 **예**와 **아니오** 사이를 판가름하고 결정할 수 있다고 믿는 것 같아요. 그래서 인간의 경우는 **예**인지 **아니오**인지 추측하는 일이 가능하다고 확신한 듯합니다. 그렇지만 우리는 체셔 고양이(le Chat du comté de Chester)가 긴 명상이라고 할 만한 장면 중에 앨리스에게 했던 말을 잊지 맙시다. "우린 모두 지금 미쳤어. 나도 미쳤어. 너도 미쳤어."²² 그리고 나서 그 고양이는 앨리스에게 이 공유된 광기를 보여 주기 시작합니다. 이는 토론을 흉내 내는 것 같은 장면이죠. 그들은 말의 의미에 대해, 하나의 **말**이 의미하는 것에 대해, 결국, 틀림없이 이럴 텐데, '말'이 무엇인지, '말'이라는 단어가 대체 어떤 의미일 수 있는지에 대해 서로 이해하지 못해서 어쩔 줄 몰라 하지요. "너 좋을 대로 불러." 그 고양이는 으르렁과 가르릉의 차이에 대해 이렇게 말하면서 끝맺고 맙니다. 그러곤 앨리스에게 자기가 여왕의 크리켓 게임에 참석해야 한다고 알리죠. 그 게임에선 우리의 가여운 고슴도치들이 곤란한 처지에 놓이게 되고요.

아니에요, 하지만, 아닙니다. 침실이나 욕실에서 나를 보고 있는 고양이, 아마 "내 고양이"나 "내 암고양이"가 아닌 이 고양이는, 마치 어느 나라를 대표하는 대사처럼, 라퐁텐에서 티크(『장화 신은 고양이』의 저자)까지, 보

---

22 "We're all mad here. I'm mad. You're mad." L. Carroll, Alice au pays de: merveilles, op. cit, p. 105.

들레르에서 릴케, 부버 및 다른 많은 사람들에 이르기까지 우리 문화가 오래전부터 고양이 족속에 부여한 광대한 상징적 책임/응답성(responsibilité)을 대표하지 않습니다. 내가 발가벗은 나를 보고 있는 "이것은 실제의 고양이야"라고 말한다면, 그건 그 고양이의 대체 불가능한 독특성을 강조하기 위해섭니다. 그 고양이가 자기 이름에 응답할 때('응답하다'의 의미가 무엇이든 간에 말이죠. 이 문제는 그래서 우리의 물음거리가 될 거예요), 그 고양이는 '고양이'라는 종의 사례로 그렇게 하는 것이 아니지요. '동물의' 한 유(類)나 계(界)의 사례로서는 더더욱 아닙니다. 내가 그것을 고양이로 식별하는 것은 사실입니다. 그러나 그런 식별 이전에, 그것은 어느 날 내 공간에 들어오는 대체할 수 없는 이 생명체로 내게 다가옵니다. 그 고양이가 나와 마주치고, 나를 보고, 게다가 발가벗은 나를 볼 수 있었던 바로 이 장소에서 말이지요. 여기서 초점은 모든 개념을 거부하는 하나의 실존입니다. 그 어떤 것도 이런 확신을 내게서 제거할 수 없어요. 그리고 그 실존은 죽을 수밖에 없는 실존이라는 것도요. 고양이가 이름을 갖게 된 이상, 그 이름은 이미 고양이보다 오래 살아남으니까요. 그 이름은 고양이의 잠재적 사라짐에 서명을 합니다. 나의 사라짐도 마찬가지지요. 그리고 이 사라짐은, 여기에서 저기로, 포르트/다(fort/da),²³ 발가벗었건 아니건, 우리 중 하나가 방을 나갈 때마다 기별되는 것입니다.

하지만 그 자신에 대해 창피해하는 이 창피함이 한층 강렬한 것은—나

---

23 지그문트 프로이트가 실패를 던졌다 당겼다 하며 노는 손자 아이를 보고 정식화한 용어. 아이는 실패가 저리로(fort) 사라지면 '오오', 여기에(da) 나타나면 '아아' 하고 소리를 내는데, 프로이트는 이것이 엄마의 사라짐과 나타남을 상징하고 재현하는 놀이라고 해석한다. 여기서 데리다는 상대방의 사라짐과 관련하여 이 용어의 함의를 이용하고 있다. '/'의 사용은 데리다.—옮긴이

는 이 점을 곧바로 강조하지 않을 수 없지요—내가 고양이와 방에 단 둘이 있지 않을 때입니다. 그럴 때 내가 대체 누구 앞에서 그렇게 부끄러워 몸 둘 바를 모르는지 더는 확실히 알 수가 없지요. 하기야 고양이하고만 단 둘이 있는 때가 있을까요? 또 어느 누구와든 단 둘이 있는 때가 있을까요? 이 고양이는 제3자일까요? 또는 얼굴을 마주하는 대결에서의 한 타자일까요? 이 물음들은 훨씬 나중에 다시 돌아볼 겁니다. 아무튼, 위기에 처한, 최선 또는 최악의 절박함에 처한 이 순간들에, 무슨 일이든 일어날 수 있고, 내가 창피함 또는 쾌락으로 죽을 것 같은 바로 그때에, 나는 더 이상 무엇에게로, 누구에게로 나를 떠밀지 알지 못합니다. 그것을, 그를, 그 고양이를 내쫓기(chasser)보다는, 나는 다급하게, 그래요, 다급하게 시선을 따돌리려 합니다. 서둘러 그 사건의 외설을 뒤덮으려 하지요, 한마디로, 나를 덮는 겁니다. 나는 오직 한 가지 생각에 숨 돌릴 겨를이 없습니다. 옷을 걸쳐라, 조금이라도. 아니면, 노리는 바는 마찬가지지만, 도망쳐라. 마치 내가 나를 그 방에서 내쫓는 것처럼. 그래서 스스로를 깨무는 데서, 예컨대 혀를 깨무는 데서 도망쳐라. 바로 그 순간에, 나는 내게 '누구냐?'고 묻습니다. 그런데 정말 **누구죠**? 하고 묻는 것이죠. 그럴 때, 나는 더 이상 내가 누구인지/누구를 쫓아가는지 또는 누구를 쫓는지, 누가 나를 쫓아가며 누가 나를 쫓는지 알지 못하니까요. 누가 앞서 오며 누가 누구 뒤에 있나요? 나는 이제 어찌할 바를 모릅니다. 광기죠. "우린 모두 지금 미쳤어. 나도 미쳤어. 너도 미쳤어." 나는 더 이상 응답할 줄 모릅니다. 내가 누구인지/누구를 쫓아가는지 또는 누구 뒤에 있는지 말하라고 요청하거나 요구하는 그 물음에 응답할 줄 모릅니다. 그리고 이렇게 뒤쫓아 달리는 대열 가운데 있는 것이지요.

쫓아감(suivre)과 **뒤에 있음**(être après), 이것은 물음에, 더욱이 우리가 동물이라고 부르는 것에 관한 물음에 그치지 않을 겁니다. 우리는 쫓아감을 통해 물음의 물음을 발견하게 될 겁니다. 그것은 우선, '응답한다'가 무슨 뜻인지를 스스로 묻게 될 거예요. 그리고 한 동물(그러나 어떤 동물이죠?)이 과연 자기 이름에 응답하는지를 자문하게 될 겁니다. 또 '내가 있음/내가 쫓아감'이 '내가 동물 **뒤에** 있음으로서의 내가 있음'이나 '내가 동물 **곁에** 있음으로서의 내가 있음'을 요청하는 것 같을 때 이 '내가 있음/내가 쫓아'가 의미하는 바에 대해 우리가 응답할 수 있는지를 스스로 물어보게 될 것입니다.

 뒤에 있음, **곁에** 있음, **가까이** 있음, 이런 것들은 겉보기로는 존재의, 더욱이 **함께-있음**(être-avec)의 다른 양태들입니다. '동물과 함께'의 양태들이죠. 그러나 그 겉모습에도 불구하고, 이런 존재 양태들이 한 우선적 존재를 변양(變樣)하기에 이를지는 확실치 않습니다. '내가 있음'이라는 기초적 존재가 문제라면 더욱 그렇지요. 어쨌든, 그 양태들은 **조여져-있음**(être-serré)〔**가까이**(près), **곁에**(auprès), **뒤에**(après) 등의 말이 따라 나오는, 눌림을 뜻하는 어원 'pressu'가 가리키는 것이 바로 이런 의미인데요〕속의 어떤 질서를 말해 줍니다. 눌려-있음, 좁게 부착되고, 엮이고, 사슬로 묶여 있음으로서의 함께-있음, 항상 누르는 것의 다소간의 압착력으로 함께 눌리고, 눌려 새겨지고, 다시 눌리고, 맞대어 조여진, 누름-아래-있음의 질서를 말이지요. '이웃'(이것이 꼭 성서적 전통이나 그리스-라틴 전통의 이웃은 아닌데)의 어떤 의미로, 내가 동물의 이웃에 있다고 또는 가까이 있다고, 또 내가 동물이라고/동물을 쫓아간다고 말해야 할까요? 그리고 누름의 어떤 질서에서 그렇다고 해야 할까요? 그것에-가까이-있음으로서의 그것과-함께-있음일까요? 그것-곁에-있음일까요? 그것-뒤에-있음일까요? 사냥이나 조련, 길들이기라는 의미에서 **동물-뒤에-있음**인가요, 아

1부 동물, 그러니까 나인 동물(계속)   37

니면 계승과 상속이라는 의미에서 **동물-뒤에-있음**인가요? 모든 경우에, 내가 동물 **뒤에** 있다면, 동물은 그러니까 내 앞에 오죠. 나보다 더 일찍 옵니다. (독일어로 '더 일찍'을 뜻하는 'früher'는 칸트가 동물에 대해 쓴 용어지요. 칸트는 앞으로 우리의 증인 가운데 한 사람이 될 겁니다.) 동물은 내 앞 자리에, 나와 가까운 자리에, 내 앞쪽의 자리에 있습니다—나는 동물 뒤에 있지요. 또한 그러니까, 동물이 내 앞에 있음으로 해서, 동물은 이제 내 뒤쪽에 있습니다. 동물은 나를 에워쌉니다. 그리고 이 내-앞쪽-자리에-있음 탓에 동물은 바라볼 수 있습니다. 의심할 바 없이 그렇지요. 하지만 또한—아마 철학은 이 점을 잊고 있을 텐데, 철학은 자체로 이런 계산된 망각일 겁니다—동물은, 그 자신이, 나를 바라볼 수 있습니다. 동물은 나에 대한 자기의 관점을 가지고 있습니다. 절대적 타자의 관점을 말이죠. 그 어떤 것도 고양이의 시선 아래 내가 발가벗은 모습으로 보여지고 있다는 것을 보는 이 순간들보다, 이웃의 이 절대적 타자성에 대해 생각할 거리를 더 많이 주지는 못할 겁니다.

이 물음들에서 관건은 무엇일까요? 이 물음들이 다음과 같은 것들이 의미하는 바를 생각하는 일과 관련된다는 사실을 미리 알기 위해 전문가가 될 필요는 없습니다. 살아감, 말함, 죽음, 있음과 세계(세계-내에-있음으로서 또는 세계-에-있음으로서), 또는 함께-있음, 앞쪽에-있음, 뒤쪽에-있음, 뒤에-있음, 있음과 쫓아감, 쫓아지고 있음 또는 쫓아가며 있음. 여기서 **나는** 이런저런 방식으로, 하지만 의심의 여지 없이, 그들이 동물이라고 부르는 것 **가까이에 있습니다**. 그것을 부정하기엔 너무 늦었습니다. 그것은 내 앞 자리에 있을 겁니다. 나는 그것 뒤에 있고요. 그들이 동물이라고 부르는 것의 **뒤에** 또 **가까이** 그리고 **그것과 함께**. 우리가 그것을 원하든 원치 않든, 우리가 이 일을 어떻게 다루든 간에.

 이 문제의 장면으로 다시 한 번 돌아가지 않을 수가 없겠네요. 부디 양해해 주시길 바랍니다. 나는 어떻게 해서든 이것을 원시적 장면으로 제시하는 것을 피하고 싶습니다. 그것은 **그들이 '동물'이라고, 그리고 예컨대 '고양이'라고 부르는 전적인 타자**에 대한 제멋대로의 연출이지요. 그래요, 그 전적인 타자, 어떤 타자보다 더 타자인 그것을 **그들은** 동물이라고, 예컨대 고양이라고 부르지요. 고양이가 발가벗은 나를 바라볼 때 말입니다. 그 순간, 나는 나를 나 스스로, 나 자신으로부터 고양이에게 내놓습니다. 또는 그보다 일찍, 이 이상한 순간에, 그 사건 이전에, 내가 나 스스로 그것을 원하거나 알기 전에, 나는 발가벗은 채 수동적으로 고양이에게 내놓아집니다. 나는 보여지지요. 게다가 발가벗은 채 보여집니다. 고양이에 의해 보여지는 **나를** 보기 전에도 말이지요. 발가벗은 채 보여지는 나를 보거나 알기조차 전에, 내가 나를 제시하기 전에 나는 고양이에게 제시됩니다. 발가벗음이란 오직 이 수동성, 자기의 이 비자발적 노출 속에만 존재합니다. 발가벗음이 옷을 벗는 것은 오직 얼굴의, 얼굴을 마주한 이 노출 속에서입니다. 여기서, 성(性)**의 또는** 다른 성의 고양이와, 또는 한 성**이며** 다른 성의 고양이와 마주하는 것이지요. 게다가 내가 마주하는 고양이는 계속해서 나를 볼 겁니다. 내가 등을 돌려도 내가 떠나는 것을 바라볼 거예요. 그 고양이가 뒤에서 여전히 나를 보고 있다는 것을 더 이상 보지 못하기에 내가 잊어 버릴 위험이 있는 그런 고양이와 나는 마주하는 것이지요.

 나는 방금 수동성을 발가벗음에 합치하는 것으로 놓았습니다. 이 발가벗겨진 수동성(passivité)을 다른 말로도 부를 수 있을 겁니다. 이 말은 나중에 다른 장소들에서, 그리고 다른 측면들로 한 번 이상 언급될 겁니다. **동물에 대한 정념**(passion de l'animal), **동물에 대한 내** 정념, 동물인 타자에 대한 나의 정념 따위로 말이지요. 이것은 한 시선 아래에서 발가벗은 채 보여지고 있는 자신을 보는 것을 뜻합니다. 그 시선의 바닥은 바닥이 없습니다. 그것은 순진하면서도 동시에 아마 잔인하고, 아마 예민하면서도 둔감하며, 선하면서도 악하고, 불가해하고, 속을 알 수 없고, 뭔지 모를, 한없이 깊고 비밀스러운 그런 시선이지요. 전혀 다른 눈길입니다. 전혀 다른 전적인 타자지요. 바로 그곳에서, 참을 수 없는 타자의 근접성 속에서, 나는 아직 그 타자를 나의 이웃이라고 부를 아무런 권리와 자격을 느끼지 못합니다. 형제라고 부를 수는 더더욱 없겠지요. 동물이 무대에 등장할 때, 형제의 형제애는 대체 어떤 것이 되는지를 불가피하게 자문해 보아야 할 테니까요. 아니면, 거꾸로, 한 형제가 다른 형제 뒤에 올 때, 즉 아벨이 카인 **뒤에** 있고 카인이 아벨 **뒤에** 있을 때, 동물에게 무슨 일이 발생하는지를 자문해야겠지요. 아니면 아들이 아버지 뒤에 있을 때는? 동물들에게는, 대신함(substitution)으로건 아니건, 모리아 산[24]의 나귀와 숫양에게는 무슨 일이 일어나는 것일까요?

이 바닥 없는 응시는 내게 무엇을 보게 하나요(me donner à voir)? 결국 모든 응시의 발가벗은 진실을 드러내는 그 시선은 내게 무엇을 "말하지요?" 이 진실이 **내게** 타자의 눈을 통하여 **보게 한다**고 할 때 말입니다. 그 타자의 눈은 **보이는** 것일 뿐 아니라 **보는** 것이기도 하지요. 나는 여기서 이 보는 눈을, 또는 보는 자의 이 눈을 생각합니다. 그 눈의 색깔은 동시에 **보고 잊어야** 하겠지요. 레비나스는 타자의 시선을 바라보면서 사람들이 그 눈 색깔을 잊는다고 말하죠. 달리 말해, 사람들은 그 시선을 본다는 겁니

⁝
24 아브라함이 아들 이삭을 번제물(燔祭物)로 바치려 했던 산. 아브라함이 이삭을 죽이려는 순간에 야훼는 이삭을 구하고 대신 숫양을 제물로 쓰게 한다.—옮긴이

다. 즉, 타자의 가시적인 눈에 앞서, 바라보는 얼굴을 본다는 것이지요. 하지만 레비나스가 "타인을 만나는 최상의 방식, 그것은 타인의 눈 색깔조차 알아차리지 못하는 것이다……"[25]라고 환기할 때, 그는 사람에 대해, 사람인 이웃에 대해, 동포와 형제에 대해 말하는 것입니다. 레비나스는 인간인 타자를 생각하고 있는 것이죠. 그리고 이 점은 나중에, 우리의 심각한 걱정거리가 될 겁니다.

바닥 없는 전적인 응시로서, 타자의 눈으로서, '동물'이라는 이 응시는 내게 인간적인 것의 깊은 한계를 보도록 합니다. 비인간적인 것 또는 무인간적인 것을, 인간의 끝을, 다시 말해 어떤 경계들의 통과를 보도록 합니다. 이 경계들을 통과한 이래로 인간은 과감히 그 자신에게 스스로를 천명하였고, 그렇게 하여 스스로에게 준다고 믿는 이름으로 자신을 부르게 되었지요. 그리고 이러한 발가벗음의 순간에, 동물의 응시에서, 온갖 일이 내게 발생할 수 있습니다. 나는 세상의 종말(apocalypse)을 맞을 준비가 된 아이와도 같습니다. **나는 종말 자체입니다/종말 자체를 쫓아갑니다.** 그 종말이란, 끝의 마지막이자 첫 번째 사건이고, 폭로이며 심판이지요. 나는 그것, 즉 종말입니다/종말을 쫓아갑니다. 나는 나를 종말과 동일시하면서 종말 뒤쪽으로 달려갑니다. 종말 뒤로, 종말의 전적인 동물-학(zoo-logy) 뒤로 달려갑니다. 이 극단적 정념의 순간이 지나고 나서 안정을 되찾을 때야, 나는 묵시록(l'Apocalypse)의 짐승들에 대해 차분하게 말할 수 있습니다. 박물관에서 그 짐승들을 찾아보고, 그림 속의 그들을 볼 수 있게 됩니다. (하지만 그리스인들에게 '동물지(動物誌)'는 단지 동물을 그린 그림만이

∙∙
25 Emmanuel Lévinas, *Ethique et Infini*, Paris, Le Livre de Poche, 1984, p. 79.(에마뉘엘 레비나스, 『윤리와 무한』, 양명수 역, 다산글방, 2000, 109~110쪽.)

아니라 생명체 일반에 대한 초상화를 가리키는 것이었지요.) 동물원으로 그 짐승들을 보러 가고, 성경에서 그 짐승들에 대해 읽거나 어떤 책처럼 그 짐승들에 대해 말할 수 있게 됩니다.

내가 "그들이 '동물'이라고, 그리고 예컨대 '고양이'라고 **부르는** 전적인 타자"라고 말하며 이야기를 시작한 것은, 또 내가 부른다는 말과 인용부호를 강조한 것은, 이제는 우리가 결코 떠날 수 없을 문제, 그러니까, 부름의 문제, 그리고 부름에 대한 **응답**의 문제를 꺼내기 위해서만은 아니었습니다.

이 방향으로 뒤따라가기 전에, 마지막으로 내가 한 고양이(une chatte-chat)의[26] 응시와 마주쳤던 때 나의 뇌리에 스쳤던 가설을 여러분께 털어놓도록 하지요. 그때 그 고양이는 내게 애원하고 있는 듯했어요. 밖으로 나가게 문을 열어 달라고 분명히 요구하는 듯했지요. 종종 그랬듯이, 예를 들면 먼저 나를 따라 욕실에 들어와 놓곤 즉시 그걸 후회할 때처럼, 지체 없이 그랬습니다. 더군다나 그런 일은 매일 아침 반복되는 광경입니다. 그 고양이는 일어나면 욕실로 나를 따라 들어와 아침밥을 달라고 하다가, 발가벗은 내가 다른 일을 할 요량으로 기다리게 하는 것을 보자마자 예의 그 욕실을 나가게 해 달라고 요구합니다. 하지만, 내가 거기서 그들이 '동물'이라고 부르는 것의 응시 아래 발가벗고 있다 보면, 한 가지 가상이 그림처럼 내 상상 앞에 펼쳐집니다. 그것은 일종의 린네식 분류, 즉 **짐승들에 대한 관점의** 분류학입니다. 거기에는 앞서 환기한 시와 철학소(哲學素)의 차이 이외에, 근본적으로 오직 두 가지 유형의 담론, 동물에 대한 지식의 두 가지 상황, 동물에 대한 크게 두 가지 형태의 이론적 또는 철학적 논

---

26 데리다는 여성형과 남성형 명사를 같이 쓰고 있는데, 이는 곧 비판적으로 언급할 남성 위주의 사고방식을 염두에 둔 것으로 보인다.─옮긴이

의가 있을 것입니다. 그것들을 구분해 주는 것은 분명히 그 장소, 아니, 그것들에 서명한 자들의 몸입니다. 그것은 이 서명이 몸에 남겨 놓은, 그리고 고유하게 과학적이고 이론적인 또는 철학적인 주제에 남겨 놓은 흔적입니다. 우선, 틀림없이 동물을 보고, 관찰하고, 분석하고, 성찰했지만, 한번도 동물에 의해 **보여진다고 보이지** 않았던 사람들이 서명한 텍스트가 있을 겁니다. 그들의 응시는 결코 그들에게 향하는 동물의 응시와 서로 얽힌 적이 없습니다(그들이 벗고 있었는지 아닌지는 제쳐 둡시다). 그들이 어느 날 동물에 의해 몰래 보여지고 있음이 보인다고 해도, 그들은 그것에 대하여 어떤(주제적, 이론적, 철학적) 설명도 하지 않았습니다. 그들은 한 동물이 그들을 마주하면서 옷을 입었건 벗었건 그들을 바라보고, 그리고 요컨대, 아무런 말도 사용하지 않고 **그들에게 말을 건다**는 사실로부터 어떤 체계적인 결론을 끌어낼 수 없었거나 끌어내려고 하지 않았습니다. 그들은 그들이 '동물'이라고 부르는 것이 저 아래로부터, 완전히 다른 기원으로부터 그들을 **바라보고 말을 걸**(regarder et s'adresser) 수 있다는 사실에 대하여 아무런 고려도 하지 않았습니다. 그런 담론, 텍스트, 서명자들(그들에게 말을 거는 동물에 의해 보여진다고 전혀 보이지 않는 자들)의 범주는 먼 옛날부터 아주 풍부하게 생겨났지요. 의심할 나위 없이 이것은 모든 철학자와 모든 이론가들을 **그러한 것으로서** 결집시키는 범주입니다. 적어도 특정한 '시대', 말하자면 데카르트에서 현재까지 이르는 시대에는 그렇습니다. 하지만 나는 곧 '시대'라는 말이, 또 이 역사주의 자체가, 왜 나를 또한 불편하고 불만스럽게 하는지에 대해 말할 겁니다. 내가 나중에 나의 의도를 뒷받침하기 위해, 또 동일한 형상에 기입하기 위해 거론할 이 모든 사람들(남자든 여자든, 여기서 성별은 중요하지 않을 테니까요), 예를 들어 데카르트, 칸트, 하이데거,

라캉, 레비나스 등[27]은 분명히 이러한 유사-시대적 범주에 속합니다. 그들의 담론은 뛰어나고 심오하지만, 거기서는 모든 것이 마치 그들 자신이 그들에게 말 거는 동물에 의해 결코, 특히 발가벗은 채로, 바라보아진 적이 없다는 듯이 진행됩니다. 적어도 이 곤혹스러운 경험이—그들이 이런 경험을 겪는다고 가정할 때—이론적으로 인지되지 않은 것처럼 진행됩니다. 바로 거기서 그들은 동물로부터 하나의 **정리**(定理)를, 보는 것이 아니라 보여지는 사물을 만들어 냅니다. 보고 있는 동물, 즉 그들을 바라보는 동물의 경험은 그들 담론의 이론적 또는 철학적 건축에서 전혀 고려되지 않았습니다. 한마디로 그들은 그런 경험을, 이해하지 못했던 만큼, 부정했지요. 이제부터 우리는 이 거대한 부정의 주위를 돌고 돌 것입니다. 그 부정의 논리는 방금 언급한 유사-시대적 형상의 역사뿐 아니라, 인류의 역사 전체를 관통합니다. 이 형상하의 인간들은 보여지지 않고 보았던 셈입니다. 동물에 의해 보여짐 없이, 동물에 의해 보여진다고 보임이 없이, 동물을 보았던 셈이지요. 그 누군가에게, 즉 동물이라고 하는 한 생명의 근저로부터, 그리고 단지 응시에 의해서만이 아니라, 바로 그 말건넴의 순간에 이 생명이 그들을 바라보았음을 그들이 인정하지 않을 수 없게 할 그 누군가에게, 발가벗은 채 보여진다고 보임이 없이 말입니다.

하지만 나는 근본적으로 그런 일이 그들에게 전혀 일어나지 않았다고는 믿지 않습니다. 또 그런 일이 어떤 식으로든 그들 담론의 제스처 속에 다

⁝
27 이 도입 강연에 뒤이어, 같은 날과 다음 날, 네 번의 강의가 있었는데, 나는 거기서 데카르트, 칸트, 하이데거, 레비나스, 그리고 라캉에 대한 독해를 제시했다. 인내심을 요하는 미세한 탐구이기는 하지만 이 해석들은 책으로 출간할 준비를 시작하면서 내가 여기서 대략적인 구도를 그리고 있는 작업 가설들을 시험하기 위한 것이었다(이 네 개의 강의는 이 책의 2, 3장을 이룬다).

소간 비밀스럽게 기호로 표시되고(signifié) 형태로 나타나거나(figuré) 환유되지 않았다고는 믿지 않습니다. 그러므로 이러한 부정의 징후는 해독되어야 할 과제로 남아 있을 것입니다. 이 부정이 다른 여러 부정들 가운데 하나를 나타내는 것은 아닐 겁니다. 그것은 인간에게 고유한 것을 수립합니다. 인류의 자기 자신에 대한 관계를, 무엇보다 인간에 고유한 것에 대하여 염려하고 질투하는 자기 관계를 수립합니다.

또 다른 담론의 범주에 대해 말하자면, 애초에 시인이거나 예언자인 서명자들, 시편이나 예언의 상황에 놓인 사람들이 있지요. 동물이 그들에게 건네는 말을 자신들이 포착했다고 고백하는 사람들이 있습니다. 미처 거기서 몸을 뺄, 발가벗었거나 실내복 차림이거나 간에 거기서 몸을 뺄[28] 시간이나 능력을 갖기 전에 말입니다. 여기서 나는 아직 어떠한 **자격 있는 대표자**도 알지 못합니다. 말하자면, 이론적, 철학적, 법률적 인간으로서의 주체, 더욱이 시민으로서의 주체를 알지 못합니다. 나는 그런 걸 발견하지 못했지만, 바로 그 지점에서 나는 나를 발견합니다. 나 자신을, 지금 여기서, 탐색의 과정에서.

그것이 바로 나인/내가 쫓아가는 자취입니다. "그들이 '동물'이라고, 그리고 예컨대 '고양이'라고 **부르는** 전적인 타자"의 흔적을 따라 내가 추적하는(dépister) 자취(piste)입니다.

왜 이 부름을 다시 거론하는 것일까요? 왜 "그들이 '동물'이라고, 그리고 예컨대 '고양이'라고 **부르는** 전적인 타자"를 말하는 것일까요? 그것은 부름의 한 장면을 불러내어, 시작을 통해, 즉 창세기를 통해 시작하기 위

---

28 원문은 "de s'y dérober nus ou en robe de chambre." 데리다는 'dérober(빼내다)'와 'robe(옷)' 사이의 연관을 이용하여 유희적 효과를 보고 있다. —옮긴이

해서입니다. 그리고 최소한 특정한 하나의 재시작을, 두 번째 시작을 불러내기 위해서지요. 사람들이 **베레쉬트**(Bereshit)[29]의 **두 번째** 이야기로 구분하는 것에서 말이죠. 이렇게 얘기하는 것은 우리가 문제 삼는 부분이 두 번째 '서두(Entête)'[슈라키(Chouraqui) 번역본의 표현에 따르면]라는 점을 분명히 할 필요가 있기 때문입니다. 거기서 동물들을 부르는 사람은 단지 아담—땅의 사람이자 흙의 사람—이 아닙니다. 이샤(Ischa) 이전의 이시(Isch), 여자 이전의 남자이기도 하지요. 그때 남자 이시는, 아직 혼자서, 자기보다 앞서 창조된 동물들에게 이름을 주었습니다. 이 대목은 "그 흙의 사람이 모든 짐승을 위해 이름들을 크게 외쳤다"[30]라고 번역되어 있습니다. 다른 번역본은 "그 사람은 모든 짐승들을 그들의 이름으로 불렀다"라고 옮기고 있군요.[31]

다시 한 번 강조합니다. 이 내용은 이렇듯 **두 번째** 이야기에만 기록되어 있어요. 사람들이 **첫 번째** 이야기라고 부르는 것에 의하면, 신은 자신의 모습대로 인간을 단번에 세상으로 데려왔습니다. 남성과 여성을 한꺼번에 말입니다. 그렇다면 이름 짓기는 한 쌍인 인간—이렇게 말해도 좋다면—이 행한 사실이 되었겠지요. 그런데 동물들에 대한 원초적 이름 짓기는 첫 번째 이야기에서는 일어나지 않습니다. 두 번째 이야기에서 동물들에게 그들의 이름들을, **그의** 이름들을 주는 것은, 첫 번째 이야기의 남자-여자 쌍이 아니라, 여자에 **앞서 홀로인** 남자입니다. 반면에 신의 복제품으로 창조된, 남성-여성, 남자-여자로 창조된 흙의 사람이 동물들을 즉시 **복종시키**

∴
29 히브리 경전 토라의 첫 번째 단어인 히브리 말. 문자적 의미로는 '머리에'라는 뜻이다. 여기서처럼 히브리어 창세기의 제목을 의미하기도 한다.—옮긴이
30 André Chouraqui(Desclée de Brouwer).
31 Édouard Dhormes(Gallimard, coll. "Bibliothèque de la Pléiade").

라는 명령을 받는 것은 이른바 첫 번째 이야기에서지요. 이 명령에 복종하기 위해 그는 동물들에게 자신의 영향력을, 자신의 지배력을, 즉 길들이는 자신의 능력을 새겨야 하지요. 다섯 번째 날, 살아 있는 동물들(짐승들이죠, 말하자면 가축으로 길들여야 할 동물들, 새, 물고기, 파충류, 야생 짐승들이었죠)을 창조한 후에, 그들을 축복한 후에,

엘로힘이 말씀하셨다. "우리 모습대로, 우리와 비슷하게 인간을 만들리라! 〔곧장 '그들'이라는 복수로 옮겨가는 것에 주목하세요〕 그들이 바다의 물고기들과 하늘의 새들에 대하여, 가축들에 대하여, 땅 위를 기어다니는 모든 야생 짐승들과 파충류들에 대해 **권위를 갖게** 하리라!"〔나의 강조〕 그래서 엘로힘은 당신의 모습대로 인간을 창조하셨다. 엘로힘의 모습대로 인간을 창조하셨다. 남자와 여자를 창조하셨다. 엘로힘은 그들을 축복하시곤 그들에게 말씀하셨다. "결실을 맺고 번창하여, 땅을 가득 채우고 땅을 복속시켜라, 바다의 물고기와 하늘의 새들에 대해, 땅 위에서 움직이는 모든 살아 있는 것들에 대해 **권위를 가져라**."〔나의 강조〕(도르메판)

엘로힘이 말씀하셨다. "우리는 아담―흙의 사람을 만드리라―
우리를 복제하여, 우리와 꼭 닮게.
그들은 바다의 물고기를, 하늘의 나는 것들을,
짐승을, 모든 땅을, 땅 위를 기어다니는 모든 파충류들을 **복종케 할** 것이다."〔나의 강조〕
엘로힘은 땅의 사람을 당신의 복제물로 창조하셨고,
엘로힘의 복제물로 그를 창조하셨다.
남자와 여자를 창조하셨다.

엘로힘은 그들을 축복하셨다. 엘로힘이 그들에게 말씀하셨다.
"결실을 맺고, 번창하라, 땅을 가득 채우고, 그것을 정복하라.
바다의 물고기와, 하늘의 나는 것들,
땅 위를 기어다니는 모든 살아 있는 것들을 **복종케 하라**."(나의 강조)(슈라키판)

이것이 첫 번째 이야기였습니다. 신은 남자─여자에게 동물에게 명령하라고 명령하지만, 아직 동물들의 이름을 부르라고 명령하지는 않지요. 뒤이어 두 번째 이야기에서는 무슨 일이 일어날까요? 거기서는 어떤 것들 중 하나가, 하나이자 둘인 어떤 것이, 두 번의 일이 단번에 생겨납니다. 내가 보기에 사람들은 대부분 이 점을 거의 알아차리지 못하고 있습니다. 그 두 번째 숨결에서 무한해지는 이 창세기를 읽으면서 말이지요.

한편으로, 동물들의 이름 부르기는 인간의 여성 부분인 이샤의 창조 이전에, **그리고 동시에**, 그들이 발가벗었다고 느끼기 이전에 이루어집니다. 처음에 그들은 아무런 창피함 없이 발가벗고 있는 것이죠.("그 둘은, 흙의 사람과 그의 여자는 발가벗고 있다. 그네들은 그 때문에 당황해하지 않는다.") 특정 뱀이 지나간 후에야─여기에 대해 우리는 다시 이야기할 텐데요─그들은 발가벗었음을 느끼고 창피해하게 됩니다.

특히, **다른 한편으로**, 피조물에 대한 이 이름 부르기는 자유롭지만 **또 동시에** 감시를 받습니다. 감시 아래, 야훼 엘로힘의 응시 아래 있게 됩니다. 그러나 엘로힘은 간섭하지 않지요. 아담을, 사람을, 홀로인 사람을, 이샤 없는, 즉 여자 없는 이시를 내버려 둡니다. 그가 자유롭게 이름들을 외치도록 내버려 둡니다. 그가 홀로 이름 부르기에 몰두하게 내버려 둡니다. 그러나 엘로힘은 그가, 홀로인 사람이 모퉁이를 도는 것을 기다리고 있습니다. 호기심과 권위가 뒤섞인 마음으로 지켜보고 있지요. 신은 관찰합니다. 아담은 관찰합니다. 그는 관찰되고 있지요. 관찰하에서 이름을 붙입니다. 슈라키는 이렇게 옮기고 있군요. "그는 그들이 흙의 사람에게로 오게 하셨다. 그가 그들에게 외치는 것을 **보기 위해서**." 엘로힘은 그들이 오게 합니다. 그들을 호출합니다. 그가 다른 때에 창조한 그들, 동물들을 말입니다. 첫 번째 이야기가 이 점을 말해 주었지요. 그리고 나는 우리가 관심을 갖게 될 사안과 관련해 중요한 이 특징을 한껏 강조했습니다. 그들을 사람에게 "복종케" 하기 위해(슈라키판), 그들을 사람의 "권위"(도르메판) 아래 놓기 위해 그렇게 했다는 것이지요. 더 정확하게 말하면, 신이 사람을 자기와 닮게 창조한 것은, 사람으로 하여금 그에 앞서 탄생한 동물들을 **복종케 하고 길들이고 지배하고 조련하거나 가축으로 만들기 위해서**였습니다. 신은 동물들이 사람의 능력을 입증하도록 정해 놓은 것이지요. 사람의 실행 능력(pouvoir)을 **보기 위해서**(pour voir),[32] 사람의 작업 능력을 보기 위해서, 살아 있는 다른 모든 것들에 대해 능력을 행사하는 것을 보기 위해서 말입니다. "그는 그들이 흙의 사람에게로 오게 하셨다. 그가 그들에게 외치는 것을 **보기 위해서**." 슈라키의 번역입니다. 도르메판은 이렇지요. "그는 그들을 사람에게 데려오셨다. 그가 그들을 어떻게 부르는지 **보기 위해서**."

"보기 위해서", 나는 이 말을 방금 두 번 강조했는데요, 이 말은 놀라워 보입니다. 두 번역이 같은 표현을 사용하고 있군요. 신은 홀로인 이시에게—확실히 그렇지요, 그리고 이것은 그의 고독과 동시에 그의 지배권을 뜻합니다—동물에게 이름을 붙일 자유를 허락합니다. 그럼에도 불구하고

---

[32] 데리다는 발음이 유사한 'pour voir'와 'pouvoir'를 잇달아 등장시킨다.—옮긴이

모든 일은 신이 원하는 대로 진행되는 것 같습니다. 신은 감시하고 지켜보려 합니다. 이제 울려 퍼질 이름들에 대한 응시의 권리를 지키려 합니다. 그러나 또한 동시에, 호기심에 자신을 맡기려 하지요. 곧 일어날 일의 근본적 새로움에 놀라고 허를 찔리도록 내버려 두려는 겁니다. 적절하건 적절하지 않건, 돌이킬 수 없는 이름 짓기의 이 사건에 말이지요. 하기야 이 사건에 의해, 이시는, 완전히 혼자인 이시, 아직 여자가 없는 이시는, 동물들에 대하여 우위를 점하게 되겠지요. 이제 그들을 보기 시작하고 그들의 이름을 부르기 시작하겠지요. 자신을 보이지 않게 하고 그들에 의해 이름 불리게 하지 않은 채 말입니다. 신은 그가, 이시가, 홀로 말하고 홀로 외치도록, 홀로 이름 붙여 외치고 홀로 부르며 외치도록 내버려 둡니다. 마치 그가 "나 이름하노라", "나 부르노라"라고 말할 수 있기라도 하다는 듯 이 말이죠. 신은 이시가 홀로 다른 살아 있는 것들을 부르게 하고, 그들에게 자신의 이름으로 이름을 주게 합니다. 이 동물들은 그보다 나이가 많기도 하고 적기도 하지요. 이 생명체들은 그보다 먼저 세상에 왔지만, 그에 뒤따라 이름 붙여졌다고 두 번째 이야기는 말합니다. 이 두 경우에서, 사람은 그 말의 이중적 의미로 동물의 **뒤에** 있습니다. 사람은 동물을 쫓아갑니다. 이 장면에 나오는 '뒤에'는, 결과 또는 박해의 '뒤에'는 시간 속에 있지 않습니다. 그것은 시간적이지 않습니다. 그것은 시간의 창세기/기원(genèse) 자체입니다.

그러니까 신은 이시가 홀로 부르게 합니다. 그가 자기 이름으로 동물에게 이름을 줄 권한을 부여합니다—그러나 단지 보기 위해서. 이 "보기 위해서"는 전능한 신이 지닌 응시의 권리의 무한성을 나타냅니다. **그리고 동시에**, 언어와 더불어, 그리고 이름과 더불어 그에게 무슨 일이 일어날지 알지 못하는 신의 유한함을 나타냅니다. 요컨대, 신은 그가 정말로 원하는 것이 무엇인지 알지 못합니다. 이것은 곧 동물과 관련해서, 즉 살아 있는 것의 생명 그 자체와 관련해서 원하는 것이 무엇인지 알지 못하는 신의 유한함을 뜻합니다. 그 신은 오는 것을 보지 못하면서 오는 것을 보는 신이지요. 그 신은 한 시인이 무대에 등장하여 자신의 이름을 살아 있는 것들에게 줄 때 무엇을 보게 될지 알지 못하면서 "**나는 나인 자다/나는 내가 쫓아가는 자를 쫓아간다**(je suis qui je suis)"라고 말할 신입니다. 신의 이 전능하고 결핍된 "보기 위해서"는 최초의 시간입니다. 시간 이전의 시간, 신이 놀라움에 노출되는, 사람과 동물 사이에 발생할 것의 사건에 노출되는 시간입니다. 이 시간 이전의 시간은 항상 나를 현기증나게 만들었습니다. 마치 누가 약속 혹은 협박의 형태로, 결국 무슨 일이 발생할지 알지 못하면서 "너는 보게 될 것을 보게 될 거야"라고 말하는 것 같은 꼴이지요. 이 어리석은 책략으로, 이 거짓 속임수로 열려진 심연 앞에서 내가 느끼는 것이 바로 이 현기증입니다. 시간 이래로/오래전부터, 발가벗은 나를 바라보는 동물 앞에서 달아날 때마다 이걸 느껴 왔지요. 나는 종종, 신의 눈 속 깊숙이 있는 이런 "보기 위해서"의 심연 앞에서 느끼는 이 현기증이, 내가 고양이 앞에서, 고양이와 마주하여, 그렇게 발가벗고 있다고 느낄 때 나를 사로잡는 현기증과 같은 것은 아닌지가 궁금합니다. 그때 고양이의 응시와 마주치면 나는 고양이가 또는 신이 스스로 묻는 소리를, **내게 묻는 소리를** 듣습니다. 그가 부를까? 그가 내게 말을 걸까? 그가, 이 발가벗은 사람이, 나를 어떻게 부를까? 내가 그에게 여자를 주기 전에, 내가 그녀를 그에게 주고 그에게 대여하기 전에, 내가 그녀를 그에게 주기 전에 또는 그가 그녀를 자신에게서 취하여, 그의 아래에서, 그의 옆구리에서, 또는 그의 갈비뼈에서 취하여 스스로에게 주기 전에.

시간 이래로.

시간 이래로, 그 고양이는 한마디도 내뱉지 않은 채, 창세기의 이 끔찍한 이야기를 스스로에게, 내게 상기시켰던 것 같습니다. 누가 최초로 태어났나요? 이름 이전에 말입니다. 누가 이 자리에 타자가 오는 것을 보았나요? 시간 이래로 말입니다. 누가 최초의 점유자가, 또 그러니까 주인이 될 것이었나요? 주체인가요? 누가 폭군으로 남아 있나요? 시간 이래로 말입니다.

내가 내 특유의 멜랑콜리에 젖다 보면 사태가 다시 너무 단순해지고, 인간과 신을 같은 형태로 놓는 식의 재전유를 또 시작하게 될지 모릅니다. 길들이기마저 미리 형태를 갖출 위험이 있지요. 나 자신 속에서 그 답을 찾기 위해, 그 고양이가 내게 말하고 있을지도 모르는 것을, 그러니까 무언의 흔적의 언어로, 즉 단어가 없는 말로 암시하거나 단지 신호를 보내고 있을지도 모르는 것을, 내가 과잉 해석하려 한다면 말이지요. 한마디로, 내가 그 고양이에게 그 고양이가 필요로 하지 않는 말들을 빌려준다면 말입니다. 보들레르의 시에 나오는 고양이의 '목소리'도 그런 것을 필요로 하지는 않았지요("가장 긴 문구를 말하는 데에도,/말들은 필요치 않다"[33]).

하지만 나 스스로 그렇게 말을 빌려준다든지 해석한다든지 투사한다든지 하는 일을 금한다면 그런 만큼 나는 다른 폭력이나 다른 어리석음(bêtise)을 범하게 되지 않을까요? 그런 폭력이나 어리석음은 동정이나 연민을 중지시키고, 동물에게서 표명의 모든 권한을, 즉 **내게** 뭔가를 표명하

---

33 "Pour dire les plus longues phrases, / Elle n'a pas besoin des mots"

고자 하는 욕망을 박탈하는 데서 성립하지 않을까요? **나의** 언어, **나의** 말, **나의** 발가벗음에 대한 **동물의** 경험을 내게 어떤 방식으로든 표명하고자 하는 욕망까지 박탈하는 데서 성립하지 않을까요?

원죄 이전에 동물들에게 이름을 지어 준 시간 이래로, 나는 당분간, 언제나 첫머리의 어구로, 다음과 같은 유보적인 면을 내세울 것입니다. 내가 스스로 제기한 질문들, 말 없는 작은 생명체 앞에서 내가 빈약하게 고백한 감정들, 그렇게 인정하고 만 회피의 욕망, 즉 구미에 맞는 투사(投射)와 단호한 차단의 양자택일을 피하고자 하는 욕망―이 모든 것은, 고양이가 내 발가벗음에 대해 말없이 던지는 그 응시를 내가 부정적으로 해석하거나 느낄 채비가 되어 있지 않다는 것을 짐작하게 해 줍니다. 그 점은 이렇게도 말할 수 있겠네요. 나는, 예를 들면 베냐민이 우리가 나중에 얘기해야 할 한 특정한 전통 속에서 그렇게 보였던 것과 같은, 그런 부정적인 경험을 할 준비가 되어 있지 않다는 겁니다. 사실 그 전통은 아담이 명명한 대로의 자연과 동물성에 일종의 "깊은 슬픔(Traurigkeit)"을 부여합니다. 이 우울한 애도(deuil)는 어떤 불가능한 체념을 반영하는 것이겠지요. 그것은 이 침묵 자체의 받아들일 수 없는 운명에 또한 침묵으로 저항하는 것일 텐데, 그 운명이란 무언(無言, Stummheit)에, 언어의 부재(Sprachlosigkeit)에, 또한 마비에, 즉 하이데거가 말하는 베노멘하이트(Benommenheit)에 바쳐진 것이지요. 하이데거는 내가 나중에 자세히 읽어 보려 하는(읽기로 마음 먹은) 한 텍스트에서, 이 마비가 동물성의 본질(Das Wesen der Tierheit)을 구성한다고 말합니다.[34] 베노멘하이트, 이것은 무언의 마비, 우둔함, 실신 등을 뜻합니다. 우리는 이 말을 붙잡힘(accaparement)이라고 번역했는데, 그

---
34 이 책의 4부 참조.

것은 이 표현이 지닐 수 있는 폭력성을 완곡하게 완화하기 위해서, 그러나 또한 특정한 에워싸임(Umring)을 고려하기 위해서였지요. 하이데거에 따르면, 이 에워싸임 속에서 동물은 로고스 밖에(alogon) 있기에, 자신의 개방성에서조차 존재자의 존재 그 자체에 접근할 능력이 없습니다. 존재 그 자체에, 존재하는 것의 "그 자체대로"에 접근하지 못한다는 것이지요. 자연 또는 동물성의 슬픔, 애도, 우울함 등(Trauigkeit)은 그러므로—베냐민에 따르면—물론 이 무언에서, 언어의 부재에서 탄생하는 것이지만, 또한 같은 이유로, 이름 없는 이 상처에서, 이름을 받았음에서 탄생하는 것이기도 합니다. 언어를 박탈당한 처지에서라면, 우리는 이름 부를 능력을, 스스로 이름 부를 능력을, 즉 자신의 이름으로 응답할 능력을 상실하지요(마치 인간이 자신의 이름과 그가 가진 이름들을 받지 않았다는 듯이!).

이 박탈, 이 빈곤화, 이 결핍의 감정, 그것은 자연의 거대한 고통(*das grosse Leid der Natur*)일 겁니다. 이 고통을 청산하려고, 이 고통의 구원(*Erlösung*)을 위해 인간은 자연 속에서 살아가며 말하고 있다고, 시인만이 그런 것은 아니라고 베냐민은 분명히 밝힙니다. 한층 더 흥미로운 것은 이렇게 상정된 슬픔이 단지 언어의 박탈(*Sprachlosigkeit*)과 무언에서, 말의 실어증적 박탈이나 마비적 박탈에서 오는 것만은 아니라는 점입니다. 만일 이렇게 상정된 슬픔이 탄식을 야기한다면, 만일 자연이 탄식한다면, 말 없는 그러나 들을 수 있는 탄식에서부터 감각으로 느껴지는 한숨을 거쳐 식물의 버석거림에 이르기까지 그러하다면, 그것은 아마 그 관계가 전도(顚倒)되어야 하기 때문일 겁니다. 베냐민은 그런 점을 시사하죠. 자연의 본질에 어떤 전도가, 움케룽(Umkehrung)이 필요합니다. 이 뒤집어 버리는 전도의 가설에 의하면, 자연(그리고 그 속의 동물성)은 말이 없기 때문에(*weil sie stumme ist*) 슬픈 것이 아닙니다. 반대로, 자연의 슬픔, 애도야말로 자연을 침묵하게, 실어증적으로 만듭니다. 자연의 슬픔이 자연을 말이 없게 합니다(*Die Traurigkeit der Natur macht sie verstummt*). 왜냐하면, 시간 이래로, 자연을 슬프게 만들고 뒤이어 애도에 잠긴 그 자연에서 말을 박탈했던 것, 자연에 말을 금한 것은, 무언이 아니고 무능력의 경험이 아니기 때문입니다. 이름 부르지 못함이 아니라, 무엇보다 **이름을 받음**이 문제라는 것이지요. 놀라운 직관입니다. 이름을 부여받는다는 것(*bennant zu sein*)은, 이름을 부여하는 자가 신들과 동등한 자, 행복하고 축복받은 자인 때조차, 자신의 고유명이 주어짐을 본다는 것은, 아마 슬픔으로 엄습당하는 일일 것이라고 베냐민은 말합니다. 슬픔 그 자체(그래서 이 슬픔이란 언제나 그 기원상, 이름 불리어짐의 이 수동성이 될 테지요. 자기 자신의 이름을 재전유하는 것의 이 불가능성 말입니다.)로, 혹은 적어도 일종의 희미한 슬픔의 예감으로 엄습당하는 일일 것이라고 말이지요. **애도의 예감**(*eine Ahnung von Trauer*)이라고 하는 편이 더 나을 수도 있겠네요. 애도의 예감―왜냐하면 내게는, 도래할 죽음의 소식이 유령의 살아남음과, 이름을 가진 자보다 더 오래 살아남는 이름의 장수(長壽)와 연관되어 있는 듯 보이니까요. 모든 이름 짓기가 다 그렇죠. 이름을 받는 자는 죽지 않을 수 없음을 또는 죽어 가고 있음을 느낍니다. 이름은 이름을 받은 자를 구하려 한다는, 그를 불러서 그의 존속을 보장하려 한다는 바로 그 이유 때문입니다. 불리어진다는 것, 자신이 이름 불리어지는 것을 듣는다는 것, 처음으로 이름을 받는다는 것, 그것은 아마 자신이 죽을 수밖에 없음을 안다는 것, 그리고 심지어 자신이 죽어 가고 있다고 느끼는 것일 겁니다. 죽음이 예정된 존재의 이미 죽어 있음, 즉 죽어 감을 말이지요. (지나는 길에 한 번 물어봅시다. 어떻게 사람들은 이렇듯 이름 지음을 박탈당한 동물이 죽음 자체의 경험에 접근할 수 없다고 여길 수 있을까요?) 하지만 방금 내가 시사한 것처럼, 나는 베냐민을 쫓아가지 않습니다. 동물의 시선 아래 발가벗고 있을 때의 나는, 제1차 세계대전이 한창이던 1916년에 쓴 이 아름다운 성찰("언어 일반과 인간의 언어에 대하여(Über Sprache überhaupt und über die Sprache des Menschen)"〕속으로 베냐민을 쫓아갈 준비가 되어 있지 않습니다.

왜일까요? 어떤 다른 이유보다, 그의 성찰은 애도에 빠진 실어증의 전체 장면을 구원의 시간 안에서, 즉 타락 이후로 또 원죄 이후로(*nach dem Sündenfall*) 취급하기 때문입니다. 그 장면은 이렇듯 타락의 **시간 이래로** 나타난 것일 테지요. 나는 이제 그 타락의 시간을 두 가지 전통의 우연치 않은 교차점에 놓습니다. 그 이유는 이렇지요. 창세기에서와 마찬가지로 프로메테우스 신화에서도『프로타고라스』를, 그리고 프로메테우스가 불(기예와 기술)을 훔친 그 순간을 상기해 보세요. 그는 에피메테우스가 모든 동물들을 완벽하게 무장시킨 반면 깜박 잊었거나 지체하는 바람에 인간은 신발도 덮개도 무기도 없는 "발가벗은(*gymnon*) 인간"으로 내버려 둔 것을 벌충하기 위해 불을 훔쳤지요〕 인간이 동물과 자연의 지배자인 주체가 된 것은 역설적이게도 인간의 잘못이나 결함에서 기인합니다. 바로 그런 움푹 파인 부족함 덕분에, 뛰어난 부족함 덕분에, 인간이 동물에 부여한 것과는 완전히 다른 부족함 덕분에, 인간은 단번에 자기 특유의 **자산**(특유한 것이라곤 아무것도 가지지 못한다는 특유함이지만)과, 이른바 동물적 삶에 대한 자신의 **우월성**을 수립하거나 요청하게 됩니다. 이 최후의 우월성, 무한하고 탁월한 우월성은 **무조건적**이며 동시에 **희생적**으로 존재한다는 특성을 갖지요.

이는 프로메테우스와 아담에게, 그리스적인 것과 아브라함적인 것(유대-기독교-이슬람)에게 모두 난공불락의 논리 법칙일 겁니다. 그 논리의 변함 없음은 우리의 근대성에 이르기까지 어김없이 입증되어 왔습니다. 그런데 나는 고양이 앞의 발가벗음을 상기하려 했지요. 시간 이래로, 앞선 시간 이래로, 창세기의 이야기 속에서, 아담 즉 이시가 타락 **이전에**, 발가벗었지만 그 발가벗음을 창피해하기 전에, 동물들에게 그들의 이름을 외쳤던 시간 이래로 말입니다.

그러니까 나는 그 시간 이래로 말합니다. 동물에 대한 나의 정념은 이 시대에 눈을 뜹니다. 나는 조금 전에 창피해하는 것을 창피해한다고 고백했습니다. 그러니까 내가 느끼는 이런 불편함에, 동물이나 동물들 앞에 발가벗었다고 창피해하는 것에 대한 이 창피함에 내가 놀랄 수 있었던 것은, 오직 내가 타락 이전의 시간, 즉 창피함에 앞선, 또 창피함에 대한 창피함에 앞선 시간과 관계하기 때문입니다. 악에 앞선, 또 악들에 앞선 시간과 말이지요. 우리는 동물에 대해서 말할 수 있을까요? 동물에 접근할 수 있을까요? 그리고 동물로부터 발가벗은 채 보여지는 자신을 볼 수 있을까요? 악에 앞선, 또 악들에 앞선 동물로부터?[35]

그 시간 이래로, 나는 여러분께 말하려고 애쓰고 있습니다. 특별히 나에 대해, 사적이건 공적이건, 그러나 특별히 나에 대해 말이지요. 또한 이 시간은, 원칙적으로 또 만일 이게 가능하다면, 자서전을 고백으로부터 분리하는 그런 시간일 겁니다. 자서전은 자기에 대한 말을 고백의 진실과, 그러니까 잘못이나 악과 또 악들과 떼어 놓지 못할 때 고백이 됩니다. 그리고 무엇보다도, 갚아야 할 진실과, 진실로 언젠가 변제해야 할 빚과 분리시키지 않을 때 고백이 됩니다. 왜 우리는 진실을 갚아야 하죠? 왜 갚아야 함이, 또 발가벗음이, 그래서 고백됨이 진실의 본질에 속하게 되지요? 왜

---

35 여기서 데리다는 프랑스어로 동물의 단수와 복수형(animal/animaux)에 착안해서 악(mal)과 악들(maux)이라는 말을 의도적으로 쓰고 있다. 이는 동물이 악이나 병과 연관되는 의미로 쓰여 왔던 역사를 드러내고자 하는 듯하다. 음운과 대구 형태도 흥미롭다. 원문은 "Depuis l'animal avant le mal et avant les maux?"―옮긴이

이처럼 진실을 되갚을 의무가 생기는 겁니까? 만일 진실을 숨기는 것, 진실인 척하는 것, 또한 숨는 척하는 것, 자신을 숨기거나 진실을 숨기는 척하는 것이 이미 악과 악들의 경험이 아니라면, 잠재적 잘못의, 죄 있음의, 벌 받아야 함의, 빚의 경험이 아니라면, 즉 기만과 거짓말의 경험이 아니라면 말입니다.

  진실은 무엇 때문에 그리고 왜 갚아야 하는 것이 될까요? 또 무엇 때문에 그리고 왜 그 최초의 순간부터 빚짐과 갚아야 함의 논리에 붙잡히게, 갑자기 붙잡히게 될까요? 왜 진실은 갚아야 하는 것이, 다시 말해 진실성에, 자기의 폭로에, 성실성인 자기의 진실에 빚지고 있는 것이 될까요? 특히나 담론의 역사에, 나아가 담론의 문학-되기의 역사에, 모든 고백보다 더 오래 되고 온갖 고백에 면역성이 있는 자서전이 있을까요? 어떤 고백도 손대지 못한 자기의 이야기가 있을까요? 그러니까, 모든 구세주의 언어로부터 순결한 자기의 이야기가 갚음인 구원의 지평 가운데 있을까요? 이 시간 이래로, 원죄 앞에 또 성서의 모든 종교 앞에 자서전을 위한 자리와 의미가 있을까요? 기독교 앞에, 특히 기독교의 고백 제도 앞에 자서전과 기억들의 자리가 있을까요? 우리는 이 점을 의심할 수 있습니다. 시간 이래로 말이지요. 성 아우구스티누스에서 루소에 이르기까지 우리의 주체성 문화를 형성해 왔던 우리 유럽사의 방대한 **고백록들**을 읽는다 해도 이러한 의구심을 떨쳐 버리지는 못할 겁니다.

  아우구스티누스와 루소 사이에, 동일하고 반박의 여지가 없는 친자 관계 가운데, **나는 생각한다, 그러므로 존재한다**(ego cogito ergo sum)의 분화된 역사 가운데, 데카르트가 자리합니다. 데카르트는 자신의 동물-기계를 가지고 우리를 기다리고 있지요. 제 생각엔 그가 시간 이래로 자서전 장르를 고백의 제도에 묶어온 계보를 흐트러뜨리지는 않을 것 같습니다.

그 시간 이래로, 즉 시간 이래로. 이것은 지나온 시간 이래를 의미하지만, 또한 시간 이전의 시간 이래를 의미하기도 합니다. 시간 이래로, 다시 말해 아직 시간이 없었던, 시간이 일어나지 않았던 시간 이래로. 이렇게 말하는 게 가능하다면, 심판 이전의, 만기(échéance)나 퇴락(déchéance) 이전의 시간 이래로.

하이데거가 『존재와 시간』에 뒤이어 1929~1930년에 동물에 할애했던 아주 체계적이고 풍부한 텍스트를 읽고 끈기 있게 해석하는 것은 나중으로 미루어야 하겠지만, 방금 내가 시간 이전의 시간을 거론했으니만큼, 앞으로의 포석을 겸해서 다음과 같은 점에 주의를 기울여 보기로 하죠. 하이데거는 『존재와 시간』—이 책은 나름의 방식으로, 비-기독교적인 입장을 유지하려 하면서, **현존재**(Dasein)의 특정한 타락을 다룬 저작입니다—에서 아주 드문 경우 중의 하나로, 아마 유일하게(이 점은 확인할 필요가 있어요) 동물에 대해 언급하는데, 이것은 풀기 어려운 난점을 인정하고 나중으로 미루기 위해서입니다(나의 가설은 이렇습니다. 무엇이든 나중으로 미뤄지는 것은 아마 영원히 미뤄질 겁니다. 나중이란 여기서 영영 없음과 같습니다). 어떤 난점일까요? 동물이 **시간을 가지는가**, 동물이 '시간'으로 '구성'되는가 여부를 아는 것의 어려움입니다. 그것은 "문제로 남는다(bleibt ein Problem)"고 하이데거는 말합니다.

어떻게 단지 살아 있는 어떤 것에서(in einem Nur-Lebenden) 감각의 자극과 인상이 존재론적으로 정해지는지, 어떻게 또는 일반적으로 어디서, 예를 들면(zum Beispiel), 동물의 존재(das Sein der Tiere)가 시간에 의해 구성되는지 하는 것은 그 자체로 문제로 남는다(또는 자기에 대해서 문제로 남는다, bleibt ein Problem für sich, 원초적인, 분리된, 따로 다루어야 할 문제로

남는다).³⁶

동물의 존재는 하나의 예일(*zum Beispiel*) 뿐입니다. 하지만 하이데거에게 이것은 그가 *Nur-lebenden*이라고 부르는 것, "단지 살아 있는" 것, 순수하고 단순한 상태의 생명에 해당하는 것에 대한 신빙성 있는 사례입니다. 나는 이것이 무슨 말인지, 이 "단지(*nur*)"가 무슨 말인지 이해하고 있다고 생각해요. 나는 그것을 표면적으로, 그것이 말하고자 하는 대로는 이해하지만, 동시에 나는 거기서 아무것도 이해하지 못합니다. 나는 계속 물어 볼 겁니다. 이 허구, 이 시뮬라크르, 이 신화, 이 전설, 이 환영(幻影), 순수 개념(순수한 상태의 생명. 틀림없이 여기서 의사-개념에 지나지 않는 것에 벤야민도 신뢰를 보내지요)으로 제시된 이것이 바로, 지금 우리를 사로잡고 있는 역사의 징후가 되어 버린 순수 철학이 아닌지를 말입니다. 이 역사는 인간이 자기 자신에게 말하는 역사, 철학적 동물의 역사, 인간-철학자를 위한 동물의 역사가 아닐까요? 인용한 저 구절이 "*Die Zeitlichkeit des Verfallens*"('만기의 시간성' 또는 '타락의 시간성', '퇴락의 시간성')라는 제목이 붙은 절 앞의 마지막 대목인 것은 우연의 일치일까요?

조금 전 이런 생각이 떠올랐습니다. 여러분 중 몇몇 분들, 아마 우리를 환영해 준 분들, 기쁘게도 내가 다시 한번 돌아오게 해 준 분들에게 그런 것처럼, 내게는 이 성채가, 오랫동안(*depuis le temps*), 우정의 혼이 깃든 성으로 남아 있습니다. 거의 사십 년 동안 말이죠. 그래요, 우정의 혼이지요.

∴
36 Martin Heidegger, *Sein und Zeit*, Tübingen, Niemeyer, 1927, §68b, p. 364. '〔 〕'의 사용은 데리다.

이 방에서 시작하여 우리 주변의 테라스에서, 나무들 사이에서, 호수 주변에서, 이 저택의 모든 방들에서 얼굴의 그림자들, 몇몇 사람들의 은밀한 실루엣들, 동작, 발걸음, 음악 소리, 말들이 내 기억 속에서 생생히 되살아납니다. 나는 이러한 기억의 향취를, 감동적이면서 즐겁고도 우수 어린 기억의 향취를 점점 더 깊이 느낍니다. 이 기억이 되돌아오는 자들/유령들(revenants)의 귀환에 자리를 내주려 하네요. 그들 중 많은 수는 다행스럽게도 살아 있고, 몇몇은 여기 이 자리에 있습니다. 안타깝게도 다른 이들은 그 시간 이래로 돌아가셨어요. 내 삶 속에 있었던 분들이고 내게는 가깝고도 생생한 친구들로 머물러 있는 분들이죠. 토요사키 코이치, 프랑시스 퐁주, 질 들뢰즈, 사라 코프만. 나는 그들이 여기서 우리를 보고 우리의 말을 듣는 것을 봅니다.

그런데 이처럼 오랫동안/시간 이래로(depuis le temps) 기억에 침범당한 나의 기억을, 거의 환각에 사로잡힌 기억을 믿는다면, 나는 가장 **키메라적인/몽상적인**(chimérique)[37] 담론의 문턱에 서 있는 겁니다. 틀림없이 그것은 나를 유혹했어요. 또는 내 스스로가 이 성에서 그런 시도를 해 본 것이죠.

키메라/몽상, 혼이 깃든 이 성채에서의 키메라의 유혹 또는 키메라의 시도, 이것이 지금 펼쳐지는 장면입니다. 그런데 이 키메라는 한 동물인가요? 키메라는 하나일 수 있는 동물, 그래서 하나인 동물인가요? 아니면, 사람들이 흔히 키메라에 대해 말하듯, 하나의 형태를 갖춘 한 동물 이상의 것일까요?

동물이라니, 이 무슨 말이죠!

---
37 키메라는 그리스신화에 나오는 괴물로, 사자의 머리, 양의 몸통, 용의 꼬리를 가지고 있다. 그래서 키메라(chimère)라는 말에는 공상이나 몽상이라는 뜻도 있다.—옮긴이

이건 하나의 말입니다. 동물, 그것은 사람들이 제도화한 호칭이지요. 사람들은 다른 생명체에 한 이름을 부여할 권리와 권위를 스스로에게 준 겁니다.

우리가 놓인 이 지점에서, 내가 여러분이 나를 쫓아오도록 또는 나를 뒤쫓도록 이끌려고 시도하기 전에—여러분 중 몇몇은 이 여정이 구불구불하고, 미로 같으며, 심지어 일탈적이며, 우리를 꾀어서 길을 잃게 만든다고 생각할 수 있을 텐데요—나는, 그러니까 무장해제 작전을 시도해 보겠습니다. 이 무장해제란, 우리가 부를 수 있을 법한 것을 단순하고 발가벗은 정면의 방식으로, 또 가능한 한 직접적인 방식으로 **정립하는**(poser) 데 그 요체가 있죠. 내가 방금 **정립할** 것이라고 말했으니 말인데, 여기서의 정립은 우리가 관객이나 초상화가 앞에서 또는 카메라 앞에서 제 마음대로 자세를 잡듯 정립하는 것이 아닙니다. 오히려 그것은 '입장(positions)'을 정립하는 것, 정확히 말하자면, 테제를 목표로 가설을 정립하는 것을 뜻하지요.

첫 번째 가설. 스스로를 인간이라 부르고 이 이름으로 우리 자신을 인식하는 우리는, 약 2세기 동안, 강렬한 방식으로 그리고 충격적인 가속도로(우리는 이제 그런 것을 측정할 시계나 연대기적 잣대가 없으니까요), 전례 없는 변동에 휘말려 왔습니다. 이러한 변화는 우리가 흔들림 없이, 아무 일도 없었던 것처럼, 줄기차게 '동물 또/또는(et/ou) 동물들'이라고 부르는 것에 대한 우리의 경험에 영향을 줍니다(나는 이 **또/또는**의 빗금에 많은 의미를 둘 거고, 많이 활용할 겁니다[38]). 이 새로움은 가장 오래된 것에 의거해서만 규정될 수 있습니다. 우리는 가장 오래 된 것과 도래하는 것 사이의 이 오

⁚⁚
38 이 대목의 빗금은 데리다의 것(별도의 언급이 없는 다른 곳의 빗금은 옮긴이의 것이다).-옮긴이

고-감 속에서 끊임없이 움직여야 합니다. 새로움과 '새로움으로' 사이, 새로움과 반복의 '새롭게' 사이의 교체 속에서 끊임없이 움직여야 해요. 우리가 계속해서 세계니 역사니 삶이니 하고 부르는 것 속에 단순히 나타나는 것과는 거리가 먼, 동물이나 동물들에 대한 전대미문의 이 관계는 너무도 새로운 것이라서, 우리는 그런 개념들을 문제시하는 것을 넘어 그 모든 개념들을 불안정하게 하지 않을 수 없을 겁니다. 그래서 나는 우리가 그것을 '**체험한다/산다**(vivre)'고 말하기가 망설여집니다. 〔만일 우리가 비오스(bios)와 조에(zoé) 사이, 즉 생물학적이고 동물학적인 것과 인류학적인 것 사이의 경계들을 지나면서 그 한계들이 흔들리게 되는 것을 경험하고, 이 경험을 태연하게 여전히 **삶**(vie)이라고 부를 수 있다고 해도 말입니다. 삶과 죽음 사이, 삶과 기술 사이, 삶과 역사 사이 등등에서도 마찬가지겠지요.〕 그래서 나는 우리가 역사적 전환점을 살고 있다고 말하는 것도 똑같이 망설여지는군요. 전환점의 형태는 어떤 단절이나 순간적인 변이를 함축하는데, 그것의 모델이나 형태는 여전히 유전적이고, 생물학적이거나 동물학적인 것이에요. 그러니까 검토해야 할 바로 그것이 모델인 셈이지요. '역사'니 '역사성'이니 나아가 '역사적 의의'에 대한 모티프들은 (나중에 자세히 살펴보겠지만) 다름 아닌 인간의 또는 인간 **현존재**의 **이** 자기-정의에, **이** 자기-이해에, **이** 자기-상황에 속합니다. 여기에 견주어지는 것이 생명체와 동물의 삶이죠. 그런 모티프들은 오늘 내가 묻고자 하는 인간의 이 자기-전기/자서전(auto-biography)에 속합니다.

  이 모든 말들은, 특히 '역사'라는 말은 구성적 방식으로 이 자서전의 언어에, 이해 관심에, 미끼에 속하므로, 우리는 성급하게 이것들을 신뢰하거나 그것들의 의사(似擬)-근거들을 긍정해서는 안 됩니다. 그래서 저는 현재 진행 중인 어떤 변동을 이름 짓기 위해 역사적 전환점이라는 말을 쓰지 않겠습니다. 그 변동은 역사적 전환점보다 더 심각하면서 동시에 더 잘못 인식되고 있는 변화입니다. 그것은 동물과의 관계에서, 인간과 인간이 동물이라고 부르는 것이 참여하는 함께-있음에서 나타나는 변화지요. 다시 말해, 스스로를 인간이라고 부르는 것 또는 **현존재**가, 인간 자신이 또는 우리 자신이―우리는 아직도 감히 이렇게 하는데요― **동물**이라고―잠정적으로, 일반적으로, 그러나 단수로― 부르는 것과 **함께 있음**에서 나타나는 변화입니다. 하지만 이러한 변화를 어떤 식으로 부르고 해석하든, 어떤 이름을 붙이든, 그것이 약 2세기 이래 심도 있게, 또 가늠할 수 없는 속도로 가속되고 강화되어 왔으며 그것이 어디로 향할지 더 이상 알 수 없다는 점은 누구도 부인할 수 없을 겁니다.

이 모든 중지의 비결정성 가운데서, 왜 '약 2세기'라고 하는 걸까요? 나는 거푸 이렇게 말했지요. 마치 그 시점을 인간만큼이나 오래된 과정, 인간이 자기의 세계, 자기의 지식, 자기의 역사, 자기의 기술이라고 부르는 과정 속에서 아주 엄격하게 측정할 수 있다는 듯이 말이지요. 글쎄요, 그건 처음의 편의상 그런 것이지 여기서 어떤 정확성을 내세울 생각은 없어요. 오늘날 우리가 우리를 이해하고 '우리'라고 말할 수 있게 해 주는 미리 주어진 어떤 징후들을 환기시키려는 것이죠. 이것들 중 가장 투박한 것에 한정하더라도, 무릇 그 징후들은 성경이나 고대 그리스의 동물 희생을 훨씬 넘어서는 것들입니다. 헤커툼(소 백 마리를 희생물로 바치는 것을 표현하는 말인데, 이후 이 표현에는 온갖 은유들이 덧붙여졌지요)을 훨씬 넘어서며, 그리고 사냥, 낚시, 길들이기, 훈련이나 동물 에너지의 전통적 착취(운반 또는 밭갈이, 수레 끄는 동물들, 말, 소, 순록 등 그리고 경비견, 또 소규모 도살과 동물 실험 등등을 생각해 보세요)를 넘어섭니다. 지난 2세기를 거치면서 동물을 다루는 이 전통적인 방식들이 동물학과 생태학, 생물학, 유전학 등의 **지식**이 결합하여 이룬 발전으로 완전히 뒤집혔다는 것은 너무나 명백한 사실입니다. 이러한 지식은, 살아 있는 동물인 그 대상 **속으로** 개입해 들어가고 그 대상 자체를, 또 그 대상의 환경과 세계를 변형하는 **기술**과 언제나 불가분의 관계에 있지요. 그렇게 이룬 발전이란, 과거와는 전혀 다른 규모의 사육과 조련, 유전학적 실험, 동물 고기의 식용 생산이라 부를 수 있는 것의 산업화, 대규모 인공 수정, 점점 더 대담해지는 게놈 조작 등입니다. 식용 고기의 더 활성화된 생산과 재생산(호르몬, 이종교배, 복제 등)으로 동물을 환원시킬 뿐 아니라 인간의 특정한 존재와 소위 인간적 웰빙에 봉사하게끔 모든 종류의 다른 목적으로 동물을 환원하는 것이 여기에 해당되지요.

이런 모든 일은 너무나 잘 알려진 사실이므로 더 말할 필요가 없겠지요. 사람들이 그것을 어떻게 해석하든, 그것으로부터 어떤 실용적, 기술적, 과학적, 법률적, 윤리적, 정치적 결론을 끌어내든, 아무도 이 사건을, 즉 이 **전례 없는** 정도의 동물 예속을 부정할 수 없습니다. 우리가 지금 그것의 역사를 해석해 보려고 하는 이러한 예속을 우리는 폭력이라고 말할 수 있습니다. 그것이 폭력이라는 말을 도덕적으로 가장 중립적인 의미에서 쓴 것이라 해도 폭력은 폭력입니다. 또 간섭주의적 폭력이 행해지는 때조차 그렇게 말할 수 있어요. 간섭주의 폭력은, 전반적인 경우가 전혀 아닌 몇몇 극히 소수의 사례들에서는—이 점을 결코 잊지 맙시다—동물의 보호를 위해서 이루어집니다. 그러나 대부분은 인간 동물을 위해서 이루어지지요. 누구도 이제 더는 이런 부정의 행태를 진지하게 부인할 수 없습니다. 누구도 인간이 이런 잔혹함을 은폐하거나 인정하지 않기 위해 할 수 있는 온갖 일을 다해 왔다는 사실을, 더 이상 진지하게 또 장시간 부정할 수 없습니다. 세계적 규모로 조직하여 망각하도록 하거나 알아보지 못하게 하려 한 이 폭력을 몇몇 사람들은 종족 말살(génocides)의 악행에 비교하기도 했습니다(동물 종족 말살도 있는 것이죠. 인간 때문에 사라져 가고 있는 동물 종의 숫자를 들으면 놀라 숨이 멎을 지경입니다). 종족 말살이라는 형상(形象)을 남용해서도 안 되겠지만 너무 빨리 거기서 해방되어도 안 될 겁니다. 여기서 그 모습은 훨씬 복잡하기 때문이죠. 종들의 멸종은 분명히 진행되고 있지만, 이는 지옥 같고 잠재적으로는 끝날 수 없는 인공적 생존의 조직화와 착취를 거쳐 이루어지고 있습니다. 과거의 사람들이라면 괴물스럽다고 판단했을 조건에서 말이죠. 동물에게 고유한 삶이라고 상정되는 모든 규준들을 벗어나서, 이 동물들은 살아남는 가운데 또는 개체 밀도가 과잉인 속에서조차 이렇게 몰살되고 있는 것입니다. 그것은 마치, 예컨대 한 민족을 화장터의 화덕이나 가스실에 던져 넣는 것 대신, (이를테면 나치의) 의사와 유전학자들이 인공 수정으로 유대인, 집시, 동성애자들을 과잉 생산하고 과잉 증식하기로 조직적으로 결정하여, 항상 더 많은 수의 또 더 잘 먹인 이런 사람들이, 계속해서 증가하며, 유전자 실험에 처해지거나 가스나 화염으로 몰살되는, 그런 지옥을 향한 운명을 맞이하게 되는 것 같은 사태지요. 꼭 같은 도살장에서 말입니다. 나는 지금 내가 주의를 환기하는 명백함에 파토스의 무게를 한껏 부여하는 손쉬운 방편을 남용하지는 않을 겁니다. 지난 2세기 이래 인간이 동물의 삶을 종속시켜 온 산업적, 기계적, 화학적, 호르몬적, 유전적 폭력이 보여 줄 수 있는 사실주의적 그림이 얼마나 끔찍하고 참기 힘든 모습인지는 온 세상이 다 압니다. 이 동물들을 어떻게 생산하고, 사육하고, 운송하고, 도살했는지 모두 다 압니다. 그러한 이미지들을 여러분 눈앞에 들이밀거나 기억에서 깨우는 대신—그것은 매우 쉽고도 끝이 없는 일일 테죠—이 '파토스(pathos)'라는 단어에 대해 간단히 말해 보겠어요. 만일 이 이미지들이 '파토스적'이라면, 그것은 그 이미지들이 파토스와 파토스학의 문제를, 즉 고통, 연민, 동정의 광대한 문제를 파토스적으로 제기하기 때문이기도 합니다. 그리고 그것은 이 동정(compassion)의 해석에 어울리는, 생명체들 사이의 동정에 참여하는 것에 어울리는 장소의 문제도 제기하죠. 이 동정의 경험에 관여할 수밖에 없는 법과 윤리, 정치학 등에 적합한 장소의 문제도 함께요. 2세기 이래 발생하고 있는 일은 이러한 동정에 대한 새로운 시험이기 때문입니다. 당장은 저항하기 어려우나 부정된 확산 앞에서, 이 가혹한 형벌에 대한 조직화된 부인 앞에서, 거기에 항의하는 목소리들이 높아지고 있어요. (소수자의, 약한 자들의, 주변부 목소리들이죠. 자신들의 담론과, 그 담론을 행할 권리와, 그 담론을 하나의 권리로 사용하는 것에 거의 아무런 확신도 하지 못하는 목소리들입니다.) 이는 아직 **동물의 권리**라는 문제적인 방식으로 표현되고 있는 것을 호소하기 위해서고—우리는 나중에 이 문제로 돌아올 겁니다—, 생명체 일반에 대한 우리의 책임과 의무에, 그리고 다름 아닌 근본적인 동정에 눈뜨도록 하기 위해서입니다. 이 근본적 동정은, 우리가 진지하게 접근한다면, 동물에 대한 철학적 문제틀의 기반(이 기반을 둘러싼 것들이야말로 내가 오늘 논의하고자 하는 문제지요)까지 바꾸어 놓지 않을 수 없을 겁니다.

잘 알려져 있다시피, 벤담 같은 이가 약 2세기 전에 동물에 대한 문제의 틀 자체를 바꾸자고 제안한 것은, 바로 이 동정의 원천과 목적에 대해 생각하면서였습니다. 그러한 문제의 형식은 전통적 담론을 지배했는데, 상식의 일상적 언어에서 그랬던 만큼이나 가장 정제된 철학적 논쟁에서도 그랬지요. 벤담은 대략 이렇게 말했습니다. 문제는 동물이 생각할 수 있는가, 추론하거나 말할 수 있는가 등등 우리가 결국 언제나 서로 궁금해하는 척하는 것이 아니라는 거죠. (아리스토텔레스에서 데카르트까지, 데카르트에서 특히 하이데거, 레비나스, 라캉에 이르기까지, 이 물음은 그토록 많은 여러 다른 **능력들**(pouvoirs)이나 **자산들**(avoirs)의 문제를 지배했습니다. 즉, **할 수 있음**(pouvoir)의 문제, 주는 능력, 죽는 능력, 매장하는 능력, 옷 입는 능력, 노동하는 능력, 기술을 발명하는 능력 등등, 본질적인 속성으로 이러저러한 역량을, 따라서 이러저러한 능력을 가지는 데서 성립하는 능력을 **가지고 있음**(avoir)의 문제를 말이지요.) 그러니까 여기서 관건인 문제는 동물이 **로고스를 가진 동물**(zoon logon eckon) 유형인지를, 그들이 **능력**이나 **로고스**의 자산 덕택에, **로고스**를, 로고스의 소질을 **가질-수-있음**(pouvoir-avoir) 덕택에, 말하거나 추론할 수 있는지를 아는 데 있지 않다는 것입니다. (이성 중심주의란 무엇보다 동물에 대한, 즉 **로고스**가 없는 동물, 로고스를 **가질-수-있음**이 없는 동물에 대한 테제입니다. 이것은 아리스토텔레스부터 하이데거까지, 데카르트부터 칸트, 레비나스, 라캉까지 견지되는 테제, 입장 또는 전제이지요.) **선결되어야 할** 그리고 **결정적** 문제는 동물이 **고통을 겪을 수 있는가**를 아는 것이 됩니다. "*Can they suffer?*"

"그들은 고통을 겪을 수 있는가?" 벤담은 간단히, 그리고 매우 심오하게 묻습니다.

그것의 프로토콜이 확립되고 나면, 이 물음의 형식이 모든 것을 바꿉니다. 그 물음은 단지 **로고스**와 관련되는 것이 아닙니다. **로고스**의 배치나 비배치 또 전적인 그 구성상의 배치나 비배치하고만 관련되는 것이 아닙니다. 더 근본적으로는, 어떤 **가능태**(dynamis)나 **품성**(hexis), 이 자산 또는 이 존재 방식, 일종의 역량이나 '능력'이라고 불리는 이 **습성**(habitus), 이 가질-수-있음 또는 사람들이 가진 이 능력(추론하는 능력, 말하는 능력, 그리고 거기에 뒤따르는 모든 것)에만 관련되는 것이 아닙니다. 그 물음은 어떤 **수동성**을 걱정합니다. 그것은 증언합니다. 그것은 이미, 물음으로서, 한 수동성을, 한 정념을, 한 비(非)-능력을 증언하는 응답을 드러냅니다. 누군가 "*Can they suffer?*"라고 묻고 나면 '할 수 있다(can)'라는 말의 의미와 특색이 여기서 변합니다. '할 수 있다'는 말은 그래서 흔들리지요. 그런 물음의 기원에서 중요한 것은, 더 이상 타동성이나 능동성(말할 수 있음, 추론할 수 있음 등등)이 가리키는 어떤 것만이 아닙니다. 오히려 그런 능력을 자기–모순으로 몰아가는 어떤 것이 중요합니다. 이 자기–모순을 우리는 나중에 자기–전기/자–서전과 연결시키게 될 거예요. "그들은 고통을 겪을 수 있는가?"는 "그들은 하지 **못할** 수 있는가?"라고 묻는 것으로 귀착합니다. 도대체 이 할 수 없음(impouvoir)은 뭔가요? 이 할 수 없음에서부터 느껴지는 상처 입기 쉬움(vulnérabilité)은 뭔가요? 할 수 있음의 중심부에 있는 이 할 수 없음은 어떤 것인가요? 이 할 수 없음의 성질이나 양상은 어떤 것일까요? 이것을 어떻게 생각해야 하지요? 그것에 어떤 권리를 부여해야 할까요? 이것은 우리와 어떤 관계가 있지요? 고통을 겪을 수 있음이 더 이상 하나의 능력이 아니라는 것, 그것은 할 수 있음이 없는 가능성, 불가능한 것의 가능성입니다. 여기에 깃드는 것이, 우리가 동물과 공유하는 유한성을 생각하는 가장 발본적인 방식으로서의 도덕성이지요. 이 도덕성은 삶의 유한성 그 자체에, 동정의 경험에 속합니다. 이 할–수–없음의 가능성을, 이 불가능성의 가능성을, 이 상처 입기 쉬움의 불안과 이 불안의 상처 입기 쉬움을 공유하는 가능성에 속합니다.

이 질문("*Can they suffer?*")으로 우리가 의심할 여지 없는 확실성의 초석을, 예컨대 사람들이 **코기토** 속에서, "나는 생각한다, 그러므로 존재한다" 속에서 찾을 수 있다고 생각하는 전적인 확신의 토대를 건드리고 있는 것은 아닙니다. 오히려 우리는 완전히 다른 방식으로, 비록 본질적으로 다르긴 하지만 그만큼 근본적인 심급, 말하자면 부정할 수 없는 심급에 우리의 신뢰를 얹고자 합니다. 그 누구도 특정한 동물들을 엄습할 수 있는 고통을, 두려움이나 공황 상태를, 공포나 놀람을 부정할 수 없습니다. 이것은 우리 인간들이 목격할 수 있지요. (데카르트 자신도 동물이 고통을 느끼지 못한다고 주장할 수는 없었다는 걸 우리는 보게 될 겁니다.) 우리가 다시 다루겠지만, 어떤 이들은 그런 것을 **고통**이나 **불안**이라고 부를 권리가 없다고 계속 목소리를 높이겠지요. 그것들은 여전히 인간을 위해, 그리고 죽음을-향한-존재의 자유를 가진 현존재를 위해 아껴 두어야 할 말이나 개념일 테니까요. 나중에 우리는 이런 담론을 문제 삼을 겁니다. 하지만 지금은 "그들은 고통을 겪을 수 있는가?"라는 물음에 대한 답이 의심할 나위가 없다는 점만 주목하도록 합시다. 사실 그것은 어떤 의심의 여지도 남기지 않습니다. 이것이 우리가 그 고통에 대해 경험하는 것이 의심할 수 없는 것조차도 아닌 이유입니다. 그것은 의심할 수 없음보다 앞서며, 그것보다 더 오래되었죠. 그래서 우리 안에 동정이 폭발할 가능성이 있다는 점도 전혀 의심의 여지가 없는 것이죠. 설사 그것이 곧이어 잘못 이해되고 억압되거나 부인되고 저지되더라도 말입니다. **부정할 수 없는** 이 응답 앞에서(맞아요, 동물들은 그들 탓에, 고통받는 그들과 함께 고통받는 우리와 마찬가지로 고통을 겪습니다), 모든 다른 물음들에 앞서는 이 응답 앞에서, 문제틀의 지반과 기반이 바뀝니다. 아마 그것은 모든 안정성을 잃을 것이고, 어쨌거나 오래된 토대에, 이른바 자연스러운 토대(지반)나 역사적이고 **인위적인** 토대(기반)에 더 이상 안주하지 못할 겁니다. 이런 점과 관련해 현재를 자리매김하기 위해 내가 다소 거칠게 지칭한 그 2세기는, 불평등한 싸움의, 진행 중인 전쟁의 세기입니다. 이 불평등은 언젠가는 역전될 수 있겠지요. 그것은 한편으로, 동물의 삶뿐만 아니라 동정의 감정까지 침해하는 자들과, 다른 한편으로, 이 연민에 대한 외면할 수 없는 증언을 들어달라고 호소하는 자들 사이의 전쟁입니다.

이것은 연민에 관한 전쟁입니다. 이 전쟁은 아마도 나이를 먹지 않겠지만, 나의 가설은 그것이 중대한 시기를 지나가고 있다는 것입니다. 우리는 그 시기를 관통하여 지나가고 있고 그 시기는 우리를 관통하여 지나가고 있습니다. 우리 자신이 벌이고 있는 이 전쟁을 사유하는 것은 단지 하나의 마땅한 일, 책임, 의무일 뿐 아니라 좋든 싫든, 직접적으로든 간접적으로든 아무도 비껴갈 수 없는 필수 사항이고 구속입니다. 이제부터 그 어느 때보다도 더 그렇다는 것이지요. 여기서 내가 이 전쟁을 "사유한다"고 말하는 이유는 그것이 우리가 '사유하기'라고 부르는 것과 관련된다고 믿기 때문입니다. 동물이 우리를 응시하고 있고, 우리는 그 앞에 발가벗고 있습니다. 그리고 사유하기는 아마 거기서 시작될 겁니다.

이제 또 다른 테제의 관점에서, 내가 지체 없이 끌어내어야 한다고 생각하는 **두 번째 가설**이 있습니다. 그것은 또 다른 경계의 논리에 관한 것 또는 그 논리를 실행시키는 것이죠. 나는 이 테제의 의도를 열흘씩 세 번 연속으로 이루어진 학술대회와 연결시켜 보고 싶습니다. "인간의 종말"과 "경계 가로지르기" 이래로 이 학회는 **접경성**의 본래적 위반에 관한 경험—위반하는 경험은 아니라 하더라도—에 집중되어 왔죠. 접경성을 뜻하는 이 'limitrophie'라는 말을 넓고도 엄밀한 의미에서 살펴봅시다. 그것은 경계들에 인접해 있는 것이지만, 또한 그 경계의 가장자리에서 먹이고 먹고 유지되고 길러지며 길들여지는 것, 즉 양성되는 것입니다. 이 trephō, trophē 또는 trophos[39]의 의미론 속에서, 우리는 자전적 동물에 바쳐진 이 열흘간의 일정 중에 우리가 말해야 할 것에 대해 말할 필요가 있는 모든 것을 발견하게 될 겁니다. 먹이기, 먹이, 기르기, 번식, 자손들, 동물 돌보

---

39 그리스어로, '먹이다(τρεφε)', '먹이(τροφη)', '음식(τροφος)'이라는 뜻이다.—옮긴이

기와 유지하기, 길들이기, 훈련, 양육, 살기 그리고 살고 먹고 양육하게 함으로써 살게 하기—자전적으로 말이죠. 이런 **접경성**이 나의 주제입니다. 단지 경계에서, 경계 주변에서, 경계를 유지함으로써, 자라고 커가는 것만이 아니라, **경계를 먹이고**, 경계를 낳고, 경계를 기르고 복잡하게 하는 것이 관건이 될 것이기 때문이죠. 내가 말할 모든 것들은 우선 경계를 지우는 것이 아니라, 경계의 형상을 증식시킬 겁니다. 말하자면 선을 증가시키고 증식시킴으로써 그 선을 복잡하게 하고 두껍게 하고 비선형화하고 접고 나눌 겁니다. 더군다나, trephō의 첫 번째 혹은 문자적 의미는, 예를 들어 우유를 응고시키는 것처럼 두께를 만드는 변형, 딱 그런 것이죠. 그러니, 문제는 사람들이 계속 떠들어 대는 경계, 즉 인간(l'Homme)과 동물(l'Animal) 사이의 경계에 조금이라도 이의를 제기하는 것이 아닐 겁니다. 문제는 자기에 대한 관계—인간적 삶이라는 자기의 현시, 인간 종의 자서전, 인간이 이야기하는 자기 역사 전체—가 조성되는 데 기반이 되어 온 철학적 의미나 상식적 의미의 테제를 정면으로 또는 안티테제로 공격하는 것이 아닐 거예요. 다시 말해, 문제는 '우리 인간들', '인간인 나'라고 말하는 자들과, '우리'라고 말하는 이 인간들 중의 한 인간인 자가 동물 또는 동물들이라고 **부르는** 것 사이의, 단절이나 심연으로서의 경계를 내세우는 테제를 공격하는 것이 아닐 겁니다. 나는 단 한순간도 이 테제를 반박하거나 '나—우리'와 우리가 동물이라고 **부르는** 것 사이의 그런 단절 혹은 심연을 반박하는 모험을 하지 않을 거예요. 나든 어느 누구든 이 단절을, 정말이지 이 심연을 무시할 수 있다고 가정한다면, 그것은 다른 무엇보다 그토록 많은 반대 증거들에 스스로 눈을 감는다는 것을 뜻하게 될 테지요. 그리고 나의 입장을 신중하게 고려할 때, 그러한 것은 내가 동질적인 것과 연속적인 것보다는 차이, 차이들, 이질성들, 심연의 단절들에 지칠 줄 모르고 관심을 쏟아온 그 모든 흔적들을 잊는다는 걸 의미할 겁니다. 그러니까 나는 **스스로를** 인간이라고 부르는 자와 **그가** 동물이라고 부르는 것 사이의 어떤 동질적인 연속성을 믿어 본 적이 없습니다. 이제 와서 내가 그런 걸 믿기 시작하겠다는 게 아니에요. 그건 몽유병보다 더한 짓일 겁니다. 단순히 너무도 멍청한/짐승스러운 짓이겠죠. 그토록 어리석은 기억상실을 가정하거나 이 심연의 단절이 순진한 몰이해라고 책망한다면, 그것은 거의 아무 말이나 막 하는 위험을 무릅쓰는, 한층 더 심각한 사태가 될 겁니다. 그건 빌미를 주는, 어떤 이유나 이해관계에—이것은 사람들이 말하길 원한다고 말하는 것과는 더 이상 아무 관계가 없는 것일 텐데요—빌미를 주는 일일 거예요. 이 이유나 이해관계가 사람들이 생물학적 연속주의라고 속단하는 혐의—우리는 이런 혐의의 함의를 잘 알고 있지요—로부터 이득을 취하려는 것일 때, 더 일반적으로는 사람들이 연속주의에 대한 이 별난 고발과 관련시키려는 유전자주의의 혐의로부터 이득을 취하려는 것일 때, 논의 과정은 기묘하게 꼬여 버립니다. 그래서 어떤 경우든 그 과정은 내 편에서 어떤 직접적인 논의도 불러내지 못하고 또 내 눈에는 그럴 가치도 없어 보이는 지경에 이르죠. 내가 지금까지 내놓을 수 있었던 모든 것과 오늘 제시할 모든 것은 그런 주장의 결정적인 부분을 강하게 부인하는 것들이에요.

왜냐하면, 스스로를 인간이라고 부르는 이들과, 이른바 인간들, 즉 스스로를 인간이라고 명명하는 자들이 동물이라고 부르는 것 사이의 비연속성이니 단절이니 심지어 심연이니 하는 그런 것의 존재는 전혀 논의의 관심사가 아니니까요. 이 문제에 대해서는 온 세상이 동의하고 있고, 그래서 논란의 여지는 미리 닫혀 있어요. 이걸 달리 생각하려면 어떤 짐승보다 더 짐승다워져야 할 겁니다. 짐승들조차 이 점을 압니다(아브라함의 나귀나 양, 혹은 아벨이 신에게 바쳤던 생물들에게 물어보세요. 그들은 인간이 신에게 "내가 여기 있나이다"라고 말할 때 자신들에게 어떤 일이 일어나는지 알지요. 그러곤 희생되는 것을, 그들의 희생을 희생하는 것, 즉 스스로 용서하는 것을 받아들입니다). 논의를 시작할 만한 가치가 있게 되는 것은, 이 심연의 경계, 이 가장자리들, 여럿이고 겹 주름진 이 경계선의 수, 형태, 의미, 구조, 그리고 층층으로 쌓인 두께 등을 결정하는 것이 문제가 되는 때입니다. 논의가 흥미로워지는 것은, 불연속적 경계가 있는지 없는지를 묻는 대신, 한 경계가 심연일 경우 그 경계는 무엇이 되는지를 사유하려 할 때입니다. 경계선이 단일한 불가분의 선이 아니라 격자로 되어 하나의 선 이상을 이룰 경우, 그리고 그 결과로 경계선이 더 이상 자신의 흔적을 따르거나 객관화되거나 단일하고 불가분한 것으로서 다루어질 수 없을 경우, 어떻게 되는지를 사유하려 할 때지요. 심연을 섭취함으로써 성장하고 증식하는 경계의 가장자리는 무엇일까요? 여기 세 가지 말로 내 테제를 정리해 봅니다.

  1) 이 심연적 단절은 두 모서리를 보여 주지 않습니다. 인간과 동물 일반이라는 두 모서리의 단선적이며 불가분한 선을 그리지 않지요.

  2) 이 심연적 단절의 다수적이고 이질적인 가장자리는 역사를 지닙니다. 거시적이면서도 미시적이며, 전혀 닫혀 있다고 할 수 없는 그 역사는, 지금 우리가 속해 있기도 한 예외적 국면을 지나고 있지요. 이 예외적 국면에 관해 우리는 아무런 척도가 없습니다. 여기서 역사를, 역사적 순간이나 국면을 말할 수 있는 것은, 오직 앞서 말한 단절에서 추정되는 한 모서리에 따라서, 즉 인간-중심적 주체성의 모서리에 따라서지요. 이 모서리는 자전적으로 하나의 역사라고, 그 삶의 역사라고 이야기됩니다. 또는 그렇게 이야기되는 것을 허용하지요. 인간-중심적 주체성은 이것을 '**역사**(Histoire)'라고 부릅니다.

3) **자칭** 인간적 모서리 너머에, 그 너머이지만 반대편의 유일한 모서리는 아닌 곳에, '동물'이나 '동물적 삶' 대신 이미 생명체의 이질적 다수성이 존재합니다. 더 정확히 말해('생명체'라고 말하는 것은 이미 너무 많이 말하는 것이거나 충분치 않은 것이니까요) 다수의 조직들이 있습니다. 이것은 살아 있는 것과 죽은 것 사이의 관계들, 유기물과 무기물 사이의 관계들의 조직체지요. 이런 관계가 성립하는 영역들은 유기적인 것과 비유기적인 것, 삶 또/또는{데리다} 죽음의 형태들로 분리하기 어렵습니다. 점점 더 그렇지요. 긴밀하면서도 심연적이기에, 이 관계들은 결코 완전히 대상화될 수 없어요. 이 관계들에서는 한 항이 다른 항과 관련하여 어떤 단순한 외부성의 자리를 차지하지 못합니다. 따라서 누구도 동물들을 동물 또는 동물 일반이라 부를 만한 한 유(類)에 속하는 종(種)들로 간주할 권리를 갖지 못할 겁니다. '누군가'가 '동물'을 말할 때마다, 철학자가 또는 그 누구든 단수형으로 다만 '동물'을 말하면서 그것이 인간('**이성적 동물**'로서의 **인간, 정치적 동물로서의 인간, 말하는 동물**, 로고스를 가진 동물(zoon logon ekhon)로서의 인간, '나'라고 말하는 또 앞서 말한 동물에 대해 말하면서 스스로를 그 말의 주체로 여기는 인간 등등)이 아닌 모든 살아 있는 것들을 지칭한다고 주장할 때마다—그래요, 그럴 때마다—그 말을 하는 주체인 이 '누군가'나 이 '나'는 멍청한 것/짐승스러운 것을 말하는 것이지요. 그는 공언하지 않으면서 공언하는 겁니다. 그는 선언하는 거죠. 마치 어떤 병이 증상을 통해 선언되듯이 말입니다. 그는 "나는 멍청한 것/짐승스러운 것을 말한다"고 진단하게 하는 것이죠. 그리고 "나는 멍청한 것/짐승스러운 것을 말한다"는 이 진술은 그가 부인하고 있는 동물성을 확인시켜 줄 뿐만 아니라, 그가 종들 사이에 벌어지는 사실상의 전쟁에 연루되어 지속적이고 조직적으로 참여해 왔음을 확인시켜 줍니다.

이러한 것이 동물에 대한, 동물들에 대한, 동물 또는 동물들이라는 말에 대한 테제를 세우려는 나의 가설들입니다.

그래요, 동물, 이 무슨 말입니까!

동물이라는 말, 인간들은 그 말을 줄 권리를 스스로에게 부여했습니다. 그들이, 이 인간들이 그것을, 이 말을 스스로에게 준 것임이 드러나지만, 그들은 마치 그것을 유산으로 받은 것처럼 굴죠. 그들은 수많은 생명체를 이 단일한 개념 아래 몰아 넣기 위해 그 말을 스스로 부여 받았습니다. "동물", 그들은 이렇게 말합니다. 그리고 그들은 그것을, 이 말을 스스로 부여 받았죠. 동시에 자신들에 맞추면서요. 그들 인간들에게 이 말에 대한 권리를, 이름에 대한, 동사에 대한, 속사에 대한, 그 말의 어법에 대한 권리를 마련해 주는 것이죠. 간단히 말해, 그 권리는 문제시되는 타자들이, 즉 짐승이라는 광대한 영토 속에, 즉 동물 속에 몰아 넣어지는 것들이 박탈당했을 바로 그것에 대한 권리지요. 우리가 살펴볼 철학자들 모두가(아리스토텔레스부터 데카르트, 칸트, 하이데거, 레비나스를 거쳐 라캉까지), 그들 모두가 똑같은 말을 합니다. 동물은 언어가 없다고. 또는 더 정확히는 응답할 수 없다고, 반응과는 분명히, 그리고 엄격히 구분되어야 할 응답이 없다고, '응답할' 권리와 능력이 없으며, 그래서 인간에 고유한 것일 다른 많은 것이 없다고.

인간들은 무엇보다, 한 목소리로 동물에 대해 이야기할 수 있도록, 또 동물을 홀로, 응답 없이, 응답할 말이 없이 남아 있게 될 존재라고 지칭할 수 있도록, 이 말을 스스로 부여받은 생물체일 겁니다.

그런 악{허물}은 오래전에 그리고 오래도록 저질러졌습니다. 그건 이 말에서 기인했을 겁니다. 차라리 동물이라는 이 말을 통해 그 악{허물}이 모아졌다고 할 수 있겠지요. 사람들이 인류의 시초에 그랬던 것처럼 스스로 부여받은 이 말을 통해서 말입니다. 그리고 이런 부여받음은 그들이 스스로 칭하는 그런 것으로, 즉 인간으로, 인간이라는 이름에 응답할 수 있고 응답하는 인간으로 존재하기 위해 자신을 확인하려는, 자신을 인지하려는 목적을 가진 것이었을 겁니다.

나는 몇몇 키메라 같은 아포리즘을 깨부수는 것으로부터 시작하여 이 말에서 기인하는 특정한 악에 대해 말해 보고자 합니다.

나인 동물/내가 쫓는 동물, 그것은 말을 합니까?

이것은 하나의 순결한 질문, 처녀와 같은, 새롭고, 아직 오지 않은, 완전히 발가벗은 질문입니다.

왜냐하면 언어는 나머지와 같은 것이어서, 그것에 대해 충분히 말할 수 없기 때문이지요.

그것이, 즉 이 동물이 여기서 프랑스 말을 하는 것 같다는 것, 또 그런 만큼 프랑스 말에 서투르다는/짐승스럽다는 것, 이런 점의 낌새(trace)를 "나인 동물, 그것은 말을 합니까?"라는 이 첫 질문을 내놓은 순간부터 누구나 눈치챌 수 있을 겁니다. 이런 표현은 '나'에서 '그것'으로 전환하는 것이 그렇듯 속임수일 수 있어요. 그 질문은 이미 그 대답을 확신하고 있는 이른바 **수사적 질문**(rhetorical question)'의 술수나 계략일지 모릅니다. 곧바로 정말 문제가 되는 것은 그 대답일 테지요. 게다가 의심할 나위 없이 나는, 응답의 문제와 **응답하다**가 의미하는 바에 대한 문제를 다루지 않고는 누구도 동물로부터 상정된 동물성을 거론하지 못할 것이라는 점을 은연중에 내세우려 할 거예요. 그리고 **지워지다**가 의미하는 바에 대해서도 마찬가지입니다. 우리는 보게 될 겁니다. 데카르트부터 라캉까지, 소위 동물이 기호나 의사소통에 대한 어떤 소질이 있다고 인정한 사람들조차, 항상 동물에게는 **응답할** 능력—**속임수를** 쓰고, **거짓말하고**, 자신의 흔적(trace)을 **지울** 능력—이 없다고 부정해 왔다는 점을 말이죠.

하지만 허구적이든 아니든, 내가 "나인 동물, 그것은 말을 합니까?"라고 물을 때, 바로 이 물음은 곧바로 서명된(signé) 것으로 나타납니다. 누군가에 의해 봉인된 것으로요.

그 질문은 무엇을 봉인합니까? 무엇을 내세우죠? 속임수든 아니든, 그 질문은 무엇을 표현하는 것으로 나타납니까?

이 동물인 것, 그것이 앞으로 되어 있을 것, 그것이 될지 모르는 것, 되고자 하거나 될 수도 있을 것, 아마 그것이 나일 겁니다/그것을 내가 쫓을 겁니다.

그런데 내가 프랑스어로, 우선 다른 어떤 언어도 아닌 이 언어로, **나는 그것입니다/나는 그것을 쫓습니다**(je le suis)라고 말하는 것은, 어떤 민족적 관용어를 요구하는 것이라기보다는, 어떤 환원 불가능한 애매함(équivoque)—우리는 이 애매함을 다시 언급할 거예요—을 깨우치는 데에 이르는 것입니다. 즉, 한 동물의 서명(signature)이 그것의 흔적을 지우거나 흐릿하게 만들 수도 있다는 점을 상기시키는 것이죠. 그 서명은 지워지게 합니다. 아니, 지워지는 것을 막지 못하지요. 그리고 이러한 가능성, 즉 그 서명의 흔적을 추적하고 지우거나 흐릿하게 하고 그것이 사라지게 할 가능성은 이후 큰 여파를 낳게 되겠지요. 흔적들을 흐릿하게 하거나 지우기 위해 그 흔적들을 마음대로 다룰 수 있느냐 그렇지 못하느냐는 것, 그래서 흔히 말하듯이 누군가는(예컨대 인간은) 그렇게 할 수 있고 누군가는(예컨대, 라캉에 의하면 동물은) 할 수 없다는 것—이런 것은 아마, 불가분의 경계를 둘러싼 신뢰할 만한 대안이 아닐 겁니다. 이 단계들과 경로들에 대해서는 되짚어 볼 기회가 있을 거예요. 흔적이 항상 지워질 수 있다는 것, 그리고 영구히 지워질 수 있다는 것은, 누군가가, 사람 **또는** 동물이 ―나는 이 점을 강조하고 싶어요―그의 흔적들을 **그 자신의 힘으로** 지운다는 의미는 결코 아닙니다. 이것은 중요한 차이지요.

그러니까 이것은 말의 문제입니다. 왜냐하면 내가 지금 여러분에게 말하려고 하는 것이, 실험적 키메라를 실행해 보거나 증언을 시험해 보는 일종의 과정에서 한 언어를 탐구하는 것 이외의 다른 어떤 야심을 가진 것이라고는 확신할 수 없으니까요. 일단 보도록 합시다. 보기에 따라선, 내가 단순히 분석하려는 것처럼 여겨질 수도 있지요. 시험하기 위해서, 그리고 보기 위해서, 도래하는 것이 오는 것을 보기 위해서, **그들, 인간들**(나는 이 '그들'을 강조합니다)이 특정한 말들로 행하는 용법의 어떤 담론적 양태들을 분석하려는 것처럼요. 그러나 또한 내가 얼마간은 여전히 뒤쫓고 냄새 맡고 미행하고 쫓아가려는 것처럼 여길 수도 있습니다. 그들이 만들고 또 당장은 우리도 함께 만드는, 그토록 자신 있는 용법의 어떤 근거를, 그러니까 '동물'과 '나' 같은 말의 용법의 근거를 말이지요.

내가 분명히 하고자 하는 모든 것에 걸쳐 한 가지 비판적 우려가 내내 따라다닐 겁니다. 하나의 이의 제기 자체가 끊임없이 반복될 거예요. 그 이의 제기는 우선 그리고 재차, '동물'처럼 일반적인 개념을 단수로 사용하는 것을 겨냥할 겁니다. 인간이 아닌 모든 생명체를 동물이라는 이 '공통 장소'의 공통의 의미 안에 다시 묶을 수 있느냐는 것이지요. 모든 '동물들'을 그 존재의 본질 자체에서 분리하는 심연의 차이와 구조적 경계가 무엇이든 간에 말입니다. (그러니까 '동물들'이라는 이름은 우선 인용 부호에 넣는 것이 좋습니다.) 이 만능의 개념 속에, 일반적 단수인 동물의 이 광범위한 집단 수용 속에, 이 정관사['동물들(des animaux)'이 아닌 '동물(l'Animal)']의 엄격한 봉쇄 속에, 마치 처녀림, 동물원, 수렵터나 낚시터, 사육장이나 도살장,

길들이기의 공간에서처럼, 인간이 자기의 동류로, 이웃이나 형제로 인정하지 않는 **모든 생명체들**이 갇혀 있습니다. 그리고 이런 사정은 도마뱀을 개와 분리하고, 원생동물을 돌고래와, 상어를 양과, 앵무새를 침팬지와, 낙타를 독수리와, 다람쥐를 호랑이와 분리하거나 코끼리를 고양이와 분리하고, 개미를 누에와 혹은 고슴도치를 바늘두더지와 분리하는 그런 무한한 공간에도 불구하고 마찬가지입니다. 나는 내 명명법(nomenclature)을 잠시 중단하고 방주에 남은 누구도 잊지 않도록 노아를 불러 봅니다.

이제 어떤 분류학의 윤곽을 그릴 지점에 이르렀으니, 내가 다른 고백을 하더라도 그 뻔뻔함을 양해해 주시길 바랍니다. 이 고백은 내가 전에 니체의 귀에 관해 시도했던 것처럼(니체는 카프카와 더불어 동물에게 누구 못지않게 귀를 기울인 사람이지요) 귀-전기적(otobiographique)[40]이지는 않을 것입니다. 그건 차라리 **동물**-전기적(zootobiographique)일 거예요. 이 동물-자(自)-생(生)-서(書)-전(傳)(zoo-auto-bio-biblio-graphie)은 간단할 겁니다. 나는 나 스스로에 기대어, 또는 스스로의 약속으로, 그것을 '자전적 동물'이라고 하려 해요. 기억해 두기 위해, 정확히 우리 모임의 이름을 따서 말이지요. 그런 다음에, 다른 방식으로 '내가 있다/이다(je suis)'의 역사, 즉 '나'로서의 자기에 대한 자전적이고 자기-지시적인 관계의 역사를 대문자 '동물'의 역사, 즉 동물에 대한 인간 개념의 역사와 엮는 것이 무엇인지를 다루어 보려 합니다. 오늘은 앞으로 진격하여 나 자신을 지나 다른 발걸음을 그려 보고 싶군요. 다시 말해, 너무 되돌아보거나 곰곰이 생각하지 않은 채 위험을 무릅쓰고 싶어요. 나는 이론적이거나 철학적인 유형의 논변들로, 그리고 이를테면 해체적 스타일의 논변들로 돌아가지는 않을 겁니

∴
[40] 'oto-'는 '귀'라는 뜻을 가진 접두어로 'auto'와 음이 같은 점을 의식하며 쓰고 있다.—옮긴이

다. 아주 오랫동안, 사실 내가 글을 쓰기 시작한 이래로, 생명체와 살아 있는 동물의 문제에 바쳐 왔다고 생각해 온 논변들로 돌아가지는 않을 거예요. 그 문제는 언제나 내게 중요한, 가장 결정적인 문제일 겁니다. 나는 이 문제를 직접적으로든 우회적으로든 수없이 다루었지요. 내가 관심을 가졌던 **모든** 철학자들의 독서를 통해서요. 그 시작은 후설과 **이성적 동물**의 개념, 현상학의 핵심에서 발견되는 삶 또는 초월적 본능의 개념이었지요. (하지만 후설은 역설적이게도 여기선 가장 '데카르트적인' 철학자가 아닙니다. 헤겔보다 나을 바는 없지만요. 동물에 관해서, 내가 나중에 말할 모든 철학자들 가운데서 그렇다는 얘깁니다.) 그러나 철학적 자서전 없이도, 철학의 길을 따라 내 발길을 되짚어 가지 않고도, 나는 모든 **내** 동물들에 대한 회상적 해석에 착수할 수 있었을 겁니다. 또 아마 그랬어야 했을 거예요. 그 동물들은 물론 하나의 가계를 이루지는 않지요. 그러나 이들이야말로 옛날부터, 수십 년 이래 내가 쫓아가는/나인(que je suis) 짐승들입니다. 부끄러움 때문에 그리고 신중함 때문에 난 여기서 그렇게 하지〔그 모든 짐승들을 쫓아가지〕않을 겁니다. 짐승들이 너무도 많아서 그렇게 하는 것은 끝이 없을 테고, 지금 이 강연장에도 맞지 않을 거예요. 그러나 나는 누구든 그러한 탐험을 회고적으로 쫓아가고자 하는 사람을 위해 다른 길을, 아마도 두 개의 다른 길을 열어 보일 필요가 있다고 생각합니다. 간략하게 그 일을 해 보겠습니다. 열흘간 열리는 우리 학회의 주제에 맞게 논의를 엄격히 제한해서요.

한편으로, 나의 텍스트들이 더 공공연하게 자전적이게 되어 가고 더 자주 일인칭으로 언표됨에 따라, 내 동물들의 형태(figure)들은 더욱 축적되며, 집요함과 가시성이 향상되고, 능동적이 되며, 우글거려지고, 활동력이 높아지고, 더 동기를 부여받고, 더 움직이며 동요하게 됩니다.

나는 방금 "동물들의 형태들"이라고 말했어요. 이 동물들은 물론 우화에 나오는 상이나 등장인물과는 다른 것입니다. 내 생각에 형상적인 것, 정확히 말해 동물의 형태 중 가장 가시적인 변형태 가운데 하나는 나의 경우에 아마 「백색 신화」에서 찾을 수 있을 겁니다. 사실 그 논문은 비유와 수사의 운동을 쫓아가지요. 동물의 언어 주변을 기웃거리는 은유와 더불어 행해지는 개념 설명을 따라갑니다. 동물에게서 언어와 말과 **미메시스**를 빼앗은 아리스토텔레스와, 개념의 계보학을 재-동물화한(이렇게 말할 수 있다면) 니체 사이에서 말이지요. '이 사람을 보라(Ecce Homo)'를 패러디한 니체는 이를테면 그의 모든 동물들을 철학 안에 풀어 주는 음모를 꾀함으로써 우리에게 다시 웃는 법을 가르치려 했습니다. 웃는 것과 우는 것을요. 여러분도 알다시피, 니체는 한 동물 곁에서 울 정도로 미쳐 있었으니까요. 그는 말의 시선 아래서 또는 말과 뺨을 맞대고 울었지요.[41] 때로 나는 니체가 그 말을 증언자로 부여잡고 있는 것을 보는 듯해요. 무엇보다 자신의 동정(compassion)을 증언하는 자로 붙잡기 위해, 그 말의 머리를 손으로 안고 있는 모습을요.

동물들은 나를 응시합니다. 상(figure)이 있든 없든, 그렇습니다. 그 동물들은 불어나지요. 내 텍스트들이 점점 더 '자전적'이 되는 것처럼 보일수록—사람들은 내가 그렇게 믿게 만들고 싶을 거예요—, 그 동물들은 점점 더 야만적으로 내게 달려듭니다.

그건 분명합니다. 좀 너무 분명하다 싶을 정도예요. 올해(1997년) 출판

⁂
[41] 니체는 1889년 토리노의 거리에서 마부의 채찍질에도 움직이지 않는 말에게 달려가 목에 팔을 감고 흐느꼈다고 한다. 그 후 니체는 10년간 식물인간에 가까운 삶을 살다가 세상을 떠난다.—옮긴이

된 「누에」**[42]**의 말미, 그 끝부분을 위시해서 말입니다. 이미 보들리 도서관에 있는 〈소크라테스와 플라톤〉의 도판(圖版)에서 동물들이 페이지들을 따라가며 등장하고,**[43]** 1979년 7월의 한 우편엽서에서는 서명자가 "**다람쥐**처럼"이라고, "숲속에 있는" "다람쥐들"이라고 말하기도 합니다. 「하이데거의 손」(『프시케』)**[44]**에 나오는 **원숭이**는, 하이데거 선생님에 따르면, 쥐고 붙잡긴 하지만 주거나 인사할 줄 모르고 무엇보다도 생각할 줄 모르지요. 「시란 무엇인가?」의 **고슴도치**는 다른 무엇보다 자신의 가시 속에, 일인칭의 이 글 속에 내 이름 조각의 유산을 담습니다. 『성차에 대한 강의』**[45]**에 나오는 '개미'의 서명도 있지요.

　다른 한편으로, 지나는 길에 지적하는 겁니다만, 이 동물들 거의 모두는 점점 더 결연하게 성차의 열림에서 환영을 받고 있습니다. 좀 더 정확히 말해, 성차**들의** 열림이죠. 본질적인 면에서 볼 때, 동물의 동물성에 대한 철학적 유형의 거의 모든 거창한 논의들에서 침묵하며 지나가 버린 어떤 것의 열림입니다. 성차들의 열림에 따른 이 생리적 소통, 그것은 고슴도치의,

---

[42] Jacques Derrida, "Un ver à soie". 이 글은 먼저 1997년 2월에 *Contretemps 2/3*에 게재되었고, 이후에 엘렌 식수(Hélèn Cixous)와 공저한 *Voiles*(Paris, 1998)에 실렸다.

[43] 자신의 책 『우편엽서(*La Carte Postale: de Socrates à Freud et au-delà, Flammarion*)』(1980)에서 데리다는 영국 옥스퍼드 대학 도서관(Bodleian Library)에 있는 13세기 때의 그림인 〈소크라테스와 플라톤〉을 통해 이 둘 사이의 관계(글쓰기와 말하기의 관계, 계승의 관계 등)를 다룬다. 이 그림은 『우편엽서』의 표지로도 쓰였다. 이 책의 절반 가까이를 차지하는 1부는 1977년 6월부터 1979년 8월까지 쓴 우편엽서들의 형태를 빌려 서술된다.―옮긴이

[44] 『프시케(*Psyché*)』는 1987년에 갈릴레 출판사에서 나온 데리다의 글모음집이다. 여기 실려 있는 「하이데거의 손」은 1984~1985년에 쓴 글이다.―옮긴이

[45] 데리다를 비롯해서 여러 사람의 글을 모은 책. 원제는 *Lectures de la différence sexuelle*이다.(des femmes, 1994)―옮긴이

그리고 개미의(du fourmi)⁴⁶ 자취 자체였지요. 하지만 무엇보다, 가장 최근의 글에서 초점은 바로 발가벗음—베일이 있건 없건 간에—이었는데, 거기서 이 소통은, 이를테면 벌레처럼, '누에'처럼 발가벗은 것의 사유였어요. 세 개의 시간으로 짜인⁴⁷ 이 잡지는 처음부터 끝까지, 성적 경험이 탄생할 때의 애매함을 명명하죠. 그것은 부끄러움과 진실의 베일을 다루면서, 내 동물 우화집에 담긴 동물-전기의 기원들 중 하나를 불러냅니다. "하나의 성을 가려내는 것은 불가능했다"라고 적은 뒤에, 그 어린애는 이렇게 회상하죠.

…… 정말로 어떤 갈색의 입 같은 것이 있었지만 거기서 비단실의 기원으로 상상할 만한 구멍을 알아볼 수는 없었다. 그 구멍에서 유액(乳液)이 흘러나와 실이 되고, 이 가느다란 실이 누에의 몸을 연장해서 한동안 거기에 들러붙어 있을 텐데 말이다. 윤기 있고 빛나는 아주 섬세한 정액으로 실처럼 자아내진 타액, 빛을 잡아채고 내가 눈으로 들이마신 여성적 사정의 기적 [⋯] 페니스에 대한 이 작은 환상의 자기 전위(轉位, déplacement), 그것은 발기인가, 아니면 수축인가? 나는 그 실 짜기의 보이지 않는 과정을 관찰하곤 했다. 조금은 이 경이로운 일의 비밀을, 동물의 무한한 거리를 둔 저곳의 비밀이 감추고 있는 비밀을, 헤아릴 수 없는 간격 속에서 그토록 낯설지만 그토록 가까운 이 작은 순진무구한 음경(陰莖)의 비밀을 간파할 것 같아서였다.

..
46 개미를 뜻하는 프랑스어 fourmi는 여성명사이지만 여기서 데리다는 남성명사에 붙이는 정관사를 사용하고 있다('du'는 'de le'의 축약형이다).—옮긴이
47 'en trois temps'. 데리다의 「누에」가 실린 잡지 *Contretemps 2/3*를 염두에 둔 표현.—옮긴이

더 아래에서 그 아이는 계속합니다.

…… 그것의 아들들 또는 딸들을 실처럼 자아내기—이것은 모든 성차 너머 또는 차라리 성의 모든 이중성 너머고, 심지어 모든 짝짓기 너머다. 애초에 하나의 성이면서 또 아니었던 벌레가 있었다. 아이는 그것을 분명히 보았다. 아마 하나의 성이었겠지. 하지만 그렇다면 어느 쪽이었을까? 그의 동물 우화집이 시작되고 있었다.[48]

발기와 수축 사이에는 리듬의 차이가 있습니다. 그 차이는 틀림없이 여기서 우리의 관심사인 것, 즉 세워진 상태—이것은 일반적 발기를 뜻하지 남근의 곧추섬만을 가리키지는 않는데—와 결부된, 또 얼굴의 맞댐과 결부된 부끄러움의 감정에서 핵심에 있는 것이죠. 이런 점을 쫓아가거나 논의하도록 놓아 둡시다. 특히 부끄러움 자체에서의 성차와 관련해서요. 왜 남자는 여자에 비해 동시에 **더 그리고 덜** 부끄러워할까요? '**더 그리고 덜**'의 이 '**동시에**'에 해당하는 부끄러움이란 어떤 것이어야 할까요?

어제 또는 그 전날에 논의했던 내 동물들 중 몇몇을 다시 불러오기 위해 나는 우리 프로그램의 표제에 기대 봅니다. 정말이지 그 제목은 우리가 동물과 자서전을 교차시킬 수밖에 없도록 하지요. 그래서 나는 내가 예전에 개인적이면서도 약간 이상향적인 동물 우화에 사로잡혔다는 점을 인정합니다. 그것은 아주 일찍 알려졌지요. 생각하거나 쓰는 모든 것을 동물 영역에서 구성해 보려는 정신 나간 계획으로, 절대적인 환대나 무한한 전유

---

[48] *Voiles*, 앞의 책, p. 83~84.

의 꿈 따위로 말이지요. 그 많은 동물말들(animots)[49]을 어떻게 내 집에 맞아들이거나 풀어놓나요? 그것들을 어떻게 내 안에, 나에 대해, 나처럼, 풀어놓나요? 그것은 동물 우화집보다 나은 것임과 동시에 못한 것으로 주어질 겁니다. 무엇보다 우화를 피할 필요가 있겠지요. 우화화—이것의 역사를 우리는 알고 있죠—는 의인화된 길들이기, 교화적인 예속화, 가축화로 남게 됩니다. 그것은 언제나 인간의 담론, 인간에 대한 담론입니다. 다시 말해, 인간의 동물성에 대한, 그러나 인간을 위한, 그리고 인간에서의 담론이지요.

공상적인 동물 우화 앞에서 나는 차라리 내게 고유한 기호들의 숲과 내 기억의 기억들 속에 깃들인 동물들의 무리에 전념하렵니다. 의심할 바 없이 나는 지금 내 텍스트들에 넘쳐나는 무수한 짐승들이 방문하기 훨씬 전부터 그런 동행에 대해 생각하고 있었어요. 개미(le fourmi), 고슴도치 또는 어제의 누에 이전부터, 「프로이트와 글쓰기 무대」(『글쓰기와 차이』)나 「백색 신화」(『철학의 가장자리』)의 거미, 벌 또는 뱀 이전부터, 「이외에(Fors)」 (『늑대 인간의 베르비에』)에 나오는 **늑대 인간**의 늑대들 이전부터, 『에페롱(Éperon)』의 말(馬) 이전부터, 그러나 특히 칸트의 말(馬) 이전부터. 「파레르곤(Parergon)」(『회화 속 진리』)에서 나는 자유로운 미와 의존적 미에 대한 칸트의 이론에 대해 논하면서 새나 갑각류와는 달리 이 말이 "칸트를 거북하게 한다"고 말했죠. (말은 이 이론을 궁색하게 만들었어요. 흔히 말을 야성

⋮
49 '동물(animal)'과 '말(mot)'을 결합한 이 혼성 신조어는 단수(animot)로든 복수(animots)로든 'animal'의 복수형 'animaux(동물들)'와 똑같이 발음된다.—옮긴이(영역자 주 참조)
50 니콜라 아브라함(Nicolas Abraham)과 마리아 토록(Maria Torok)이 공저한 책. 원제는 *Le Verbier de l'Homme aux loups*. 베르비에는 스위스 남서부에 위치한 마을 이름이며, 「이외에」는 데리다가 이 책에 붙인 서문이다.—옮긴이

적이라고 여기고 또는 인간에 의해 길들여지고 착취되고 순화되고 목적을 지니게 된다(finalisé)고 여기니까요. 미학적이고 목적론적인 판단의 주체인 인간에 의해서 말이죠. 이 말은 『조종(Glas)』 속에서 내닫는 스페인산 조랑말로 다시 등장합니다. 이 「파레르곤」의 말은 다른 곳에서는 황소, 양, 돼지, 당나귀와 견주어지기도 하죠. 또한 전혀 다른 당나귀도 있었군요. 차라투스트라의 흔적 가운데, 긍정의 '예 예'로 부푼 그 모든 준거의 역할을 하는 당나귀 말이에요.) 그리고 두더지 이전부터. 지금은 어딘지 생각이 잘 안 나지만, 아마도 『마르크스의 유령』에 나왔던 것 같군요. 『우정의 정치들』에 나오는 플로리안의 산토끼와 칸트의 백조 이전부터. 그러나 또한 내가 「할례-고해성사(Circonfession)」에서 라구나 해변(Laguna Beach)의 "내 친구 새들"이라고 비밀스레 부른 새들 이전부터. 이 글에서 나는 알제리에서의 어린 시절, 속죄의 날 행사인 파르데스(Pardès)[51]에서 희생된 하얀 암탉 몇 마리를 무대 위로 불러내었죠. 그리고 또 『회화 속 진리』 가운데 「+R」의 물고기 이전부터. 그 물고기는 여기서 '나(je)'를 Ichtus, Ish, Ishah의 Ich와 유희하게 하고[52], 또 이 Ich를 Khi로 교차시키지요. 교착어법(chiasme)에 따라, 어떤 키-메라(Chi-mère)[53]와 더불어 말입니다. 이 명칭은 『조종』에서 해체되는데, 거기선 두 기둥 위로 날아오르는 독수리가 등장했더랬죠. 죽은-생명체인 바이러스들, 즉 삶과 죽음 사이, 동물과 식물 사이에서 정체가 불분명한 채 되돌아와 도처에서 글쓰기에 끊임없이 달라

---

51 유대교 카발라 전통에 따른 의식(儀式)으로, 율법을 따르는 자들은 이 의식을 통해 지복의 상태에 이른다고 한다.—옮긴이
52 Ichtus는 그리스어로 물고기를 뜻하는 말이며, Ish와 Ishah는 『창세기』에 나오는 '사람'이라는 뜻의 히브리어 남성형과 여성형이다. 또 Ich는 독일어로 '나'에 해당한다.—옮긴이
53 Chi-mère에서 '-mère'는 몸체나 부분을 뜻하며, '어머니(mère)'를 연상시킨다.—옮긴이

붙는 온갖 바이러스들 이전부터. 『에페롱』에 등장하는, 또 『귀-전기』에도 나오는 니체의 온갖 동물들의 소환 이전부터. 이 후자의 책에선 "위선적인 개"(『교회』)와 "축음기 개"의 귀가 출현하죠. 『시네퐁주』에 나오는 퐁주[54]의 동물 문학(제비, 새우, 굴) 이전부터. 해면동물(éponge)[55] 이전부터. 식물로 잘못 이해되는 이 해양 식충류에 대해 나는 바로 여기서[『시네퐁주』에서] 얘기했지요. 이전에도 잠시 등장한 적이 있는데, 그건 다시 「백색신화」에서 죠. 바슐라르가 "해면동물의 형이상학"[56]이라는 이름으로 그려 냈던 것과 관련해서 말이에요. 그러나 이 여정의 마지막에 나는 하이데거가 동물을 다루는 방식으로 돌아가 길게 논의하고 싶습니다. 그러니, 비망록(pense-bête)의 형태로 이루어진 이 작은 분류학에서, 한 특별한 자리를 꺾쇠 안의 주석에 부여하는 걸 허락해 주시기 바랍니다. 이 주석은 『정신에 대하여』에 나옵니다. 이 작은 책자는 동물을 "세계 빈곤(weltarm)"으로 보는 하이데거의 개념을 풍부하고도 직접적으로 다루고 있는데, 나는 내일 다시 그 분석을 뒤쫓고 싶어요. 하이데거의 1929~1930년 세미나를 면밀하게 들여다보면서요. 내 텍스트 속에서 꺾쇠 안에 담긴 이 노트는 얼핏 동물에 대한 문제를 발전시키는 것과는 무관해 보일 겁니다. 이 주석은 "동물-기계의 갉아대고 되새김질하는 또 말이 없는 탐욕 […] 그것의 무자비한 논리"를 무대에 올립니다. 이것은 데카르트적이든 아니든 단지 동물-기계를 닮았지요. 그것은 읽고 다시 쓰는 동물입니다. 그 동물은 우리가 여기서 관여하고 있는 모든 자취에 작용하여 그것들을 알리고 미리 추적할 거예요.

54 프랑스의 시인이자 비평가인 프랑시스 퐁주(Francis Ponge, 1899~1988)를 가리킨다.―옮긴이
55 이 단어의 발음 '에퐁주'는 앞 문장의 '퐁주', '시네퐁주'와 이어진다.―옮긴이
56 Gaston Bachelard, *La Formation de l'esprit scientifique*, Paris, 1972, p. 79.―옮긴이

〔여기서 잠시 중단: 하이데거의 글들에 의해 이러저런 계기에 규정되었던 조치들이 필요한 모든 열성과 일관성으로 그 문집에 행해질 경우, 하이데거의 문집이 어떻게 보일지 꿈꿔 보자. 그 조치들이란, '정신'이라는 말을 '피하는' 것, 최소한 그것을 인용 부호 안에 두는 것, 그리고 동물처럼 **현존재**(Dasein)를 갖지 않는, 따라서 세계를 갖지 않는, 또는 세계를 조금밖에 갖지 못하는 어떤 것에 대해서 말할 때마다, 세계와 관계가 있는 모든 이름을 삭제하는 것, 다음으로는 모든 곳에서 십자가 아래의 '존재'라는 말을 삭제하는 것, 마지막으로 언어가 문제가 될 때, 다시 말해, 간접적으로는 모든 것이 문제가 될 때, 십자가 표시 없이 모든 의문 부호를 삭제하는 것 등등이다. 우리는 동물-기계의 갉아대고 되새김질하며 말이 없는 탐욕에 내맡겨진, 그것의 무자비한 '논리'에 내맡겨진 텍스트의 표면을 상상하게 된다. 이것은 단순히 "정신이 없는" 것이 아닐 것이다. 그것은 악의 형상일 것이다. 하이데거에 대한 도착적 독해. 중단을 마침.[57]〕

57 Jacques Derrida, *De l'espirit: Heidegger et la Question*, Paris, 1987, p. 152~153. 자크 데리다, 『정신에 대하여: 하이데거와 물음』, 박찬국 옮김, 동문선, 2005, 162쪽. (번역은 약간 수정했음—옮긴이) 하이데거가 사용하는 이 언어, 물음이 '없는', 물음표가 없는 이 언어, 물음 '이전의' 이 언어, *Zusage*(응낙, 긍정, 동의 등등을 뜻함)의 이 언어, 이것은 그러니까 응답이 없는 언어인가? 기대되는 응답의 모든 관계에서 본질적으로 해방된 언어의 한 '계기'인가? 하지만 데카르트부터 하이데거까지, 칸트부터 레비나스와 라캉에 이르기까지 모두가 그랬듯, 동물의 개념을 이중적 불-가능성, 즉 질문과 응답의 이중적 무능력에 연결시킨다고 할 때, 이 *Zusage*의 '계기', 심급, 가능성은 언어의 '경험'에, 그 자체로 동물적인 것은 아니라 해도, '동물'이 결여하지는 않았을 것이라고 말할 수 있는 언어의 '경험'에 속하지 않는가? 이것은 한 전통 전체를 흔들어 놓기에, 거기서 그 근본적인 논거를 박탈하기에 충분할 것이다.

이 동물-기계는 내가 쓰는 모든 것에 침입하는 것은 아니라 해도 끊임없이 달라붙는 바이러스와 많이 닮았습니다. 동물도 아니고 비-동물도 아니며, 유기체도 아니고 비유기체도 아닌, 산 것도 아니고 죽은 것도 아닌, 이 잠재적 침입자는 컴퓨터 바이러스 **같을**(comme) 겁니다. 그것은 쓰기, 읽기, 해석의 장치 속에 거주하겠지요. 그러나 앞으로 쫓아올 것을 폭넓게 예상하면서 언급하자면, 이것은 아마 삭제의 능력이 있는 동물일 겁니다. (그러니까, 흔적을 지울 능력이 있는 동물일 거예요. 라캉은 동물에게는 이런 능력이 없다고 말했지요.) 이 유사-동물은 더 이상 **자체로서의**(comme tel) 존재와 관계하지 않을 거예요(하이데거는 동물은 그런 능력이 없다고 말하겠죠). 왜냐하면 그 유사-동물은 '존재' 삭제의 필요성을 내세우게 될 테니까요. 하지만, 그렇게 '존재'를 삭제하고 물음(따라서 응답) 저편이나 이편으로 향하는 것은 동물의 종과는 완전히 다른 것인가요? 다른 물음이 계속될 겁니다. (à suivre).

우리는 쫓아갑니다(suivre). 우리는 우리를 쫓아갑니다. 내가 쫓아가는 또는 도처에서 나를 쫓아가는 이 동물말의 이론, 내게는 그 기억이 결코 고갈되지 않을 이 이론에 대해, 여러분께 계속 늘어놓지는 않겠습니다. 그런 늘어놓음은 노아의 방주와는 거리가 멀고, 오히려 서커스에서 동물 조련사가 가엾은 그의 신하들을 줄지어 행진하게 하거나 등을 대고 눕게 하는 것과 비슷할 겁니다. 그 다수의 동물말(le animot multiple)[58]은 자신의 등 위에 항상 주인을 모셔야 하는 고통을 여전히 겪게 되겠지요. 그것

---

[58] 'animot'의 발음이 '동물들'을 뜻하는 'animaux'와 같아서 'animot multiple'은 '다수의 동물들'로 들릴 수 있지만, 데리다는 여기에 단수 정관사 le를 붙여 흥미로운 역설적 효과를 자아내고 있다.—옮긴이

은 그렇게 가축화되고, 길들여지고, 훈련되고, 고분고분해지고, 규율을 따르게 되고, 굴종하게 된다는 짐을 등에 잔뜩 지게 될 겁니다. 내 자서목록(autobibliographie)을 이 동물 집단에 비유하는 심술궂은 언사(言辭)들도 있을 테지요. 그런 동물 집단 대신, 다만 철학적 동물 우화, 즉 철학의 기원에 놓인 동물 우화의 관념을, 또는 그 불분명한 문제점을 되돌아보기로 하죠. 그것이 애초 확정 불가능한 파르마콘(pharmakon)[59]의 운명을 나누어 갖게 된 것은 우연이 아닙니다. "하나의 파르마콘을 내던져 다른 파르마콘과 접촉하게 하는", 즉 "그 능력을 역전시키고 파르마콘의 표면을 뒤집는" 소크라테스의 아이러니와 관련해서, 나는 (1968년에, 그러니까 30년 전이군요) 철학의 전야(前夜)에, 소크라테스적 동물 우화의 기획이 어떤 것일 수 있었는지를 생각해 보려고 했지요. 더 정확히 말하자면(오늘 오후에 데카르트에 관해 다시 얘기할 것이라서 환기하는 것입니다만) 정령적인(démonique) 것, 사악한 것, 즉 사악한 악마(malin génie)[60]가 짐승과 친화성이 없지 않은 곳에서 말입니다. 이때의 짐승은 간악하고 그래서 못된, 동시에 무구한, 교활하고 불길한 것이었지요. 여기서 그 기획에 초점을 두고 살펴보기 위해서는 주석 하나를 읽는 것이 좋을 겁니다. 그 주석은 2부로 된 「플라톤의 약학」 한 가운데 나와요. 그 2부 사이의 정중앙에서, 경계가 바뀌는 이행 지점을 분명하게 해 주죠.

---

59 파르마콘은 약과 독의 상반된 의미를 갖고 있는 말이다. 플라톤은 『파이드로스』에서 글이 망각을 극복하는 역할을 한다고 설명하면서 이 글은 약과 독의 의미를 동시에 가지고 있는 파르마콘이라고 말한다. -옮긴이

60 이것은 데카르트가 『방법서설』에서 모든 것을 의심해 보는 방법적 회의를 진행하기 위해 등장시키는 악마(수학적 진리조차 믿을 수 없게 우리의 사유를 조작하는 악마)를 가리키는 표현이다. -옮긴이

한꺼번에/또는 번갈아,⁶¹ 소크라테스의 **파르마콘**은 경직시키면서 활기를 주고, 마비시키면서 민감하게 만들고, 달래면서 고통을 준다. 소크라테스는 감각을 마비시키는 가오리이면서 침을 쏘는 동물이기도 하다(이것은 잘 알려진 텍스트들을 지시하는 것이죠). 우리는 『파이돈』에 나오는 벌을 떠올린다(91c). 이후에 우리는 『변명』에서 소크라테스가 자신을 다름 아닌 등에와 견주는 것을 보게 된다. 소크라테스의 이 구상(configuration) 전체는 하나의 동물 우화를 이룬다. 〔물론, 여기서 소크라테스는 자기를 표현하려고 동물 형태들을 거론하는 것이기 때문에, 사실상 관건은 '자전적 동물'로서의 소크라테스가 될 겁니다.〕 악마적인 것이 동물 우화에서 성호를 긋는(se signer) 것이 놀라운가? 바로 이 동물-약학적(zoopharmaceutique) 양가성 및 다른 소크라테스적 **유비**(類比)에 기반하여 **인간**(anthropos)의 한계들이 결정된다.[62]

오류가 있을 위험을, 또 언젠가 명예로운 정정을 해야 할 위험을 감수하면서(나는 기꺼이 그런 정정을 수용할 거예요), 나는 감히 말하겠습니다. 어떤 위대한 철학자에게서도, 플라톤부터 하이데거까지 그 누구의 편에서도, 이른바 동물의 문제, 그리고 동물과 인간 사이의 경계 문제가 **철학적으로, 그 자체로** 제기되지 않았다고. 나는 **원칙적인** 항의를, 특히 **동물**이라는 이 일반 단수에 반대하는 일관된 항의를 본 적이 없어요. 또 원칙적으로 분화되지 않은 성을 지닌—혹은 거세된 것은 아닐망정 중성화된—동물이라는

∴
61 빗금은 데리다.―옮긴이
62 Jacques Derrida, "La pharmacie de Platon", *Dissemination*, Paris, Le Seuil, 1972, p. 136 n. 47.

일반 단수에 반대해서도 마찬가지입니다. 그러한 누락은—우리는 이 점을 살펴볼 텐데요—그것의 전제나 결과를 형성하는 다른 많은 것들과 관계가 없지 않지요. 이 철학적 또는 형이상학적 상황을 철학적으로 변화시키자는 요구가 제기되었던 적은 없습니다. 나는 방금 '철학적'—또는 형이상학적—이라고 말했지요. 왜냐하면 내겐 그 태도가 철학 자체를, 즉 철학소(philosophème) 그 자체를 구성하는 것처럼 보이기 때문입니다. 모든 철학자들이 인간 일반과 동물 일반을 가르는 그 경계의 정의에 동의하는 것은 아닙니다(여기가 가장 합치하기 쉬운 영역 가운데 하나며 또 틀림없이 지배적 합치 형태가 존재하는 곳이긴 하지만요). 그럼에도 불구하고, 철학자들의 모든 불일치를 가로질러, 그리고 그 너머에서, 언제나 철학자들은, **모든** 철학자들은 이 경계가 하나이며 분할될 수 없다고 판단해 왔습니다. 또 그 경계의 다른 쪽에 거대한 하나의 집단이, 단일하고 근본적으로 동질적인 집합이 있고, 우리는 그것을 식별하거나 마주 세울 이론적 혹은 철학적 권리가 있다고 생각했어요. 다시 말해, 일반적 동물의 집단, 일반 단수의 동물 집단이 있다고 생각한 것이지요. 인간을 제외한 동물계 전체 말이지요. 이렇게 하여 그 철학적 권리는 '상식'으로 나타납니다. 사람들로 하여금 일반 단수의 동물을 안심하고 말할 수 있게 해 주는 철학적 의미와 상식의 이 일치는 아마, 스스로를 인간이라고 부르는 자들의 가장 커다란 어리석음/짐승스러움(bêtise) 중의 하나이고, 또 가장 징후적인 것 중의 하나일 거예요. 틀림없이 우리는 나중에 이 어리석음/짐승스러움과 짐승성/수간(獸姦, bestialité)에 대해 다시 언급하게 될 겁니다만, 짐승은 어떤 경우든 정의상(定義上) 여기에 해당되지 않습니다. 우리는 한 동물의 어리석음과 수간에 대해 말할 수 없을 거예요. 우리는 결코 그렇게 하지 않죠. 그것은 인간에게 남겨져 있는 것을, '인간에 고유한' 것에 대한 유일한 확신으로, 결국 유일한 위험으로 남겨져 있는 것을, 의인화하여 투사한 것일 테지요. 우리는 물을 수 있습니다. 인간에게 고유한 것(그런 것이 있다면)의 최후의 보루, 즉 어떤 경우라도 동물이나 신에게 부여될 수 없을 고유한 성질이 어찌하여 이렇게 짐승스러움이나 짐승성이라는 이름으로 불리게 되었는지를.

그 모든 형이상학적, 윤리적, 법적, 정치적 등등의 결과에서 내려지는 해석적 결정들은 이렇듯 '동물'이라는 이 말의 일반 단수에 무엇이 전제되느냐에 달려 있습니다. 그래서 나는 어느 순간, 내 생각의 방향을 지시하기 위해, 이 말을 따옴표 안에 넣음으로써 분석해야 할 인용으로 간주하고자 했습니다. 뿐만 아니라 그 말을 지체 없이 바꾸어 이것 역시 하나의 말의 문제라는 것을, 단지 하나의 말, '동물적' 말의 문제라는 것을 보여 주고자 했습니다. 그래서 단수인 다른 말을, 가까운 동시에 근본적으로 낯선 말을, 프랑스어의 법칙을 위반하는 키메라 같은 말을 벼려 내고자 했지요. 그것이 바로 **동물말**(animot)입니다.

이 동물말을 보라(Ecce animot)! 이것은 종도 아니고 유도 아니며 개체도 아닙니다. 이것은 죽을 수밖에 없는 것들의 살아 있는 다수성, 환원 불가능한 다수성입니다. 이중 복제물이나 혼성어, 일종의 괴물 같은 잡종, 벨레로폰에 의해 죽음에 처해지길 기다리는 키메라—이런 것들 이상의 것이지요.

키메라는 누구였습니까? 키메라는 무엇이었지요?

알다시피, 키메라라는 이 고유명사는 불을 뿜는 괴물을 가리킵니다. 그의 괴물스러움은 정확히 동물들의 다수성, 즉 그 안의 동물말[63]의 다수성

63 동물들에 해당하는 animaux와 동물말이라고 번역한 animot의 발음이 같다는 점을 상기

에서 비롯됩니다(사자의 머리와 가슴, 염소의 배, 용의 꼬리). 리키아의 키메라는 티폰과 에키드나의 자식입니다. 일반 명사로서의 '에키드나(echidna)'는 뱀, 더 정확히는 독사를 의미하며, 때로 비유적으로는 부정(不貞)한 여자를, 그리고 피리를 불어 춤추게 하거나 길들일 수 없는 뱀을 의미합니다. 또한 이키드너('echidna'의 영어식 발음)는 호주와 뉴기니아에서만 발견되는 아주 독특한 동물에 붙여진 이름이기도 합니다. 이 포유동물은 알을 낳습니다. 아주 희귀한 경우죠. 그러니까 난생(卵生) 포유류고, 게다가 식충류(食蟲類)고 단공류(單孔類, monotrème)예요. 이 동물에는 오줌관, 항문, 성기로 쓰이는 구멍이 하나(mono-trema) 밖에 없습니다. 대체로 이키드너는 고슴도치와 비슷해 보이죠. 오리너구리와 함께 다섯 종의 이키드너가 단공류과를 이룹니다.

티폰과 에키드나의 자식인 키메라는 나의 흥미를 끕니다. 그러니까, 키메라적인 것이 내 주소(addresse)가 될 거고, 나는 조금씩 그 이유를 설명할 겁니다. 첫 번째로, 그것은 키메라를 죽게 한 벨레로폰이라는 인물에 대한 나의 오래되고 양가적인 애착과 관련됩니다. 벨레로폰 한 사람만 가지고도 열흘간의 학술대회를 할 만할 거예요. 익히 알고 있듯이, 그는 사냥꾼의 이미지를 대표합니다. 그는 쫓아갑니다(suivre). 그는 쫓아가는 자입니다. 그는 짐승을 쫓아가며 박해합니다. 그는 이렇게 말할 수 있겠죠. 나는 쫓아간다, 나는 뒤쫓는다, 나는 동물을 몰아세우고 제압하고, 길들인다. 키메라 이전에 먼저 문제가 되는 동물은 페가수스입니다. 벨레로폰은 페가수스에 재갈을, "아테네 여신에게서 선물로 받은 황금 재갈"을 물립니다. 재갈을 물려 춤추게 합니다. 페가수스가 춤 스텝을 밟도록 명령하지요. 나

∵ 하라.—옮긴이

는 지나는 길에 동물의 무용술에 대한 이런 암시를 강조해 둡니다. 한참 뒤에 우리는 라캉의 펜 아래서 동물의 특정한 춤사위(dansité)[64]와 마주칠 테니까요. 말의 원형에 해당하는 페가수스는 포세이돈과 고르곤의 아들이므로 벨레로폰과는 이복형제뻘입니다. 벨레로폰은 그 자신이 이렇듯 페가수스와 같은 신의 자손이면서도, 일종의 형제이자 또 다른 그 자신인 페가수스를 쫓아가고 또 길들이기에 이르는 것이죠. 결국 그는 이렇게 말할 거예요. 나는 절반의 내 형제이다/를 쫓아간다. 나는 나의 타자이다/를 쫓아간다. 그리고 나는 그를 이겨 낸다. 나는 그에게 재갈을 물린다. 자신의 타자에게 재갈을 물릴 때, 우리는 무엇을 하는 것일까요? 자신의 형제 또는 이복형제에게 재갈을 물릴 때 말이지요.

카인과 아벨 사이에도 죽은 동물의 문제가 있었어요. 길들여서 기르고 희생물로 바친 동물이지요. 형인 카인은 농부고, 그러니까 정주자인데, 땅의 수확물인 그의 공물을 신은 받아주질 않습니다. 신은 목동인 아벨의 첫 배 가축 제물을 더 좋아하지요.

신은 아담으로 하여금 이름 짓게 한—보기 위해서—바로 그 동물의 희생을 더 좋아하는 겁니다. 마치, 신이 바라는 길들이기에서 신이 선호하는 동물의 희생에 이르기까지, 이름의 발명은, 그러니까 아담 또는 이시가 동물들의 이름을 짓도록 부여받은 자유는, 단지 **보기 위한**(pour voir) 하나의 단계에 지나지 않는 것 같습니다. 신에게 공물로 바칠 희생물인 살코기를 마련할(pourvoir) 목적으로 말입니다. 너무 성급한 얘기긴 하지만, 이름을 주는 것은 또한 생명체를 신에게 희생물로 바치는 것이라고도 말할 수

---

64 라캉이 만들어 쓰는 이 'dansité'는 'densité'(밀도, 긴밀성 등의 뜻을 지닌 단어)와 발음이 같다.―옮긴이

있을 겁니다. 뒤따르는 형제 살해는 일종의 2차 원죄가 됩니다. 그러나 이 경우는 피와 두 번이나 연결됩니다. 아벨의 살해는 바로 그 아벨이 신에게 공물로 바칠 줄 알았던 동물의 희생에, 그것의 결과로, 뒤따르기 때문이지요. 내가 여기서 감히 2차 원죄라고 부르는 것은 그러니까 뱀의 일화에서처럼 다시 동물과 엮입니다. 하지만 이 경우는 더 심각하고 더 결정적이지요.

한편으로, 사실, 카인은 **과도한** 잘못(faute)을 인정합니다. 그는 신에게 동물을 희생물로 바치지 못한 뒤에 자기 동생을 죽입니다. 이 잘못은 그에게도 그 자체로 용서받을 수 없는 것으로 나타납니다. 잘못일 뿐만 아니라 과도한 죄이자 **너무** 심각한 것으로 나타나지요. 그러나 잘못이란 언제나, 본질상 과도한 것이지 않습니까? '해야 할' 것(le 'il faut')앞에서의 결함(défaut)으로서 과도한 것이 아닙니까? "카인이 야훼에게 아뢰기를, 제 잘못이 너무 커서 견딜 수 없나이다."(도르메판) "제 과오가 너무 커서 짊어질 수 없나이다."(슈라키판)**65**

이러한 과잉은 두 가지로 값을 치르게 됩니다. 우선 도망으로 대가를 치르죠. 물론, 카인은 "추적"당하고, "추방"당합니다. 내몰리고 박해받습니다. ("당신은 나를 추방했고", "나를 추적했습니다"라고 카인은 신에게 말합니다.) 그러나 또한, 추적당함을 느끼며 도망가는 가운데, 자기를 수치스러워하며 숨는 것에 의해, 다른 발가벗음을 거푸 가림에 의해, 그 고백한 가림에 의해 다시 대가를 치릅니다. ("저는 당신 앞에서 저 자신을 숨길 것입니다. 저는 도망칠 것이며 지상의 도망자가 될 것입니다. 그리고 누군가가 저와 맞닥뜨려 저를 죽일 것입니다."(도르메판) "저는 당신께 제 얼굴을 가릴 것입니다. 저는 지상을 떠돌며 방황할 겁니다/ 그리고 나를 발견하는 자는

---

65 창세기 4:13.—옮긴이

나를 죽일 겁니다."(슈라키판)⁶⁶⁾ 그러니까 여기에는 죄인의 죄가, 수치가, 격리가, 위축이 있습니다. 그는 도망치고 추적당하지만 또한 수치와 숨김의 형벌에 처해집니다. 그는 자신의 발가벗음을 베일 아래 숨겨야 하죠. 이 시련은 물론, 이를테면 2차 원죄 뒤의 것으로, 형제 살해를 쫓아가는 것입니다. 그러나 아벨의 동물 공물을 더 좋아하는 신이 내린 시련을 쫓아가는 것이기도 합니다. 신은 일종의 유혹을 준비하여 카인이 시험에 들도록 했으니까요. 신은 그에게 덫을 놓았던 것입니다. 야훼의 언어는 정말이지 사냥꾼의 언어입니다. 유목민, 사육자, 목축민의 언어라고도 할 수 있을 겁니다. 아벨처럼 '양치는 목동' 또는 '작은 가축의 목동'이라고 할까요. 여기에 대립되는 것이 정주하는 농민, '땅의 경작자', '흙의 머슴'이죠. '땅의 과실'을, '흙'의 과실을 바쳤던 카인은 이런 자였지요. 카인이 바친 곡물을 거부하고 아벨이 바친 동물을 더 좋아한 신은, 낙담한 카인에게 면목을 잃지 말라고, 한마디로 죄에 빠지지 않게 조심하라고, 이제 주변에서 그를 노리는 잘못에 희생되지 않도록 조심하라고 권고했어요. 신은 카인이 유혹의 덫을 피하도록, 그리고 한 번 더 길들이고, 지배하고, 통치하라고 격려하지요.

그래서 야훼는 카인에게 말한다. "너는 왜 분노를 느끼며 왜 너의 얼굴이 그리 어두우냐? 만일 네가 행동을 잘 하면 다시 일어서지 않겠느냐? 만일 네가 행동을 잘 하지 못하면, 죄가 너의 문 앞에 **도사리**느니라. [나는 여기서 '도사린다(tapi)'는 말을 강조하고 싶습니다. 이것은 죄를 가리키는 말로, 마치 유혹이나 미끼 혹은 꾐에 희생된 먹이가 덫에 걸리길 어둠 속에서 기다리며 기회를 노리고 있는 동물과 같습니다.] 죄가 너를 향해 뛰어오르겠지만, 너는 그것을 지배하

66 창세기. 4:14. 여기의 빗금은 시행의 바뀜을 표시한다.—옮긴이

도록 하여라.(도르메판)⁶⁷

'도사린다'는 말은 슈라키의 매우 다른 번역에도 나타납니다.

…… 그 시초에 잘못이 도사리고 있다. 그것의 수난(passion)은 너의 것이다. 너는 그것을 지배하라.

카인은 자기 형제를 죽임으로써 함정에 빠지게 됩니다. 동물처럼 어둠 속에 **도사리고** 있는 악의 먹이가 되는 것이지요.

그런데 **다른 한편**, 이러한 인간 사냥의 역설들은 일련의 실험적인 시련들로서 서로를 뒤쫓아 일어납니다. '보기 위해서'요. 덫에 걸려 아벨을 죽인 뒤, 카인은 한 마리 짐승처럼 연이어, 수치심에 몸을 숨기고, 도망치고, 방황하고, 추격당하고, 내몰립니다. 이때 신은 이 인간 짐승에게 보호와 보복을 약속하지요. **마치 뉘우친다는 듯이. 마치** 수치스러워하거나 동물의 희생을 선호한 것을 인정한다는 **듯이. 마치** 그가 이렇게 동물에 관한 회한을 고백한다는 **듯이.** (이 '뉘우침', '철회', '자성'의 순간은—번역상의 광범위한 문제, 이 의미론의 무한정한 쟁점은 여기선 잠정적으로 제쳐두겠어요—한 번뿐이 아닙니다. 최소한 대홍수의 순간이 있지요. 이건 동물들의 또 다른 이야기입니다.⁶⁸)

67 창세기, 4:6–7–옮긴이
68 창세기, 6:6. "야훼는 지상에 인간을 만든 것을 뉘우치신다……", "…… 나는 그런 일들을 한 것을 뉘우친다(se repentir)"(도르메판). 슈라키판은 '후회하다(regretter)'라는 동사를 사용합니다. ("……후회한다……", "……나는 후회하노라……") 킹 제임스 판 성경도 "그 때문에 주께서는 뉘우치셨다(it repented the Lord)", "그 때문에 나는 뉘우치나니(it repenteth me)"라고 쓰고 있습니다. 나는 이 준(準, quasi)-회한을 강조하는데, 그것은 이것이 노아 방주와 새로운 동맹에 직접 앞서는 것이기 때문이죠. 이번의 동맹은 노아와 함께하는 **모든**

그래서 신은 덜도 더도 아닌 일곱 번의 보복을 약속합니다. 카인을 죽이는 자에 대하여 일곱 번의 보복을 할 것이라고 맹세해요. 그러니까 자기 형제의 살해자이자, 이 두 번째 원죄 이후에 신 앞에서 면목을 잃고 그 발가벗음을 가리는, 그런 카인을 죽이는 자에 대해서 말이지요.

발가벗음에 대한 이 두 겹의 강조, 잘못(faute)과 결함(défaut)에 대한 강조, 인간 역사의 기원에 있는, 동물에 관한 이 발가벗음의 강조는, 다시 한번 말하지만 에피메테우스 및 프로메테우스의 신화와 결합되지 않을 수 없습니다. 이 신화에서 인간은 자신의 발가벗음에 대한 보상으로 먼저 불과 기술을 받지만, 아직 정치의 기법은 받지 못합니다. 그러고 나서, 인간은 헤르메스로부터 부끄러움 또는 명예와 정의(아이도스(aidôs)와 디케(dikè)]를 받는데, 이 덕택에 인간은 도시(폴리스(polis))에서 화합과 우정의 유대(데스모이 필리아스(desmoi philias)]를 이루게 됩니다.

나는 이렇게 창세기를 그리스 신화와 또 한 번 가까이 놓습니다. 그리고 항상 동물의 시선에서, 잘못과 발가벗음의 시선에서 그렇게 합니다. 그러면서 나는 신화에 대한 비교 역사나 구조적 분석의 가설은 어떤 것도 고려하고 있지 않습니다. 이러한 서사들은 위상과 기원에서 서로 이질적입니다. 더군다나 나는 이 이야기들을 그 무엇의 원인이나 기원으로 여기지 않습니다. 진리나 판결로도 여기지 않지요. 다만, 그리고 적어도 두 개의 징후적 번역으로 여길 따름이지요. 몇몇 특징들이 부분적으로 이 번역에서 저 번역으로 겹쳐지는 만큼, 그 내적 필연성이 확실해지는 그런 번역으로 여길 뿐입니다. 하지만 무엇에 대한 번역인가요?

그래요, 그건 특정한 '상태(état)', 특정한 상황에 대한 번역이지요. 죽지

생명체들과의 동맹입니다. 나는 다른 곳에서 이 문제를 다시 다룰 겁니다.

않을 수 없는 이 생명체들, 동물 종들인 이 생명체들, 다른 '동물들'과 인간들인 이 생명체들 사이의 과정과, 세계와, 삶으로 이루어진 특정한 상황 말입니다. 그것은 공통적이거나 유사한 특징들이죠. 그 특징들의 정식화—우리가 지금 우리를 내맡기고 있는 그런 정식화—로 인해 동물에 대한 모든 담론에서, 특히 서양철학의 담론에서 동일한 지배적인 것이 출현하면 할수록, 사실 불변적인 도식이 동일하게 되풀이되면 될수록, 그 특징들은 더 지배적이 됩니다. 어떤 도식이죠? 그건 이런 겁니다. 인간에게 특유한 것, 동물을 예속시키는 동물에 대한 인간의 우월성, 인간의 주체-되기 그 자체, 인간의 역사성, 자연으로부터 인간의 벗어남, 인간의 사회성, 지식과 기술에 대한 인간의 접근, 이 모든 것, 그리고 인간의 특유함을 구성하는 (끝없는 수의 술어들로 이뤄진) 모든 것은, 이 시초의 결함으로부터, 즉 고유한 특성/자산(propriété)의 이 결함으로부터, 자산의 결함이라는 인간의 이 특유함으로부터—그리고 인간의 비상(essor)과 인간의 도약(ressort)이 자리 잡는 '필요(il faut)'로부터 비롯한다는 겁니다. 나중에 아리스토텔레스에서 하이데거까지, 데카르트에서 칸트까지, 레비나스에서 라캉까지 이것을 더 잘 보여 주도록 하겠습니다.

벨레로폰이 다시 한 번 내게 문젯거리가 되는 것은, 단지 그가 자기의 형제 또는 이복형제인 동물(페가수스)을 제압했다는 점 때문도, 단지 그가 키메라를 정복하고 그렇게 하여 사냥꾼-조련사로서의 자신의 지배력을 확실히 보여 주었다는 점 때문도 아닙니다. 오히려, 벨레로폰의 모든 위업은 **처음부터 끝까지** 부끄러움의 역사, 수치의 역사, 자제의 역사, 명예의 역사—이것이 부끄러움의 품위(여기서는 단순히 aidon이 아니라 aiskhunè)[69]

∴
69 'aidon'과 'aiskhunè'은 둘 다 부끄러움이나 수치심을 뜻하는 그리스 낱말이지만, 'aidon'

에 연결되는 한에서―로 해석될 수도 있습니다. 이런 점은 부끄러움의 진리가 결국 우리의 주제가 되리라는 걸 미리 분명히 해 주지요. 벨레로폰의 이야기를 구성하는 종국적 계기들은 잘 알려져 있어요. 그 모든 계기는 부끄러움에 대한 그의 감각(sens)을 시험하게끔 운명 지어져 있습니다. 벨레로폰은 자신을 맞아준 아르고스의 왕 프로이토스의 아내인 스테네보이아의 부끄러움을 모르는 접근을 거부하게 되니까요. 그러자 이 정숙하지 못한 여자―안테이아라고도 불리죠―는 벨레로폰이 그녀를 유혹하고 사냥 중에 폭력적으로 겁탈하려 했다고 고발하고, 그녀의 남편은 그에게 죽음을 선고하게 되지요. 하지만, 환대의 법에 대한 존중 때문에 프로이토스는 직접 자신의 숙적을 죽일 수 없습니다. 그래서 프로이토스는 벨레로폰을 자신의 장인인 리키아의 왕에게 보내지요. 그를 맞아 줄 이에게 추천하는 말 대신 그를 처형하라고 쓴 편지를 들려서요. (이것은 이미 햄릿의 이야기입니다. 햄릿의 양아버지는 햄릿을 죽게 만들 편지를 쥐어서 그를 영국으로 보내지요. 햄릿은 그 덫을 벗어나지만요. 이렇게 햄릿을 언급하는 이유는 이 연극이 특별한 동물학이라는 점을 지나가면서나마 상기하기 위해섭니다. 그 극에는 동물적 인물들이 수없이 많은데, 이는 어느 정도 셰익스피어의 모든 작품에 해당됩니다. 나중에 살펴보도록 하죠.) 그러니까 벨레로폰은, 알지 못한 채, 판결이 담긴 죽음의 편지를 지니고 갑니다. 그것의 진실을 모르고서 말이지요. 그는 그 편지의 무의식적 우편배달부/요소(facteur)가 됩니다. 하지만 그를 맞은 두 번째 주인〔리키아의 왕〕은 이 배달부를 유숙시키고 나서야 편지를 뜯어 보

∴
　은 주로 개인적인 부끄러움이나 수치심을, 'aiskhunè'는 사회적 부끄러움이나 수치심을 나타낸다는 점에 차이가 있다. 전자가 개인적인 거절을 당하거나 실수를 했을 때의 느낌이라면, 후자는 사회적 규범을 위반하거나 그 기준에 못 미쳤을 때 갖게 되는 느낌이라고 할 수 있다. ―옮긴이

죠. 그 때문에 그 역시, 마치 잠재적 재갈이라도 채워진 듯이, 환대의 규칙들을 존중하지 않을 수 없었고, 어쩔 수 없이 죽임의 실행을 뒤로 미룹니다. 그래서 그는 벨레로폰을 새로운 일련의 시련들 속으로, 사냥, 전쟁, 싸움으로 밀어 넣습니다. 바로 이런 상황에서 키메라 사냥이 벌어지죠. 키메라는 "정복 불가능"하다고들 했어요. 신적 족속이지 전혀 인간적 족속이 아니라서 말이죠(*theion genos, oud'anthropôn*『일리아스』6권, 180). 키메라의 앞쪽은 사자, 뒤쪽은 뱀, 중간은 염소고, 그 숨결은 무시무시한 불길을 내뿜습니다(*khimaira, deinon apopneiousa puros menos aithomenoio*).

그러므로, 아시겠지만, 이것은 데카르트가 『방법서설』 제5부에서 키메라를 묘사하는 방식과 아주 다릅니다. "나는 생각한다, 그러니까 존재한다"의 계기에서 키메라의 실존은 배제되니까요. ("우리는 염소의 몸에 사자의 머리를 한 동물을 분명히 상상할 수 있지만 이러한 사실로부터 키메라가 세상에 존재한다고 결론 지을 필요는 없다.")

이 "세상"이란 무엇입니까? 우리는 나중에 "세상"이 무엇을 뜻하는지 물어볼 겁니다. 지나는 길이지만, 여기서 우리는 데카르트가 키메라를 묘사하는 중에 뱀을 빠뜨렸다는 사실을 진지하게 받아들여야 할까요? 호메로스처럼 그는 사자와 염소는 거론하지만 뱀은, 즉 키메라의 뒷부분은 잊었습니다. 뱀(*drakōn*, 용)은 그 동물의 뒷부분이자 가장 우화적인 동시에, 용으로서 가장 키메라적인 부분이고, 또한 가장 사악한 부분이죠. 아마 동물의 사악한 악마, 동물인 사악한 악마에 해당할 겁니다. 뱀의 문제는 또한 악과 부끄러움의 문제인 것이죠.

마지막 에피소드는 호메로스가 아니라 플루타르크가 이야기합니다. 그것은 다시 벨레로폰을 발가벗음의 시험에 들게 합니다. 그것은 일곱 번째이자 마지막 시련이죠. 다시 한 번 벨레로폰은 먹이가 되는데, 말하자면 여자들의 먹이인 셈이지요. 그는 여자들 앞의 부끄러움 또는 수치의 운동 가운데(*hyp'askhunés*),[70] 욕정을 자극하는 박해에 기진맥진하여 뒤로 물러납니다. 그의 장인이 되는 이오바테스 편의 희생물이 되는 것이죠. 그는 그 도시를 파괴하려고 결심했었죠. 그러곤 아버지인 포세이돈의 도움을 받아 도시로 진군합니다. 모든 것을 집어삼킬 만큼 위협적인 파도가 뒤따르죠. 그런데 여자들이 그에게 다가와 부끄러움 없이 스스로를 바칩니다. 그 여자들은 이중으로 외설적이었어요. 발가벗고 몸뚱이를 내놓은 데다가 매춘을 했으니까요. 다시 말해, 그네들은 자신들을 팔았지요. 그 여자들은 목숨을 구하는 대가로 그를 유혹하려 합니다. 이 포르노그래피 앞에서 벨레로폰은 약해지지요. 그러나 그는 여자들의 부끄러움을 모르는 접근에 굴복한 것이 아닙니다. 오히려 그 반대였어요. 그는 자기 자신의 동요하는 부끄러움에 굴복합니다. 그는 이 여자들의 부끄러움 없음 앞에서 물러섭니다. 그는 이 여자들의 수치스러운 행동 앞에서 수치심에 의해 (*hyp'askhunès*) 뒤로 물러나 후퇴합니다. 그래서 파도는 물러나고 도시는 위기를 면하죠. 이 수치의 운동, 이 자제, 이 금지, 이 후퇴, 이 물러남, 이것은 틀림없이 면역 충동과, 면역체의 보호 작용과 유사합니다. 성스러운 (*beilig*) 것, 신성한 것, 분리된(*kadouch*) 것을 보호하려는 것과, 종교적인 것의, 종교적 가책의 기원 자체와 유사합니다. 나는 이 점에 관한 분석을 몇 편 시도했고, 그것을 하이데거가 『철학에의 기여』에서 페어할텐하이트 (*Verhaltenheit*)라고 부른 것과, 즉 삼가함과 관련지으려 했지요. 『신앙과 지식』이라는 내 텍스트에서처럼요. 거기서 나는 자가-면역의 온갖 역설들을

⋮

[70] 'hyp'askhunés'는 'aiskhunè'라는 단어에 '아래' 또는 '밑에'를 의미하는 hupo-(hyp)라는 접두사가 붙어 형성된 단어로, '수치심 아래'의 상태를 뜻하다.—옮긴이

해명하려고 했습니다. 오늘 만일 시간이 더 있었더라면, 면역적인 것이 자가-면역적인 것으로 전도되는, 언제나 가능한 이 끔찍한 사태를 다시 거론하여, 그것이 자서전과 유비적이고 잠재적인 어떤 근친 관계에 있음을 밝히고 싶은 유혹을 받았을 거예요.

자서전, 살아 있는 것의 자기 글쓰기, 살아 있는 것의 자기에 대한 흔적, 자기에 대한 존재, 살아 있는 것의 기억 또는 저장고로서의 자가-촉발(auto-affection)이나 자가-감염(auto-infection)—이것은 하나의 면역 운동일 겁니다. (그러니까 안전한 것, 성스러운 것, 면역된 것, 무사한 것, 처녀와 같은 무구한 발가벗음, 이런 것들을 구조하고 구출하고 구원하는 운동일 테지요.) 하지만 그 면역 운동은 항상 자가-면역적인 것이 되어 버릴 위험이 있습니다. 전적인 **자가성**(autos)이, 전적인 자기성(ipséité)이, 전적인 자동의 운동이, 자가운동적, 자율적, 자가-지시적 운동이 될 위험이 있는 것이죠. 그 어떤 것도 자서전보다 중독의 위험이 강하지 않습니다. 자서전은 우선 자기에 대해 중독적이고, 미리 정해진 서명자에 대해 자가-감염적이며 그래서 자가-촉발적이니까요.

이 동물말을 보라! 나는 이 긴 우회에 앞서 이렇게 말했었지요. 철자와 문법에 너무나 민감한 프랑스인들의 귀를 성가시게 하지 않기 위해 저는 동물말(animot)이라는 이 말을 너무 자주 반복하지는 않을 겁니다. 몇 번 할 테지요. 그러나 나는 이제부터 동물이나 동물들이라고 말할 때마다 그런 말들을 이 말(동물말)로 대체해 달라고 말없이 여러분께 요청하는 거예요. 나는 이 단수 낱말인 **동물말**의 키메라를 통해 동일한 언어의 몸 속에 세 가지 서로 이질적인 부분들을 결합해 넣습니다.

1) 나는 동물들이라는 복수가 이 단수 속에서 들리게 하고 싶어요. 인간과 단 하나의 분리 불가능한 경계선으로 분리된, 일반 단수의 동물은 없습니다. 우리는 여러 '생물체들'이 있다는 사실을 생각할 필요가 있습니다. 단순히 인간성과 반대되는 동물성의 단일한 형상 안에 이 생물체들의 복수성을 모아 놓을 수는 없어요. 물론 여기서 관건이, 인류를 다른 동물들과 분리하는 모든 것을 무시하거나 지워 버리고, 단일한 커다란 집합을 만들어 내는 일은 아닙니다. 동물말에서부터 인간(l'Homo)(호모 파베르(faber), 호모 사피엔스(sapiens) 또는 그 무엇이든)에 이르는 단일하고 어마어마한, 근본적으로 동질적이고 연속적인 가계도를 만들어 내는 일은 아닐 거예요. 그렇게 하는 것은 어리석은/짐승스러운 짓이고, 여기 있는 누군가가 그렇게 할 거라고 의심하는 것은 더욱 더 어리석은/짐승스러운 짓이겠죠. 그래서 나는 이 의심의 이중적 어리석음에 더 이상 단 일 초도 할애하지 않겠습니다. 비록 슬프게도, 그런 짓이 아주 널리 퍼져 있다 해도 말입니다. 우리에게 필요한 것은, 반복해서 말하지만, 이질적인 경계와 구조들의 다수성을 고려하는 일일 겁니다. 인간이 아닌 것들 중에는, 그리고 인간이 아닌 것들과 별개로, 광대한 다른 생명체들의 다수성이 있습니다. 이것은 폭력과 타산적인 오인에 의하지 않고는, 어떤 경우건, 동물이나 동물성 일반이라고 불리는 것의 범주로 동질화될 수 없지요. 즉각적으로 동물들이, 또 이를테면 동물말이 있는 것이죠. 인간이 아닌 모든 생물체를 동물이라는 공통적이고 일반적인 범주 아래 뒤섞는 것은 단순히 사유의 요구를 거스르는 결함에 그치지 않습니다. 주의(注意)나 명료함을 거스르고 경험의 권위를 거스르는 결함에 그치지 않지요. 그것은 범죄이기도 합니다. 정확히 말해, 동물성에 대한 범죄가 아니라, 그 동물들(les animaux)에 대한, **여러** 동물들(des animaux)에 대한 일급 범죄입니다. 우리는 모든

살해, 즉 "죽이지 말라"에 대한 모든 위반이 오직 인간만을 겨냥할 수 있다고(이건 앞으로 다루어야 할 문제지요) 말해야 할까요? 요컨대 '인류에 반하는' 범죄만이 있다고 말해야 할까요?

2) 동물말 'animot'의 접미사 'mot'는 다시 우리를 말(mot)로, 말하자면, 이름이라 이름되는(nommé nom) 말로 돌아오게 합니다. 그 말은 사물 **그 자체**에, 그 존재 속에 존재하는 대로의 사물에 대한 지시적 경험에 열려 있습니다. 또 그러니까 사람들이 언제나 그것을 기준으로 삼아 경계를 지나가게 하고 싶어 했던 그런 쟁점에 열려 있지요. 그 경계선은 인간을 동물로부터 분리시키는 독특하고 나눌 수 없는 경계선입니다. 즉 그것은 말이고, 말의 명사적 언어며, 이름을 부르는 소리지요. 사물을 **그러한 것으로서**, 그 존재 속에서 나타나는 그러한 것으로서 이름 지어 부르는 소립니다(이것은 우리가 기대하는 논증의 하이데거적 계기지요). 동물은 최종 심급에서 말을, 우리가 이름이라고 이름하는 그 말을 **빼앗길** 겁니다.

3) 여기서 관건은 동물들에게 '말(parole)을 돌려 주는' 일이 아니라, 아마, 이름이나 말의 부재를 다르게 사유하는 사유, 박탈로서가 아닌 다른 방식으로 사유하는 사유에 도달하는 일일 겁니다. 그것이 아무리 키메라적이고 우화적이라 해도 말입니다.

이 동물말을 보라, 이것은 자전적 동물이라는 제목에 대한 선언입니다. 나는 이 선언의 흔적으로서 있는 것이지요. 이 선언은 내가 자전적 동물의 문제로 다루려고 마음먹은 질문인 "그러나 나(moi), 나(je)는 누구인가?"에 모험적으로, 우화적이거나 키메라적으로 응답합니다. 자전적 동물이라는 이 제목은 그 자체로 약간 키메라적이지요. 아마 기습적일 겁니다. 그것은 거부할 수 없는 것인 만큼 예상치 못한 것이기도 한 **두** 연결을 **두 번** 결합시킵니다.

한편으로 이 명칭은 가벼운 대화의 친숙한 양태 위에서, 관용구를 재치 있게 활용하여, 사람들 가운데는 그 성격상 자서전의 취향을 가진 이들이 있다는 점을 암시적으로 생각하게 해 줍니다. 작가들, 철학자들 중에는 저항할 수 없는 자서전의 감각이나 욕망을 가진 인물들이 있다는 거죠. 사람들은 "이 자는 자전적 동물이야"라고 말할 겁니다. "이 자는 극장의 동물이야"라고 말하는 것과 같은 식으로요. 경쟁하는 짐승[71]이니, 정치의 동물이라고 해도 마찬가집니다. 인간을 정치적 동물로 규정할 수 있다는 의미에서가 아니라, 정치에 대하여 취향이나 재능, 충동적 강박을 가지고 있는 개인이라는 의미에서죠. 그런 것을 좋아하고, 그렇게 하기를 좋아하는, 정치를 좋아하는 사람이라는 거죠. 그리고 그건 그럴싸한 얘깁니다. 이런 의미에서 자전적 동물이란, 성격상 자전적 속내 이야기에 탐닉하는 걸 선택하는, 또는 거기에 빠지는 걸 자제하지 못하는 부류의 남자나 여자가 되겠지요. 그런 남자나 여자는 기꺼이 자서전 **속에서** 일합니다. 그리고 문학의 역사나 철학의 역사에는, 간략한 방식으로 제시한다고 할 때, 분명 '자전적 동물들'이 있습니다. 다른 이들보다 더 자전적인, 자서전의 짐승들이 있지요. 말레르브보다 몽테뉴가 더 그렇고, 비슷하게 루소가 그렇고, 서정적이고 낭만적인 시인들인 프루스트와 지드, 버지니아 울프, 거투르드 스타인, 첼란, 바타이유, 쥬네, 뒤라스, 식수가 그렇습니다. 또한 (철학의 경우는 이것이 그 구조상 더 드물고 복잡합니다만) 아우구스티누스와 데카르트가 스피노자보다 더 자전적이죠. 또 키에르케고르는 가명을 많이 썼음에도 헤겔보다 더 자전적이고, 니체가 마르크스보다 더 그렇습니다. 하지만 이 문제는 너무나 복잡한 것이라서(이것이 바로 우리의 주제죠), 그 사례 목록은 그

---

[71] 'une bête à concours.' 이 말은 공부 벌레, 시험 벌레라는 뜻으로 쓰인다. —옮긴이

만 열거하고 싶군요. 그 목록이 제기하는 문제들과 더불어, 자전적 동물의 이 함의는 우리의 성찰에 측면적으로나마 현전해 남아 있음이 틀림없습니다. 그것은 잠재적 무게로 우리의 성찰을 짓누를 거예요.

그러나 **다른 한편**, 나는 '자전적 동물'이라는 표현을 최종적인 것으로 생각하거나 그 표현을 통해 사태의 어떤 기초(만일 그런 것이 있다면)에 도달하려고 사용했던 것은 아닙니다. '나'라는 말과 '동물'이라는 말 사이에는 온갖 종류의 의미심장한 교차점들이 있다는 사실이 드러났을 따름이지요. 그 교차점들은 동시에 기능적이고 지시적이며, 문법적이고 의미론적입니다. 우선 두 개의 일반적 단수가 있습니다. '나'와 '동물'은 단수로서, 정관사에 앞서, 미정(未定)의 일반성을 지시하지요. '나', 그것은 누구나입니다. '나'는 누구나이고, 또 누구라도 자기를 가리키기 위해, 자기의 고유한 단수성을 가리키기 위해 '나'라고 말할 수 있어야 하지요. '나'라고 말하거나 자신을 '나'라고 이해하거나 상정하는 자는 누구나 하나의 살아 있는 동물입니다. 다른 한편, 동물성이나 생명체의 생명은, 최소한 그것을 무기적인 것, 즉 생기가 없거나 시체 같은 순수하게 물리-화학적인 것으로부터 구분할 수 있다고 주장하는 한에서, 보통 감성, 반응성과 자가-운동성, 자발성 등으로 정의됩니다. 이 자발성은 스스로 움직이고, 스스로를 조직하며 그 스스로 자신을 촉발하는 능력이며, 그 스스로 자신을 나타내고, 스스로 흔적을 남기며 자기의 흔적들로 자신을 촉발하는 능력이지요. 자가-촉발과 자기 관계로서의 이 자가운동성은, 어떤 언표나 생각하는 자아(ego cogito), 나아가 나는 생각한다, 그러니까 존재한다(cogito ergo sum) 따위의 담론적 주제에 앞서, 생명체와 동물성 일반의 특징으로 인정됩니다. 하지만 이 자기 관계(이 자기, 이 자기성)와 "나는 생각한다"의 '나' 사이에는 어떤 심연이 있는 것처럼 보이지요.

우리는 거기서 문제들이 시작되는 게 아닐까 의심합니다. 그것도 엄청난 문제들이요! 하지만 그 문제들은, 사람들이 생명체의 본질에, 동물 일반에, **그 자신으로 존재한다는** 이 능력(aptitude)을, 자기-자신으로 존재할 능력을, 또 그리하여 그 스스로 자기를 촉발할 수 있는 능력을, 자신의 고유한 운동으로부터, 살아 있는 자기의 흔적들로부터 자신을 촉발할 수 있는, 그러니까 어떤 종류의 것이든 자서전을 쓸 수 있는 능력을 부여하는 데서 시작됩니다. 지금까지 아무도 동물에게 흔적을 남기는(se tracer) 이 능력(pouvoir), 스스로를 좇거나(se tracer) 자기의 경로를 다시 좇는 이 능력이 없다고 부인한 적은 없습니다. 참으로 가장 어려운 문제는, 동물들에게는 이 흔적들을 말하는 언어로 변환하는 능력, 담론적 질문과 응답으로 서로를 부르는 능력이 거부되고, 이 흔적들을 지우는 능력이 부정되어 왔다는 점에 있습니다. (이런 일이 전제하는 온갖 것과 더불어 라캉이 그렇게 했던 것처럼 말이지요. 우리는 이 문제를 다시 살펴볼 거예요.) 이 두 가지 일반 단수들의 교차점에서, 즉 동물(동물말)과 '나', '나'들의 교차점에서 다시 시작해 봅시다. 한 언어에서, 예를 들어 프랑스 말에서, 한 '나'가 '나'라고 말하는 지점에서부터 다시 출발해 봅시다. 이 '나'는 단수이면서 일반적이지요. 이것은 누구든, 당신이든 나든 다 될 수 있습니다. 그래서 무슨 일이 일어나나요? 나는 어떻게 '나'라고 말할 수 있으며, 그렇게 해서 나는 무엇을 하는 것일까요? 그리고 우선, 이 나, 나는 무엇이며/무엇을 쫓아가며, 나는 누구입니까/누구를 쫓아갑니까?

'나'. 한 자서전의 서명자는 '나'라고 말함으로써 자신을 직접 보여 주며 자신을 현재에 나타냅니다(**자기**-준거적(sui-référentiel) 지시). 완전히 발가벗은 자신의 진실 속에서요. 또 만일 그런 것이 있다면, 자신의 성적 차이의, 자신의 모든 성적 차이들의 발가벗은 진실 속에서요. 나는 부끄러움 없이 내 발가벗음을 내거노라. 그('나라고 말하는 자')는 자기를 명명하고 자신의 이름에 대답하면서 이렇게 말할 겁니다. 우리는 발가벗음의 이런 내걸음, 이런 내기, 이런 욕망이나 약속이 과연 가능한지 의심해 볼 수 있습니다. 발가벗음은 아마 지탱될 수 없겠지요. 그리고 결국 나는 그들이 동물이라는 이름으로 부르는 것의 시선 앞에 발가벗은 채 나를 보여 줄 수 있을까요? 그것이 나를 응시할 때, 즉 그들이 공통의 이름으로, 일반적이고 단수인 이름으로, 동물이라고 부르는 그 생명체가 나를 응시할 때, 나는 발가벗은 채 나를 보여 주어야 할까요? 이제 나는 거울을 끌어와 같은 질문을 비추어 봅니다. 나는 전신 거울/영혼(psyché)을 방에 들여오지요. 어떤 자전적 장면이 설정되는 곳에서는 발가벗은 나를 머리부터 발끝까지 비춰 주는 거울이, 프시케가 있어야 하니까요. 그러면 동일한 질문이 이렇게 변할 거예요. 그것이 나를 응시할 때, 이 생명체가, 같은 거울에 포착될 수 있는 이 고양이가 나를 응시할 때, 나는 나 자신을 보여 주어야 할까요? 그러나 발가벗은 나를 보면서(그러니까 내 이미지를 거울에 비추어 보면서) 그래야 할까요? 동물적 나르시시즘이 있는 걸까요? 그러나 이 고양이는 또한, 그 눈 깊은 곳에서, 나의 첫 번째 거울일 수는 없는 걸까요?

일반적 동물, 이것은 무엇입니까? 그것은 무엇을 뜻하죠? 이것은 누굽니까? '그것(Ça)'은 무엇에 해당합니까? 누구에 해당하죠? 누가 누구에게 응답합니까? 그들이 그토록 태평하게 '동물'이라고 부르는 공통된 이름에, 일반적이고 단수인 이름에 누가 응답합니까? 응답하는 자는 누구죠? 이런 물음들은 동물이라는 이름으로 나를 응시하는 것을 가리킵니다. 사람들이 동물이라는 이름에 호소할 때 동물이라는 이름으로 말해지는 것을 가리키지요. 그래요, 그것은 발가벗은 채 노출하는 것이 중요할 어떤 것이지요. 자서전의 페이지를 열면서 "자, 이것이 나입니다"라고 말하는 자의 발가벗음 또는 궁핍 속에서 노출해야 할 어떤 것일 테지요.

"그러나 나, 나는 누구인가요?"

〔……………………………………………………………〕

2부

그러나 나, 나는 누구인가요?

"그러나 나, 나는 누구인가요?"

내가 여러분께 이 질문을 던지든, 아니면 우선 나-자신에게 스스로 이 질문을 제기하든, 이 질문은 오직 나와 관련될 겁니다. 나-자신과, 오로지 나와 말이지요. 그리고 내가 그 질문에 스스로 내놓은 모든 답은 자가-정의에 속하게 될 겁니다. 오직 내 삶에 대한 글쓰기에, 나-자신에, 나 혼자에 해당하는 자서전의 첫 번째 몸짓에 속하게 될 거예요. 그렇지만 여러분은 이 질문, "그러나 나, 나는 누구인가요?"라는 이 질문이 나보다 훨씬 오래된 것이라는 점을 잘 알고 있습니다. 그것은 인용의 모든 주름을 담고 애초부터 주름 제거 시술(lifting)만을 기다리고 있죠. 나는 이 질문을 되풀이합니다. 나는 이 질문을 기계적으로 재생산할 수 있어요. 그것은 언제나 모방되고 흉내내지며 앵무새처럼 되뇌어질 수 있습니다. 예컨대 원숭이나 앵무새 같은 동물에 의해서요. 사람들은 (비록 아리스토텔레스는 이 동물들이 모방(mimesis)을 한다는 걸 인정하지 않았지만) 이 동물들이 이해하거나 생각함이 없이, 또 무엇보다 던져진 질문에 대답함이 없이 모방한다고 말하죠. 동물은 응답하지 않는다고 많은 철학자와 이론가들이 말합니다. 아리스토텔레스에서 라캉까지 말이죠. 그리고 동물은 이 무응답성에서 글과 함께합니다. 적어도 플라톤이 『파이드로스』에서 해석하는 바에 따르면 그렇죠. 여기서 소크라테스는 말합니다. 글이 끔찍한(deinon) 것은 그것이 산출한 사물이 그림(zôgraphia)처럼, 또 생물체(ôs zônta)처럼, 응답하지 않는다는 점이라고(275d). 우리가 제기한 질문이 무엇이든 글은 말없이 당당하게 침묵을 지키거나 아니면 언제나 같은 대답을 할 뿐인데, 이건 응답이 아니지요. 내게 무척 흥미로웠던 『파이드로스』의 유명한 문장은 글이 동물성을 지닌다는 테제 같은 것인데, 이건 『이상한 나라의 앨리스』의 경우와 비교해 볼 만할 거예요. 기억하겠지만, 거기서 고양이는 언제나 똑같은 대답만 하기에 대답하지 않는다고 하지요. 데카르트도 정확히 똑같은 것을 말합니다. 마치 인간의 관심사는 동물이 말을 결여하고 있다는(être privé de parole), 말 없는 동물(zôon alogon)이라는 사실보다, 동물이 결핍되었으며(être privé) 또 인간에게서 응답을 빼앗아 간다는(priver l'homme de réponse) 사실을 강조하는 데 있는 것처럼 보이는군요. 말에서 중요한 것은 무엇보다 교환, 즉 질문/응답의 쌍이 되겠지요. 방금 『파이드로스』를 환기했으니까, 글쓰기에 대한, 다시 말해 자서전적 글쓰기와 "너 자신을 알라"에 대한 이 위대한 책이 또한 동물에 대한 위대한 책이라는 점을 지나는 길에 새겨 두기로 하죠. 거기에서는 처음부터 키메라와 페가수스가 등장합니다. 같은 페이지에서 소크라테스는 델피의 비문에 대해 말하고 (to Delphikon gramma gnônai emauton) "내가 누구인가?"라고 스스로 묻죠. 소크라테스는 그 자신이 한 동물일 가능성을, 자신이 낯선 짐승임을 알게 될 가능성을 배제하지 않습니다(이것이 데카르트와 전적으로 다른 점이지요).

그렇기에 나는 이 이야기들에, 그 이야기들이 다루는 주제에 안녕(khairein)을 고하고 그에 대한 통념을 따르기로 하네. 방금 말한 대로, 내가 검토하는 것은 그런 게 아니라 나 자신일세. 아마 나는 짐승(야수, ti thêrion)일 수도 있겠지. 튀폰보다 기이하게 더 다양하고 더 오만함의 연기를 뿜어내는 짐승 말일세. (튀폰은 연기를 뿜는 바람, 오만으로 가득한 거인이 내뿜는 바람의 이름이죠. 튀폰스럽지 않다(a-tuphos)는 것은 자신을 알게 되어 겸손하다는 것을 뜻합니다.) 아마 나는 더 순하고 덜 복잡한 동물(zôon)일 수도 있겠지. 내가 모르는 어떤 신적 운명을 타고난, 오만과 전혀 무관한 본성을 지닌 동물 말일세(230 a.).

『파이드로스』는 일종의 동물적 대화이기도 합니다. 이 책은 소크라테스의 영적(반(半)-동물적, 반(半)-신적) 목소리를 불러내지요. 두 마리 말의, 착한 말과 나쁜 말의 고삐를 소환합니다. 그것은 동물(zôon)이, 생명체가, 가사적이며 또 불사적이라(thneton/athanaton) 불릴 수 있는지를 묻고(246b), 이전에는 사람이었지만 노래하기 위해 죽음을 마다하지 않고 식음을 잊었던 매미의 신화를 환기하죠. 칼리오페와 우라니아에게 보고하는 자리에서 이 매미들은 철학자를 나타냅니다. 그들이 이 두 뮤즈에게 속하는 음악을 기리기 위해 세월을 보냈다는 이유에서죠. "나는 철학한다"라는 말은 인간으로서 나는 매미라는 뜻이에요. 나는 내가 무엇인지를, 인간이었음을 기억하는 매미임을 떠올립니다. 나-자신에게 나를 환기한다는 것, 그것은 노래와 음악에 나를 환기하는 것입니다.

그러나 우리는 "그러나 나, 나는 누구인가?"라는 질문에 답할 수 있나요? 그리고 대체 무엇이 전적인 순수함 속에서 그 응답을, 그러니까 자유롭고 책임 있는 그 응답을, 자극의 복합적 체계에 대한 반응과 구별하게 될까요? 그리고 인용이란 결국 무엇인가요?

"그러나 나, 나는 누구인가?", 우리는 이 문장을 『제일철학의 성찰』의 두 번째 성찰에서 읽었지요. 당장은 얼마간 우회의 시간을 갖도록 하겠지만, 곧 프랑스의 이 위대한 전통의 길을, 데카르트의 길을 다시 거쳐 갈 것임을 약속드립니다. 이른바 프랑스 철학의 아버지로까지 거슬러 올라가는 계보의 길을 말이죠.

내가 데카르트를 아버지라는 이 이름으로 지칭하는 데는 하나 이상의 이유가 있습니다. 첫째로, 절대적 아버지라는 추정된 동물성의 경로에 우리를 놓기 위해서입니다. 형제들의 평등을 수립하기 위해 우리가 살해하거나 희생으로 바치는 그런 아버지 말이죠. 둘째로, 나는 가장 데카르트적이지 않은 것처럼 보이는 동물성에 대한 어떤 생각들, 동물-기계라는 메커니즘에 가장 이질적인 것처럼 보이는 그런 생각들이 그럼에도 불구하고 데카르트적 코기토의 계보에 속한다는 가설을 여러분과의 토론에 내놓고자 하기 때문입니다. 이런 생각들은 거기서 불가항력적으로 부각되며, 때로 징후적 부정의 양태로 부각되지요. 나는 이런 징후적 부정을 반박할 수 없는 것으로 여기는데, 우리는 이것과 관련하여 징후의 특정 개념에 상당한 자리를 주지 않을 수 없을 거예요. 내가 드는 예들, 그러니까 내가 예로 드는 되풀이되는-아버지들로서의 지점들(re-pères)은 또한 칸트와 하이데거, 또 레비나스와 라캉에게도 해당할 겁니다. 물론 다른 이들도 있겠지요. 그러나 우리가 사용할 수 있는 시간 동안 나는 적어도 논의의 이런 자리들과 유형들을 다루고자 합니다. 나는 그것들이 동시에 계열적이고 지배적이며 규범적이라고 생각합니다. 그것들은 일반적 위상학을 이루지요. 그리고 이 말의 얼마간 새로운 의미에서 세계적 인류학을 이룬다고까지 하겠어요. 오늘날의 인간이 '세계'라고 부르는 것 속에서 '동물'이라고 부르는 것 면전에 자신을 놓는 방식이라는 의미에서 말입니다. 이런 계기들, **인간**, **동물**, 그리고 무엇보다 **세계**를 나는 어떤 식으로 재-문제화하려 합니다.

이 모든 길로 우리는 한 번 이상 돌아올 거예요. 특히, 처음 생각대로라면 "나인 동물"이라고 표현된 제목 가운데 "**그러니까** 나인 동물"이라고 다소간 논증적 또는 허사적(虛辭的)인 가치를 지닌 접속사를 새겨 넣고자 하는 발상이 내게 불현듯 떠오른 순간, 대체 무슨 일이 일어났는지를 설명하고 보고하려 할 때 말이죠.

나는 이미 여러 번 얘기했어요. 우리가 이 길들을 다시 지나가리라고 말이죠. 이 발걸음은 반드시 **쫓아야**(être suivie) 합니다. 그리고 오늘 나의 유일한 질문은, 한마디로 줄여 말해, '쫓아야 할(à suivre)' 것에 대한 쫓아야 할 질문이 될 거예요. '쫓다(suivre)'는, '쫓아야 할'은, '뒤쫓다(poursuivre)'는, 즉 '핍박하다(persécuter)'는 무슨 뜻이죠? 쫓을 때 우리는 무엇을 하나요? 쫓을 때 내가 하는 일은 무엇이죠? 내가 누군가를 또는 어떤 것을, 어떤 동물을 **뒤**따를(être après) 때 말입니다. 몇몇 이들은 동물이 당연히 누군가인 것은 아니고 어떤 것이라고 여기죠. '뒤따르다'는 무슨 뜻일까요? 이 쫓는 발걸음은 찾으려 하거나 피하려 하는 동물의 발걸음과 유사합니다. 그것은 냄새나 소리를 향해서 흔적을 들추려 여러 번 같은 길을 다시 지나가는 동물의 걸음걸이와 유사하지 않나요? 거기서 다른 동물의 흔적 냄새를 맡으려 하건, 거기서 자신의 흔적을 부풀려 마치 다른 동물의 흔적인 것처럼 지우려 하건 말이죠. 그렇게 하여 이 자취에서 그 흔적이 언제나 다른 동물의 것이라는 점을 드러내 주는 바로 그것을 냄새 맡는 겁니다.

또 이것이 드러내 주는 바는, 이 이중의 화살표(이건 냄새 맡음의 문제에요. 그리고 우리가 냄새 맡는 것, 그것은 언제나 타자의 흔적이죠)의 결과나 방향을 쫓는 데는 동물이 꼭 있어야 한다는 점, 또 그것에 앞서{더 정확히 말해서} 동물말(animot)이 있어야 한다는 점입니다. 달리 말해서, **우선** 물어보아야 할 것은 인간과 동물말의 관계에서 냄새 맡고 후각으로 알아챘다는 것이 무엇인가 하는 거죠. 또 감성의 이 영역이 철학과 예술에서 왜 그렇게 무시되거나 부수적으로 취급되었는지 물어보아야 할 겁니다. 〔나는 오래전에 이 지점에서 프로이트 그리고 카프카와 관련해 법 앞에서의 존재와 남성의 발기라는 거창한 문제에 대해 말한 적이 있어요. 특히 세워진 상태라는 형식하에서, 이 애매한 특권에 대해서요. 또 다른 영역(registre)에서의 발기, 다시금 발가벗음의 발기에 대해서도요.〕 **다른 한편**, 타자의 흔적에 대한 논의〔이 논의 중에 또 그 논의 과정에서 나는 레비나스와 마주쳤죠. 그가 교착어법(chiasme)이라고 불렀던 것에 의해서요〕가 무엇에 따라 추동되었는지를 물어보아야 할 겁니다. 또 그 논의가 왜 자신 안에 동물로서의, 동물말로서의 타자의 흔적을 새겨 넣어야 했는지도 물어보아야 할 거예요. 이건 내가 끊임없이 해 온 일이죠. 그러나 내가 알기로는 레비나스는 결코 하지 못한 일이에요. 내가 얘기한 데카르트적 전통 속에서 말입니다. 이 전통이 그리스-유대-기독교-이슬람의 전통이기도 한 것은 우연이 아니죠.

내가 방금 환기한 이 **쫓음의 권리**(droit de suite)의 전략은 사냥의 전략과 닮았습니다. 동물이 거기서 자신의 욕망을, 그 욕망의 욕망 가능한 것을 쫓든(욕망과 욕구라는 양자의 구별을 인간과 동물 사이의 차이처럼 철석같이 믿고자 하는 사람들은 이를 동물의 욕구라고 하겠지요), 또는 자신의 충동을 쫓으면서 그 동물 역시 다른 동물의 충동에 의해 쫓기고 추격당하든 말이지요. 동일한 생물이 동시에 쫓으면서 쫓긴다는 사태를, 사냥당함을 아는 사냥꾼을, 유혹자가 유혹됨을, 핍박자가 추격됨을 배제해서는 안 되죠. 또 동일한 전략의, 게다가 동일한 운동의 두 힘이 동일한 동물, 동일한 동물말에서뿐 아니라 동일한 순간에 결합한다는 사태를 배제해서는 안 될 겁니다.

그러니까 나인 동물, 추적 중인(à la trace) 동물, 그런데 누가 흔적들을 들춰내죠? 그건 누굽니까? 그가 말을 하나요? 프랑스 말을 하나요? 그가 선언을 한다고 가정해 봅시다. 여러 흔적 가운데 한 흔적으로, 일인칭으로, '나(je)', '나야(je suis)'라고 말이죠. 이 흔적은 이미 저당(gage) 또는 개입(engagement)이고, 자서전적 방법의 논의에 대한 약속일 겁니다. 언표되건 아니건 간에, 자체로서 노출되건, 주제화되건 간에, '나'는 언제나 자서전적으로 제기됩니다. 그것은 그 자신을 지시하죠. '나'는 스스로를 보여줍니다. 그것은 자신에 대해, 살아 있는 것으로서의 자신에 대해 말합니다. 현재에, 살아 있는 현재에, '내'가 말해지는 순간에 살아 있는 것으로서요. 말하는 자가 이미 죽은 자라 할지라도 그렇죠. 자-서전적{자가-전기적}(auto-biographique)인 것은 '나'에 갑자기 나타나지 않아요. 살았건 죽었건, 또 자기에 대해 말하게 될 '나'에 말이지요. 자-서-전적{자가-전-기적}인 것은, '나' 또는 **자가**(autos)의 순간이 삶의, 현존하는 삶의 신호로서만, 현존하는 삶의 현시로서만 그러한 것으로서 제시된다는 사실에서 비롯합니다. 이 삶의 신호를 주는 것이 죽음 곁을 지나간다는 점이 드러난다고 해도, 또 그것이 "나는 죽음 곁에 있거나 차라리 삶의 다른 측면에 있다"고 말한다 해도 그렇지요. 이 '나', 언제나 가능한 것인 이 '나'가 재생산의 기술에 의해 또는 데카르트의 동물-기계에 의해 인용되고 기계적으로 반복된다고 해도 그렇습니다. 이 삶의 신호를 우리는 여기서 **나** 또는 **이것임**(ipséité)의 자가-위치(auto-position) 구조 자체에서 분석합니다. (비록 이 자가-위치가 토론의 언표나 주제적 언표가 아니라 해도 말이죠.) 우리는 최소한의 현상학적 구조 속에, '나' 일반의 단순한 나타남 속에, 이 자기 현현의 흔적을, 살아 있는 현재로서의 이 자가-현시(auto-présentation)의 흔적을, 이 자서전적 저당을 놓습니다. 이 흔적 그리기(tracement)가 환상이나 부당한 철학적 해석들에 여지를 줄 수 있다고 해도, 또 이것이 "나는 죽어 있다"—나는 이전에 이 언급이 어떤 방식으로는 "코기토 에르고 숨"에 함축되어 있다는 점을 보여 주려 했지요[1]—와 전혀 모순적이지 않다고 해도 말이죠.

그러니까 나인 동물, 그리고 그 언어가 프랑스말을 닮은 동물, 바로 이것은 하나의 선언을 나타냅니다. 어떤 선언일까요?

그 선언이 말하는 것은 쫓는 자—다시 말해 이제부터 나인/내가 쫓는 자일 겁니다. 읽고, 나를 인용하고, 내 흔적들을 해독하는 자 말이에요.

나는 모든 책임을 거절합니다. 나는 더 이상 응답하지 않습니다. 나는 내가 말하는 것에 더 이상 책임지지 않죠. 나는 더 이상 응답하지 않는다고만 응답합니다. 자서전이 최소한 한 장르라면, 즉 몇백 년 오래된 제도, 이른바 '자서전'이라는 장르의 제도가 보장해 주는 그 모든 보증을 갖춘 어떤 실행이라면, 여러분은 이것에서 즉시 주목할 만한 하나의 특징을, 즉, 자신에 대해 말하는 사람에게 도피를 허락한다는 점을 알아차릴 수 있을 거예요. 한 장르의 인위적 권위 뒤에서 모든 책임과 입증의 모든 부담을 거절하게끔 해 주니 말이죠. 한 장르의 권리 뒤에서—그런데 우리가 잘 알고 있듯이, 이 장르가 문학에 속하는지는 문젯거리로 남아 있죠. 사람들이 말하듯, 그건 많은 논란을 불러일으킬 겁니다. 입증의 모든 부담을 벗어던진 채, 순수한 자서전은 진실 또는 거짓에 권위를

---

[1] *La Vois et le Phénomène*, Paris, PUF, 1967 (자크 데리다, 『목소리와 현상』, 김상록 옮김, 인간사랑, 2006) 참조.

주지요. 그러나 언제나 증언의 장면을 통해서요. 다시 말해, "나는 당신들에게 진리를 말합니다"라는 부끄러움 없는, 발가벗고 날 것인(à nu et à cru) 증언을 통해서요. 마치 자기에 대해 말하면서, 내가, 나 스스로가, 나라는 자가 타자에 대해 말하는 듯한, 그러면서 타자를 인용하는 듯한 꼴입니다. 또는 마치 내가 '나' 일반에 대해 발가벗고 날 것인 채 말하는 것 같은 꼴이지요.

발가벗고 날 것이라는 이 말과 함께 나는 한 동물이 지나가는 것을 봤습니다. 게다가 이 동물은 눈가리개 없이 나를 응시하는군요. 날것으로, 즉 '벌거숭이로(à poil)' 올라타진 말 같은 동물이군요. '벌거숭이 말을 타다(monter un cheval à poil)'라는 프랑스어 표현, 그러니까 날 것으로 안장 없이 말을 타다라는 표현은 거의 번역하기 어렵죠.[2]

게다가 우리는 이미 텁수룩한 털 속에, 털이 무성한 거대한 수수께끼 속에 잡혀 있어요. 털가죽의, 껍질과 피부의 수수께끼에, 아담과 프롬-에피메테우스(Prom-Épiméthée)[3] 사이에서, 치골의 작은 숲에 잡혀 있는 셈이지요. 이것은 특정한 생명체의 육체 속에서 강렬한 욕망의 부위, 그러나 또한 종의 재생산에 바쳐진 부위의 발가벗음을 둘러싸고 보호하는—하지만 무엇으로 그렇게 하죠?—것처럼 보입니다. 이 치골의 털이 지닌 수수께끼는 프로이트를, 그러니까 **여성성**의 프로이트를, 내가 다른 곳에서, 그러니까 「누에(un ver à soie)」[4]에서(나는 거기로 돌아가지는 않을 텐데요) 이론적 미망의 운명으로 다룬 문제로 끌고 갑니다. 다른 사람들처럼 프로이트는

2 'à poil'에서 'poil'은 털 또는 털가죽을 뜻한다. — 옮긴이
3 그리스 신화의 프로메테우스와 에피메테우스를 함께 쓴 형태. 프로메테우스와 에피메테우스는 각각 먼저 생각하는 자와 나중에 생각하는 자를 뜻한다.—옮긴이
4 *Voiles*, 앞의 책.

여성을 남성보다 본성상 더 부끄러워하는 존재로 여겼지요. 그러나 부끄러움은 본성상 매우 까다롭고 그 자체로 모순적이며 그것의 논리 자체에서 노출증적인 동작이라서, 가장 부끄러운 것이 언제나 또한—이게 징후의 법칙인데요—가장 덜 부끄러운 것이기도 하죠. 똑같은 사람들이 같은 동작에서 여성은 가장 부끄러워한다고 말하며 또 가장 외설적이라고 말합니다. 그리고 이 점은, 여성과 아이를 동물 옆에 놓는 것에 절대로 저항하지 않는 담론에도 부합하지요. 이것은 인간/남자(l'homme)라 불리는 것과 내가 동물말이라고 부르는 것 사이의 발가벗음을 지배하는 법칙이에요. 동물말은 남자보다 더 발가벗었는데 남자는 동물말보다 더 발가벗었죠.

나는 아직 같은 방(pièce)에 있습니다. 그 동물이 나를 응시하는군요. 여기서 나는 고백해야만 할까요? 한 번 더, 되풀이의 위험을 무릅쓰면서, 강박적으로, 그러니까 전에 문제 삼았던 부끄러움에 대한 부끄러움에 또 다른 부끄러움을 더하면서, 여러분이 언제나 환상이라 해석할 수 있는 특정한 유보를 말이지요. 나는 잘못을 고백하지는 않을 겁니다. 나는 명백한 잘못이 없는 부끄러움을 고백할 거예요. 부끄러움에 대해 부끄러워한다는 부끄러움을, 끝없이 고백할 거예요. 그것이 잘못인지를 내가 결코 알지 못할 잘못에 대해 부끄러워하는 데서 성립하는 가능한 잘못을요. 나는 사람들이 동물이라 부르는 것, 예컨대 고양이 앞에 발가벗고 나타나는 데 대해 거의 언제나 부끄러워하는 동작을 보인다는 걸 부끄러워합니다. 벌거숭이이자 바라보는 동물, 성별이 있는 포유류 앞에 말이지요. (모두가 그렇지는 않으니까요. 즉, 모두가 성별이 있는 포유류는 아니니까요. 그리고 이건 대부분의 철학자가 고려치 않는 구별이지요. 특히 데카르트적 노선에서 이루어지는 동물 일반에 대한 논의에서는요. 또 모든 동물이 나를 마주보는 얼굴을 갖고 있지도 않습니다.) 그래서 나는 부끄러움의 동작으로, 거북함과 수치의 동작으로 얼어붙죠. 황급히 옷을 입고자 하는, 또 등을 돌려 그 고양이가 발가벗은 나를 보지 못하게 하려는, 더 정확히 말해, 나를 마주보고 그래서 노출된 성기를 보지 못하게 하려는 욕망을 갖는 거예요. 나는 여러분께 이미 토로했던 것에, 거북함 없이 나를 내맡긴 자서전적 실행에 이렇게 덧붙이고자 합니다. 사태는 더욱 강렬하고, 불편함은 더욱 고약하며, 욕망만큼이나 두려움이 있죠. 이것은 겁에 질린 욕망(그러나 이 두려움은 어떤 것입니까? 무엇에 대한 두려움일까요? 누구에 대한 두려움이죠?), 참기 어려운 거북함 자체군요. 두 사건의 운명—나는 운명(fatalité)을 말하고 있어요—이 장면을, 또는—이렇게 말해도 좋을 텐데—그 방의 환경을 복잡하게 한다면, 사태가 그렇게 됩니다. 우선적인 것은 어떤 타자가 그 장소에 나타날 때죠. 제삼자가 그 방 또는 욕실에 나타날 때 말입니다. 고양이 자신이, 그 성별이 무엇이든, 바로 그 처음에 나타나는 삼자가 아닌 한에서요. 좀 더 분명히 해 봅시다. 그 제삼자가 여성이라면 이 모든 것이 한결 첨예해지죠. 그리고 여기서 여러분에게 말하고 있는 이 '나'는 그러니까 남자로서 스스로를 내세우는 과감함을 보이고 있는 겁니다. 남자로서 자신을 제시하는 자기 현시에 서명을 하는 것이죠. 남성이라는 성의 생명체로요. 비록 이 '나'가 그런 일을 주어진 필요성에 따라 매우 신중하게 한다고 해도 그렇습니다. 매 경우에 환기하고 요구해야 한다고 생각하는 불안정한 복잡성에 대한 첨예한 감각을 유지하면서, 일관된 자서전이 "내가 한 남자다"라는, "내가 한 여자다"라는, 나는 한 사람(homme)이기도 한 한 여자다라는 이 확신에 닿지 않는 것이 아닐 수 있다는 점을 의심하면서 그렇게 한다고 해도 말이죠.

그런데 이 나, 이 나인 수컷은 다음과 같은 점을 알아차렸다고 믿습니다. 그 방에서 한 여자의 현존은, 고양이와의 관계에, 발가벗은 나를 바라보는 고양이의 시선에, 그리고 발가벗은 나를 바라보는 고양이를 바라보는 나를 바라보는 고양이의 시선에, 일종의 반짝이는 불꽃을 불 붙인다고요. 그 방에 향훈처럼 떠다니는 질투의 연기와 함께 말이지요. 한 사건의 다른 운명(그러나 이것은 사건인가요?)은 그러므로, 한 여자의 현존 이외에, 그 방에서의 **거울**(psyché)의 현존입니다. 우리는 더 이상 우리가 모두 몇 명인지, 그러니까 남자 모두와 여자 모두를(tous et toutes) 알지 못하죠. 또 나는 자서전이 거기서 시작했다고 생각합니다. 내가 거울이 있는 방에서 동물을 볼 때마다 내게는 어떤 일이 일어날까요? (동물들이 나오는 텔레비전을 마주한 동물, 그러니까 예를 들어 텔레비전 화면의 고양이들을 보고 듣는 고양이 같은 동물까지 얘기하지는 맙시다. 한참 뒤에 우리는 라캉의 흔적을 쫓아 동물에서의 거울 단계가 지니는 주요 문제들에 이를 겁니다.) 그러므로 나는 고양이의 머리에서 일어나는 일만을 묻는 것이 아니에요. 거울 앞의 동물에 관한 증거나 증언을 요구할 그런 담론의 지위에 관해서만 질문하는 것이 아니죠. 나는 우선 묵직한 다음과 같은 사실을 염두에 둡니다. 동물에 관한 표준적인 거창한 논의들의 역사에서, (아리스토텔레스에서 데카르트에 이르기까지, 칸트에서 헤겔, 하이데거 또는 레비나스 또는 라캉에 이르기까지) 철학적 유형의 논의들의 역사에서, 또 근본적으로 동일한 상식의 논의들의 역사에서, 사람들은 (성별이 있는 동물과 성별이 없는 동물 사이의 차이를, 포유류가 아닌 동물과 포유류인 동물 사이의 차이를 고려하지 않은 채, 동물들의, 특히 영장류의 또는 유인원이라 불리는 동물들의 무한한 다양성을 고려하지 않은 채, 더불어 영장류학과 동물행동학 일반의 지식에서 이루어진 놀라운 진보를 고려하지 않은 채) 모든 종류의 동물들을 '동물' **대** '인간'이라는 거창한 범주 아래 뒤섞어 버릴 뿐 아니라, 이 거대한 혼돈에 더하여 사람들은 동물이 발가벗은 **나를** 볼 수 있는지를, 또 무엇보다 발가벗은 **자기를** 볼 수 있는지를 묻지 않습니다. 이렇게 말하는 이유는, 거기엔 동물 행동을 다루는 이른바 실증 과학들을 위한(이 과학들은 아마 여기 또는 저기에서 그들 나름의 방식으로 이 문제를 개척하기 시작했는데요), 또 철학적 사유를 위한 놀라운 문제의 장이 있다는 것이 분명하기 때문이지요. 그런데 나는 이 철학적 사유가 전혀 다루어지지 않았다고 생각합니다. 내 편에서 말하자면, 나는 방금 이름을 들먹인 저자들 누구에게서도, 발가벗음의 경험과 거울의 문제 또는 동물적 '반영'의 가장 기초적인 형식의 문제에 대한 조금의 암시조차 찾아내지 못했어요. 〔라캉은 예외인데, 우린 이 점에 관해 자세히 읽어 볼 거예요. 그렇지만 라캉도 동물의 상상적인 것와 거울적인 것을 동물-학(zoo-logie)을 위해 해석하죠. 내가 보기에 이 동물-학은 근본적으로 데카르트적인 것에 머물러 있는데 말입니다.〕 동물들 사이의 구조적 차이 중 하나는 거울을 전혀 경험하지 못하는 동물과 경험하는 동물 사이에서 일어나니까요. 이것은 이미 그 자체로 중요하고 어려운 문제인 일종의 '거울 단계'의 문제, 그리고 일반적으로 동물성의 발전에서, 또 특수하게 이런저런 종이나 이런저런 개체의 발전에서 나타나는 자가-동일시의 문제로 환원되지 않는 만큼, 사태는 더욱 복잡하지요. 더욱이 한층 더 문제적인 앎을 확인할 필요가 있을 겁니다. 거울과 반영 이미지는, 어디에서 시작될까요? 다시 말해, 자신의 고유한 닮은 꼴〔/〕동류(semblable)를 동일시하는 일이 어디에서 시작될까요? 고양이가 고양이를 인식하고 비록 그렇게 말하진 못하더라도 요컨대 "고양이가 고양이다"라는 걸 알게 되지마자, 우리는 이미 거울의 경험을 이야기할 수 있을까요? 거울의 효과는 어떤 생명체든 그 생명체가 자신의 이웃이나 동류를 자기 종의 다른 생명체로 식별해 내는 곳에서도 시작되지 않나요? 또 그러므로 적어도, 엄밀한 의미에서 성별이 있는 곳에서는, 성적 짝짓기에 의해 재생산이 일어나는 곳에서는 거울 효과가 시작되지 않을까요? 나아가 보충적이지만 본질적인 복잡화로서, 이 거울 인식의 효과를 엄밀하게 시각적인 이미지의 장 너머로 확장할 필요가 있을 겁니다. 어떤 동물들은 자신들의 짝이나 닮은 꼴을, 그네들 자신과 서로 서로를 그들의 소리나 노래로 식별하죠. 그들은 자신들의 우두머리나 적 또는 친구인 다른 동물들의 소리뿐 아니라, 동족들이나 동류들의 소리를 알아차립니다. 사랑이나 미움, 평화나 전쟁, 유혹이나 사냥 등을 나타낸다고, 그러니까 쫓음(suivre)의 양태들이라고, '내가 쫓는[나인](je suis)', 또는 '내가 너를 쫓는[내가 너인](je te suis)' 양태들이라고 무리 없이 말할 수 있는 그런 경우에 말이죠. 같은 종의 이웃을 자기애적으로 식별하는 일은 소리들 사이의 부름과 응답의 놀이에 의해 일어납니다. 노래와 코드화된 동시에 창의적인 음의 현시 놀이에 의해서요. 성적 짝짓기에 의해 재생산이 일어나는 곳에서는 어디서나(그리고 이것은 이미 많은 동물들이나 상이한 종들 사이에서 대 경계, 하위-경계 중 하나를 나타내는데), 어떤 거울 효과를 기억해 두게 됩니다. 시각적이거나 청각적인, 또 후각적인, 어떤 타(他)-자기애적(hétéro-narcissique) '타자로서의 자기'를 말이지요. 무엇보다—그리고 바로 여기서 지금까지 질서도, 법칙도 없는 것처럼 얽혀 나타나던 실들이 엮이게 되는데—이 타-자기애는 성애적입니다. 이웃의 거울과 같은 성질이 성적 차이와 더불어 시작되고 나면, 거울의 기술적 단계, 그러니까 자기애적 또는 초음파 검사 같은 거울 단계 직전에, 그러나 이미 그 단계에 개입해서, 짝을 사냥하는 유혹을 바로 고려할 필요가 있죠. 이런 유혹이 없이는 성적 경험이, 또 일반적으로 상대를 욕망하거나 선택하는 일이 존재하지 않아요. 그런데 사냥이나 약탈 같은 유혹을, 부드럽게 또는 폭력적으로 자기화하는 유혹을 고려한다면, 우리는 이제 성적 과시를 드러냄(exhibition)과 분리할 수 없습니다. 드러냄을 흉내(simulation)와, 흉내를 가장(dissimulation)과, 가장의 책략을 발가벗음의 어떤 경험과, 발가벗음을 어떤 부끄러움과 분리할 수 없게 되죠. 그러니까 일종의 부끄러움, 즉 발가벗음에 대한 어떤 감성은 더 이상 인간에게만 해당되며 동물말(animot)에게는 낯선 것이 아니게 될 겁니다. 성을 지닌 어떤 동물들(animaux)은 여기에 접근하게 되겠죠. 인간이 아닌 어떤 생물들은 여기에 권리를 가질 테고, 더 낫게는 그렇게 하여 권리의 질서 속으로 들어가게 될 겁니다. 진리의 질서와 분리될 수 없는 권리의 질서 속으로요. 진리가 부끄러움의 장막과 엮이는 한에서 말이지요.

그래서 일단 이런 전치가 작동하면, 거창하고 어려운 질문 가운데 하나가 일종의 부끄러움의 수사법에 관여하게 될 거예요. 어떤 권리가 이중적 환유에 부합할까요? 한편으로는 보여줌/흉내/가장의 놀이가 있는 곳에서는 어디에서나 부끄러움을 말할 수 있게 해 주는 환유가 있습니다. 이 놀이는 사람들이 사냥이나 유혹이라고, 잡아먹음이나 동물적 에로티즘이라고 부르는 쫓음 현상에서의 책략이지요. (이 현상들은 그것들에 관해 증언하거나 그것들을 입증하고 증명하기 위해 반드시 행동주의적인 연구를 요구하지는 않아요. 그럼에도 그런 연구가 꼭 필요하겠지만, 그 특별함과 그 미묘하고도 중대되는 풍부함을 고려하는 철학자는 거의 없죠.) 다른 한편으로, 모든 부끄러움은 유보적 수치와 잠재적 죄책의 유보와 결부되어 있어서, 우리는 이 다른 환유에 기대어 동물적 부끄러움의 실존을, 따라서 발가벗음의 동물적 감정을 끌어낼 권리를 갖는 것일까요? 그래서 동물말(특정한 동물들의 동물성)은 이론의 여지 없이 죄책의 행동을 취할 수 있음이 드러나는 것일까요? 잘못한 다음 숨거나 꼬리를 감추면서 말이지요. 아픔과 죽음의 순간이 잘못으로 또 내보일 수 없는 것으로 감지되는 순간에(많은 동물이 아플 때나 자신이 죽어 간다고 느낄 때 숨어 버리죠), 우리는 그것으로부터 잘못의 부채를, 잘못의 기억을, 수치를, 따라서 동물의 부끄러움을 추론할 권리를 갖는 것일까요?

달리 말해, (사냥, 유혹, 죄책의 경험에서의) 모든 '자기-숨김'은 부끄러움의 가능성과 엮여 있을까요? 거기서 (그리고 이것이 문제의 환유인데요) 이 부끄러움이 직접 생식기를 향하는 것은 아니라 해도 말입니다. 우리가 이 질문의 장을 당분간 성을 지닌 동물들로, 성적 차이 속에서의 삶과 죽음의 경험으로 제한한다면, 어떻게 이 환유적 차이에 이르게 되죠? 이 환유적 차이는 부끄러움의, 죄책의, 자기-숨김이나 자기-암호화의 능력이 있는 생명체가 생식기를 보여 줌에 대한 이 부끄러움에 늘, 그리고 반드시 집중하지는 않게 하는데 말입니다. 나의 가설은 이렇습니다. 여기서 기준이 되는 변별적 특징은 자기를-곧게-유지하는(se-tenir-droit) 경험과, 인간화 과정에서의 세움(érection) 일반으로서의 곧음(droiture)의 경험과 분리 불가능하다는 거죠. 세움은 인간을 다른 포유류와 구별해 주는 서 있는 상태의 곧은 수직성으로 이행하는 것으로 여겨질 수 있는데, 이 세움의 일반적 현상 내에서 다시 성적 세움의 서-있음을, 특히 그중에서도 남성이 성교의 대면에서 가장할 수 없는 세움과 가라앉음의 주기적 교대(인간 짝짓기의 현저한 다른 특징)를 식별할 필요가 있습니다. 욕망의 이 차이가 더 이상 자발적으로 위장되거나 자연적으로 가장될 수 없는 곳에서 부끄러움은 고유한 것이 됩니다. 다시 말해, 그것의 환유를 멈추거나 집중하게 되죠. 남근의 영역에서요.

요컨대, 동물이 나를 바라보는 것은 이 대면의 장소에서입니다. 동물이라고 불리는 것이 발가벗은 나를 바라본다는—그것이 나를 바라본다면 말이죠—사태를 견디기 불편한 것은 바로 여기에서지요. 이 불편함이 어떤 향유의 징표 없이 진행되지 않는다는 것, 이것은 또 다른 사태지만, 우리는 이것이 또한 같은 사태라는 점, 욕망, 향유, 불안을 묶는 사태라는 점을 이해합니다. 하지만 우선은 바틀비의 말처럼, 나는 고양이 앞에 발가벗고 나타나 고양이의 시선을 마주하지 않는 쪽을 택하고 싶군요(préférer ne pas). 발가벗은 채, 동물이라 불리는 것의 시선을 마주하면 어떤 일이 벌어질까요?

　이 스리지 성에서 감히 여러분께 말씀드리는 단어와 이미지의 굴을 파기 시작하기 전에도 나는 오랫동안 꿈을 꾸었습니다. 모든 종류의 가능한 장면, 가능한 세계와 불가능한 세계를요. 나는 동물의 꿈이 무엇을 닮을 수 있는지, 그리고 무엇보다도 동물이 꿈을 꾸는지 자문하면서 그 장면과 세계를 꿈꾸었고 그것들에 관한 꿈을 꾸었습니다. 우리는 동물이 꿈을 꾼다는 것을, 특정한 동물들이 꿈을 꾼다는 것을 알고 있습니다. 우리는 그들의 가능한 표상들에 대해 아무것도 알지 못하지만, 실험을 통해 그들의 수면이 꿈과 같은 과정을 거친다는 것을 알고 있습니다. 꿈의 순간을 기록하기 위해서는 실험적으로 특정 억제제를 제거하는 것으로 충분했습니다. 나는 또한 그들이 동물이라고 부르는 것이 잠자는 걸 응시하길 좋아합니다. 그 생물체가 눈을 감고 숨을 쉴 때 말이지요. 모든 동물이 보고 있는 것은 아니니까요. 나는 여러분께 '그들'이라고, '그들이 동물이라고 부르는 것'이라고 말합니다. 그렇게 하는 것은 내가 항상 이 현-세상(monde-là)에서 비밀리에 예외적이었음을 잘 나타내기 위해서죠. 또 내 모든 역사, 내 질문들의 모든 계보, 사실 내가 존재하고 생각하고 쓰고 추적하고 심지어 지우는 모든 것이 내게는 이 예외에서 태어난 것처럼 보이고 이 선택의 감정에 의해 고무된 것처럼 보인다는 점을 잘 나타내기 위해서입니다. 마치 내가 그들이 동물이라고 부르는 것 가운데 비밀리에 선택된 자인 것처럼 말이죠. 나는 바로 이 예외의 섬, 그것의 무한한 해안선으로부터, 그 섬에서 출발하여, 또 그 섬에 대해 말할 것입니다.

나는 그들이 잠자는 것을 응시하길 좋아합니다. 마치 무언가 중요한 것을 간취할 것마냥 말이지요. 우리의 공통된 경험, 우리 개와 고양이에 대한 가장 일상적이고 가정적인 관찰, 그리고 많은 자격 있는 동물학자들의 결론을 들어 보면, 특정 동물이 꿈을 꾼다고 (저는 조금 전에 객관적인, 그러니까 뇌파 검사상으로 측정 가능한 기준과 징후가 있음을 환기했지요.) 볼 수 있기에, 몇몇 질문들의 일반적 형태가 즉시 분명해집니다. 한편으로 일부 동물이 꿈을 꾸고 모든 동물이 꿈을 꾸는 것은 아니며 모든 동물이 같은 방식으로 꿈을 꾸지 않는다면, 동물이라는 이 이름을 단수로 사용하는 것에 어떤 의미가 있고 어떤 권리가 있습니까? 꿈과 같은 본질적인 경험, 따라서 의식, 잠재의식, 무의식 사이의 관계, 그러니까 재현과 욕망 사이의 관계가 많은 동물을 서로 분리시키는 반면에, 그런 경험이 우리가 인간이라고 부르는 것과 특정 동물들을 하나로 모아줄 수 있으니 말입니다. 우리는 '동물들'을 말해야 하지 않을까요? 우리가 차례로 식별할 수 있을 무엇이든 맞세울 수 있을 동물 개념을 위한 모든 통합의 지평을 미리 포기하면서요. 우리는 그런 동물 개념에 예컨대 인간을, 또는 더 심각한 것으로 비-생명체인 비-동물을, 심지어 죽은 것인 비-동물을 맞세울 수 있을 겁니다. 죽은 동물(animort)? 다른 한편으로, 내가 꿈 실험이라고 부르는 이것을 일련의 한정되지-않은 범주들로 바꿀 수는 없을까요? 그 범주들에 대해서는 (이 회합 과정에서만이 아니라) 다시 다룰 필요가 있을 겁니다만, 나는 당장 그 일련의 범주들의 법칙을 지적할 수 있습니다. "동물은 꿈을 꾸는가?"라는 질문은 적어도 그 형태에서, 그 전제들에서, 그 초점에서 다음과 같은 질문들과 유사합니다. "동물은 생각하는가?" "동물에게는 표상(représentations)이 있을까?" '나'는, 상상력은, 미래에 대한 관계는 있을까? 동물은 기호뿐 아니라 언어도 가지고 있을까? 그 언어는 무엇일까? 동물은 죽을까? 웃을까? 눈물 흘릴까? 애도할까? 지루해할까? 거짓말을 할까? 용서할까? 노래를 부를까? 발명을 할까? 음악을 만들까? 음악을 연주할까? 놀까? 환대를 할까? 증여를 할까? 손이 있을까? 눈이 있을까? 등등. 부끄러움은 있을까? 옷은 입을까? 거울은 어떨까? …… 이 모든 질문, 그리고 여기에 따르는 엄청나게 많은 다른 질문들은, 동물의 고유함에 관한 것들이죠. 그것들의 역사, 전제 조건, 그리고 관건의 복잡성 때문에 그 질문들은 방대합니다. 나중에 그 질문들에 대해서는 과감하게 일종의 열쇠를 제시해 보려고 합니다. 나는 그 열쇠를 만능열쇠처럼 자물쇠에 넣고 돌려 보지는 않을 겁니다. 감금의 희생물인, 인간화의 길에서 인류만큼이나 오래된 봉쇄의 희생물인, 어떤 동물 족속을 해방시키기 위해 우리나 동물원을 열기에 앞서 말이죠. 동물의 권리에 대한 새로운 선언을 준비하기 위해서 그렇게 하지도 않을 거예요(그 이유는 곧 말하겠습니다). 오히려 나는 그 열쇠를 한층 음악적인 의미에서, 음자리표(clé)나 조율된 변조 전체를 나타내는 조표, 샤프와 플랫 같은 것으로 쓸 겁니다. 나는 다만 음계를, 전 범위에 걸쳐 변화하는 음의 높이를 가리키고 싶은 거예요. 고유하게 동물적이라 할 것의 존재에 관한 그러한 질문들의 논조를 어떻게 변화시킬까요? 어떻게, 어떤 식으로든 이 질문들의 음자리표에 플랫을 놓아 음악을 변화시킬까요?

그래서 나는 찾아낼 수 없는 다가올(미래의)(à venir) 굴 바닥에서 꿈을 꿉니다. 나는 동물의 꿈에 대해 꿈을 꾸고 여기서 내가 만들 수 있는 장면을 꿈 꿉니다. 몇 달 이래로 그랬지요. 나의 모든 꿈은 일종의 막다른 골목, 더 정확하게는 모순된 명령에 의해 생겨난 일종의 분열로 되돌아왔어요. 나는 나 자신에게 양립할 수 없는 명령들을, 따라서 불가능한 과제들을 주는 꿈을 꾸었죠. 들어본 적이 없는, 어떤 면에서 충분히 비인간적인 언어나 음악이 어떻게 여기에서 들리게 하지요? 이건 내가 여기서 잊혀지고, 무시되고, 오해받고, 박해받고, 사냥당하고, 낚이고, 희생되고, 노예가 되고, 양육되고, 가둬지고, 호르몬화하고, 형질 전환되고, 착취되고, 소비되고, 먹히고, 길들여진 동물성의 대표자나 해방자가 되기 위해서가 아닙니다. 오히려 내가 어떤 언어를 듣게 하기 위해서죠. 그건 확실히 언어예요. 하지만 그건 많은 사람들이 동물에 부여하는 분절되지 않은 울음, 소음, 포효, 짖음, 야옹거림, 하찮은 지저귐의 언어가 아닙니다. 내가 들어야 할 그 언어의 단어, 개념, 노래, 악센트는 결국 아주 낯설 거예요. 모든 인간의 언어에서 숱한 어리석음(bêtise)〔짐승(bête)스러움〕을 앞서 말한 동물에 귀속시키는 그 모든 것에 대해서는 말이죠. 나는 프랑스어의 의미론이 그 표현을 보장해 주는 인간의 유일한 고유함을 이름하기 위해 어리석음을 말합니다. 우리는 언제나 인간의 어리석음/짐승스러움에 대해, 때로는 인간의 짐승성/수간(獸姦, bestialité)에 대해 말할 수 있습니다. 짐승의 짐승스러움이나 짐승성은 아무 의미도 없고, 그것에 대해 말할 권리도 없지요. 이것은 다름 아닌 의인화(anthropomorphisme)일 테고, 그것도 가장 특징적일 형태일 겁니다. 요컨대, 나는 인간적이지도, 신적이지도, 동물적이지도 않은 장면을 만들기 위해 들어 본 적 없는 문법과 음악을 발명하는 일을 꿈꿨습니다. 앞서 말한 동물에 대한 모든 담론, 모든 인형론적-신형론적(anthromorphique-théomorphique) 또는 인-신중심적(anthropo-théocentrique) 논리나 공리들, 철학, 종교, 정치, 법률, 윤리를 부정하기 위해서요. 또 거기서 이른바 동물의 전략을, 정확하게는 그 말의 인간적 의미에서 전략을, 그러니까 책략, 계략, 전쟁 기계, 방어나 공격 책동, 사냥, 포식 또는 유혹 작전, 심지어 무자비한 종간 투쟁에서의 말살 작전까지도 인식하기 위해서요. 마치 내가 전적인 순진함 속에서, 동물에게 해를 끼치지 않는 동물을 꿈꾸는 듯했지요. 그러나 인간의 지배적 담론이 인간화 과정에서 동물을 가장 모순적이고 양립 불가능한 종으로 생각하고 있다는 것은 사실입니다. 또 바로 이 사실을 둘러싸고 여기서 우리가 논의를 하고 있는 것이지요. 동물은 절대적 선함입니다. 그 까닭은 자연적이고, 절대적으로 결백하며, 선악 이전의, 잘못이나 결함이 없는 동물(이것은 열등함으로서의 동물의 우월함일 겁니다)로 여겨지기 때문이죠. 그러나 또한 동물은 절대적 악입니다. 잔인함, 살해를 일삼는 야만으로 생각되는 것이지요.

하지만 나(moi), 발가벗은 무고한 자, 고소당한 발가벗은 자, 동시에 무고하면서도 유죄로 추정된, 나(je)는 대체 누구인가요? 이렇게 방금 나는 물었습니다. 여기서 이 질문을 프랑스어로 발음하는 것이 중요합니다. "qui suis-je?{나는 누구인가?/나는 누구를 쫓는가?}" 또는 "que suis-je?{나는 무엇인가?/나는 무엇을 쫓는가?}" 여기에는 양의성이 주는 곤란이 이제 번역 불가능한 채로 남을 겁니다. 그 곤란은 작게 남아 있는 것에서, 작은 것에서 생겨나지요. 세 단어로 된 이 의문문 중간에 오는 작은 단어, 즉 작은 동음이의어 'suis'에서 말입니다. 이 단어는 직설법 현재 일인칭에서 être{이다}와 suivre{쫓다}라는 두 동사의 활용형이죠. "나는 누구인가?/나는 누구를 쫓는가?" "나인 자는 누구인가?/내가 쫓는 자는 누구인가?" 이 작은 단어는 삼자로 와서 연결어 역할을 합니다. "je suis", "suis-je", "qui je suis", "que je suis"라는 형태로요. 우리에게 어떤 보증도 주지 않은 채, 주어와 주어 자신 사이에서, 주어와 주어의 속성 사이에서, 나아가 주체와 대상 사이에서 말이죠. 그 대상은, 글자 그대로 주체가 악착스레 추격하거나(s'acharner) 거울 속의 사냥에서 스스로를 미혹하는(se leurrer) 그런 대상이에요. 이 작은 단어는 어디서 왔으며 또 어디로 가고 있을까요?

나는 동음이의어의 이 무고하면서도 도착적인 놀이를, 작은 것, 즉 suis

라는 강력한 작은 단어의 이중 사용을 단순히 고안했다고 생각했습니다. 그것을 미리 정당화했다고 믿기까지 했죠. 물론 일반적으로가 아니라—그런 건 오히려 진부할 테니까요—동물에 관해서였지요. 사실, 나는 그 이중 사용을 고안했습니다. 내가 그것을 고안하고 있다고 생각했기 때문이며, 또 나는 이전에 그런 것을 내가 시도한 일관된 논증의 형태로 만난 적이 있다고 전혀 생각하지 않았기 때문입니다. 그 논증이란, **이전에**(앞서, 그러나 어떤 시간 앞이죠? 시간 앞인가요?), 존재로서의 존재의 문제에 앞서, *esse*와 *sum, ego sum*의 문제에 앞서 쫓음의 문제가, 타자를 박해하거나 유혹하는 문제가 있다는 것이죠. 그 타자는 내가 쫓거나 나를 쫓습니다. 그가 나를 쫓는 반면, 나는 그를 쫓습니다. 또는 그녀를 쫓습니다. 그런데 만일 사태가 내가 생각하는 바대로라 해도, 거기에는 특정한 경우가 남아 있어서 상황을 복잡하게 하죠. 이 경우는 의심할 나위 없이 적어도 이야기해 볼 가치가 있다고 생각합니다. 지금 여러분께 보여 드리고 있는 것 대부분을 이미 어느 정도 어루만지고 다듬어 놓기까지 한 상태였는데, 열흘 전쯤에 미셸 아르(Michel Haar)의 글[5]에서 거의 나란히 인용된 두 구절을 우연히 발견했습니다.

첫 번째 인용문은 발레리의 「뱀의 스케치」에서 발췌한 몇 구절이에요.[6] 이것이 나에게 흥미로운 이유는 말하는 자가 다름 아닌 창세기의 뱀이고 또 이 뱀이 **나**(je)라고 말한다는 데 있습니다. 그 자신을 가리키려고, 우리에게 문제의 형식들 가운데 하나가 될 것을 명명(命名)한다는 것이죠. 즉,

---

[5] Michel Haar, "Du symbolisme animal en général, et notamment du serpent"(「동물 일반, 또 특히 뱀의 상징성에 대하여」), *Alter*, 3, 1995, sur "L'animal".
[6] Paul Valéry, *Charmes*, OEuvres, t. I, Paris, Gallimard, coll. "Bibliothèque de la Pléiade", 1957, p. 138~145.

자기성(ipseité)을, 자기 참조적인 자아성(égoité)을, 자가-변용과 자가운동을, 자가반응(autokinèse)을, 우리가 모든 동물에서 인정하는 자율성을 이름 한다는 겁니다. 이것은 **동물 전기**(zoobiographie)의 기원입니다. 뱀은 '나'라고 말하지만, 대격의 나(moi)로서, 나인 동물/내가 쫓는 동물을 말하진 않죠. 뱀이 휘파람 부는 걸 들어보세요. 발레리는 뱀이 "나는 휘파람을 분다"고 말하게 합니다. 그 점을 강조하면서요.

나는 짐승이나, 예리한 짐승이다.
거기서 나오는 독은 저열하나
독당근의 지혜를 능가한다!⁷

내게는 이것이 이 시를 다른 방식으로 다시 읽을 수 있는 기회였지요. 그러나 여기서 이 시 그 자체를, 그리고 이 시의 목소리들이 뒤얽힌 모습을 정당하게 취급하는 일은 포기하지 않을 수 없군요. 그러나 만약 우리에게 시간이 주어진다면, 이 시의 여러 동기들을, 무엇보다 위장의 동기를 생각해 보고 싶었을 겁니다. 그러니까 어떤 '나'가 말을 하고 "나는 짐승"이라고 자신을 제시하죠. 그런데 그는 자신을 고발하기 위해 말합니다. 스스로 고백하는 것이죠. 하지만 그는 자신을 또한 "동물들 중 가장 교활한 자"로 제시하면서 그렇게 합니다. 그는 먼저 털어 놓습니다. 욕망의 근원에 감춰진 발가벗음의 이 교활한 대가가 말이죠. 나는 거짓말을 한다, 나는 타자다. 보라, 여기 '동물적 단순성'으로 나를 위장하는 동물적 방식이 있다. 진

---

7 원문은 Bête je suis, mais bête aiguë, / De que le venin quoique vil / Laisse loin la sage ciquë!—옮긴이

실로는 그렇게 동물적이지도 않고, 단순하지도 않고, 결코 어떤 단일하고 단순한 동물의 정체성도 아닌 것을 숨기면서 드러내는 것이다.

> 푸른 빛의 광휘가 예리하게 한다
> 동물적인 단순성으로
> 나를 위장하는 이 비룡을[8]

비룡은 상상의 동물임을 환기합시다. 〔그리고 모든 동물은 동물말(animot)과 달리, 본질적으로 상상적이고 환상적이며 우화적이죠. 이 우화는 우리에게 말을 합니다. 우리 자신에 대해서 우리에게 말을 하죠. 바로 거기서 우화적인 동물, 다시 말해, 말을 하는 동물이 그 자신에 대해서 말을 하는 거예요. '나'라고 말하기 위해서—또 '나'를 말하면서 언제나 **당신에 대해 우화는 이야기하죠**(de te fabula narratur).〕 비룡은 키메라와 마찬가지로 셋으로 이루어진 동물입니다. 그것들은 같은 한 덩어리 속에, 같은 몸 속에 있으면서 여전히 셋이라고 할 수 있지요. 물론 몸은 뱀의 것이지만 다리는 어린 돼지의 것이며 날개는 박쥐의 것입니다.

내가 분석하고 싶었던 다른 동기는 심연의 동기, 따라서 현기증의 동기예요. 우리가 동물에 관해 반복적으로 찾을 수 있는 것이지요. 특히 릴케와 하이데거에게서 말입니다. 내 눈에 열리는 이 구렁텅이 속에서 나는 다시 나 자신을 잃어 버리죠. 나로서는 그렇습니다. 여기서 나는, 그러니까 그 '나'는 동물의 시선과, 발가벗은 나를 보는 그 동물을 보는 나를 보는

⁖
8 원문은 La splendeur de l'azur aiguise / Cette guivre qui me déguise / D'animale simplicité—옮긴이

그 동물의 시선과 마주칩니다. 내가 거기에 빠져 버릴 때까지요. 발레리에서 심연은 '나는 ~이다(je suis)'를 그것의 두 가장자리로 끌어당긴다고 말할 수 있습니다. 주격의 '나(je)' 또는 대격의 '나(moi)'의 가장자리와, 존재 또는 '나는 ~이다'의 가장자리로요. 존재의 가장자리, 또 그러므로 나인(je suis) 존재의 가장자리는, 무엇보다 여기서 "동물의 심연"이라 불리는 것인 까닭에, 구멍이 아닙니다. 구렁텅이가 아니죠. 오히려 존재의 과잉이고 아무것도 아님보다는 존재가 있다는 사태입니다.

하늘, 그의 오류! 시간, 그의 파멸!
그리고 동물의 심연이 입을 벌린다!⋯⋯
이 무슨 근원으로의 추락인가
무를 대신하는 광채!⋯⋯

동물의 심연, "나는 짐승"이라고 말하는 짐승의 현기증은 비-존재가 아니라, 나타나는 존재고, 무 대신의 광채이며, 무의 특성을 지닌, 내가 ~인 장소지요. 현기증은 여전히 공허, 결여, 결함, 박탈 등과 관련이 있다 해도, 아무것도 없는 곳이 아닌 어떤 것이 있는 곳에 머리를 돌립니다. 발레리에게 결함은 존재이지 무가 아니에요. 이 시는 함정의 자리, 뱀의 나는 ~이다(ego sum)의 자리에서, "가장 교활한 동물"의 자리에서 표현되는데, 바로 여기서 다음과 같은 유명한 구절이 울려 퍼집니다. 그 자신을 향하고 그 자신에 똬리를 틀면서요.

나의 함정 가운데 가장 높은 것에서,
너는 앎의 심장을 지킨다

우주는 결함에 불과하다는 것을
비-존재의 순수성 속에서!

무의 자리를 차지하는 존재, 무의 특성을 지닌 이 환경, 그것은 나(moi)
입니다. 가장 교활한 동물이며, 현기증의 다른 가장자리에 있는 것이죠.
그러나 이 현기증은 동물적 심연의 동일한 현기증이에요. 왜냐하면 그것은
나(Moi)이기 때문입니다. 스스로를 반성하는 자아(le Moi), "나는 나다"라
고 말하는, 또 "나는 짐승"이라고 말하는 자아이기 때문입니다. 내 말을 들
어 보라(écoutez Moi), 이렇게 이 시의 첫머리에서 나(Moi)라는 작은 단어는
대문자로 쓰이죠. 뿐만 아니라, 이 대명사(pronom) 또는 이 이름(prénom)
이 말씀의 첫 단어로 나타날 때, 나라는 작은 단어의 글자 모두가 확대되
어 {MOI라는 형태로} 쓰입니다.

무를 대신하는 광채!······
그러나, 그의 말씀의 첫 단어로,
나(MOI)! ······ 별들 중 가장 찬란한 별
광적인 창조주가 말했던 것,
나는 ~이다! ······ 나는 ~일 것이다! ······ 나는 비춘다
신성한 쇠퇴를
유혹자의 온갖 불꽃으로!

그러니까 이 모든 것이 생각하게 하는 것은, 뱀의 전-능하고 유혹적
인 교활함이 신의 자리에서 신처럼 말하는 데로 귀착한다는 점입니다. 광
적 창조주의 자리에서 야훼의 "나는 나인 자다"를, "나는 나인 바인 자다

(*Ehieh acher ehieh*[9])"를 흉내 내는 데로 말이지요. 우리는 이 표현을 때로 미래―나는 있을 자다―로 양태화하기도 하죠. 이것은 수행적인 것으로 무의 순수성을 깨는 약속인 셈이에요. 여기서 "나! …… 〔…〕 나는 ~이다! …… 나는 ~일 것이다! …… 〔…〕 나는 ~인 자다……"라고 말하는 것은 뱀입니다. 이 힘의 강압 속의 힘의 강압은 다른 아무것도 생산하지 않습니다. 무를 대신하는 존재 말고는, 그러니까 최초의 불순물 말고는 말입니다. (이것을 존재의 오염이라고 말할 수도 있겠죠. 그럼으로써 당장 존재라는 말의 레비나스적 용법을 심하게 변질시키게 되겠지만요.) 그런 힘의 강압, 힘의 곡예는 이 존재-론적 창조로부터, 단적인 창조로부터 유혹을 만드는 것이죠. "나는 ~이다"의 이 자기-생성은, 이 자서전적 발생은 본질상 유혹의 행위입니다. 존재가 유혹이 되는 것이죠. 이것이 동물들의 가장 교활한 술책이에요. "나는 ~이다"는 장차 있게 될 것이 됩니다. 다시 말해, 유혹하는 자의 유혹이 되는 겁니다. 이 유혹자는 이렇게 말합니다. 나는 ~인 자(Celui)다. 너를 쫓는(te suis) 자, 너인 자, 너의 뒤를 쫓는 자다. 너를 유혹하기 위해, 그리고 뒤따라 와서 네가 나를 쫓는 자가 되도록 하기 위해 말이다.

무를 대신하는 광채!……
그러나, 그의 말씀의 첫 단어로,
나(MOI)! …… 별들 중 가장 찬란한 별
광적인 창조주가 말했던 것,
나는 ~이다! …… 나는 ~일 것이다!…… 나는 비춘다
신성한 쇠퇴를

---

[9] 출애굽기 3:14에 나오는 히브리어 표현.-옮긴이

유혹자의 온갖 불꽃으로!

이후에 "나는 ~이다"는 다시 스스로에게 휘파람을 붑니다. 스스로 야유를 하는 것이지요. 뱀이 다음과 같이 반복할 때 말이죠.

나는 모습을 바꾸는 자(신학적, 동물-신-동형적, 자가-동물-신-동형적 대문자)며,
[…]
그 호의의 깊은 곳의
이 모방할 수 없는 흥취다
너-자신에게서만 너는 이걸 찾는다!

"나는 모습을 바꾸는 자……"라는 말은 휘파람을 불고 야유하는 일종의 저주 뒤에 나옵니다. 이것은 명명 자체를 탓하지요. 존재들을 창조하는, 또 자신과 닮게 "완전히 발가벗은 인간들"을 창조하는 이름을 겨냥합니다. ("너희 완전히 발가벗은 인간들이여,/ 하얗고 행복한 짐승들이여!")
왜 나는 이 존재-론적 술책의 실타래를, "나는 ~이다", "나는 짐승이다"라고 말하는 동물의 술책을 쫓았을까요? 미셸 아르 그 자신은 주목하지 못한 것으로 보이는 기회에 주목하기 위해서죠. 그가 자신이 주목했다는 어떤 신호도 주지 않았기에 하는 말입니다. 「뱀의 스케치」의 이 인용 조금 뒤에 아르는 아폴리네르의 시 몇 줄을 인용합니다. 「사랑받지 못한 이의 노래」[10]에서 뱀에게 하는 말이지요. 그런데 여기서 "나는 ~이다"("나는

---

10 Guillaume Apollinaire, "Alcools", *Poèmes*, Paris, Gallimard, 포켓북, 1956, p. 39~55.

짐승이다")라는 존재를 표현하기 위해 말하는 자는 뱀이 아닙니다. 오히려 그것은 다른 쪽에서 뱀을 바라보며 자기에 대해 이야기하는 어떤 이입니다. "너는 나를 쫓는다"라고 말하는 이죠. "너는 ~이다"가 아니라 "너는 나를 쫓는다"예요. 너는 나를 쫓고 있는 중이다, 나를 핍박하며, 나를 쫓아다니고 있는 중이라는 겁니다. 여기에는 장소의 교환이 있을 뿐이고 언표 장소의 마주함이 있을 뿐이죠. 존재에 쫓음을, **나는 ~이다**에 **너는 나를 쫓는다**를 대신 놓을 뿐이에요. 이것은 마치 뱀이 얼굴을 마주하는 타자라는 얘기일 것 같지요. 하지만 그건 사실이 아닙니다. 말하는 자는 자기-자신에게 말하듯 뱀에게 말을 건넵니다. 그리고 반사적으로 자기-자신의 그림자에게 하듯 타자에게 말을 건네죠.

> 그리고 기어서 나를 쫓는 너
> 가을에 죽은 나의 신들 중의 신
> 너는 여러 뼘을 재는구나
> 나는 땅이 내게 주는 권리를 가진다
> 오 나의 그림자, 오 나의 늙은 뱀아

이것은 사랑받지 못한 이가 자기에 대해 말하는 이야깁니다. 자서전적 서명과 자기 현시의 거울과 같은 이 동물화는, 「사랑받지 못한 이의 노래」를 가능한 다른 독해 가운데서 중세의 위대한 전통과 관련 짓도록 우리에게 명령할 법한 여러 맥락들 중 하나에 불과할 거예요. 리샤르 드 푸르니발(Richard de Fournival)은 사랑의 담론을 모은 『사랑의 우화집(*Bestiaires d'amours*)』에 많은 동물적 상징을 새겨 놓습니다. 그런데 여기서 거울과 같거나 나르시시스트적인 도식이 하는 역할은—이 책의 앞 부분에 등장하는 아리스토텔레스에 따르면 인간에게 고유한 것으로 남아 있는—미메시스에 대한 명시적 참조에 의해서만 결정되지는 않습니다. 이 책 『사랑의 우화집』을 마땅히 그래야 할 만큼 다룰 능력이 없기 때문에, 저는 자기 이미지를 동물적으로 표현하는 구절만 환기하겠습니다. 여기서 시인은 마치 자서전적 동물로 우리에게 토로하듯 합니다. 그는 고백합니다. 그러나 기독교 신자로서 그렇게 하죠. 그는 고백의 죄도 고백하며, 자신에 관해 쓸 때 나르시시즘을 범한다는 점을 시인합니다. 그것이 자백하기 위해서 또 스스로를 발가벗은 상태로 드러내기 위해서라고 해도 말입니다. 짐승처럼 발가벗은 상태로 그렇게 하지요. 그리고 그는 그 자신이 쓰는 것에 매료되는 작가로서, 그 자신과의 자기 목적적 관계에 매료되는 작가로서, 스스로를 호랑이에 비유합니다. 또는 차라리, 거울에 비친 자신의 이미지에 사로잡혀 자신의 새끼들을 잊어 버릴 정도에 이르는 호랑이 암컷에 비유하죠.

확실히 나는 호랑이가 거울 앞에서 사로잡히는 것보다 내 모습에 더 많이 사로잡혔다. 호랑이가 새끼를 빼앗겼을 때 아무리 격노한다 해도 거울과 마주치면 거울에 눈을 고정할 수밖에 없다. 그리고 자신의 아름다운 모습을 보는 것에서 너무 즐거움을 느껴 새끼를 빼앗아 간 자를 쫓아다니는 것을 잊어 버리고 덫에 걸린 듯이 그 자리에 머무른다.[11]

이렇듯 고백이 나르시시즘임을 고백해야 할 때, 우리는 유죄성이, 거짓말 자체와 위반이 진실성 자체에 자리하고 있음을 받아들입니다. 약속의

---

11 Alexandre Leupin, *Barbarolexis, Medieval Writing and Sexuality*, Cambridge, Harvard University Press, 1989, p. 149.

심장에, "나는 ~이다"의 발가벗은 자동사적 단순성에 자리하고 있다는 것을요. 이 단순성은 이미 타동사적 관심을 숨기고 있지요. "나는 ~이다/쫓는다(je suis)"의 '쫓음(le suivre)'을 말입니다. 나는 다른 어떤 이며, 다른 어떤 이에게 쫓기고, 욕망이나 계획을 뒤쫓으며, 사냥하고 동시에 사냥당합니다. 나를 사냥하죠.

그러나 나, 죄 있는 결백한 자, 결백하며 동시에 죄 있다고 추정되는 피의자, 고백의 죄까지 고백하는 나, 나는 누구입니까? 나는 방금 이렇게 물었습니다. 이 질문이 여기서 프랑스 말로 울려지는 것이 중요합니다. "뀌 쉬-쥐?(qui suis-je)?{나는 누구입니까?}" 또는 "끄 쉬-쥐?(que suis-je)?{나는 무엇입니까?/나는 무엇을 쫓습니까?}"

원래의 순간으로, 최초의 판본으로 돌아가 볼까요. 그것에 대한 이 프랑스어 구절은 이미 번역입니다. "그러나 나, 나는 누구인가, 이제는……."[12] 'suis'라는 작은 단어는 데카르트가 라틴어로 제일철학의 성찰 중 두 번째 성찰을 쓰는 순간, *genium aliquem malignum*, 즉 사악한 천재의 가정이 등장한 다음에도 데카르트의 펜 아래에서 나타나지 않습니다. 이 교활한 천재는 가장 교활한 동물과 같죠. 우리는 이 천재를 우리의 동물 전기적 기원의 가문에 불러들일 수도 있을 겁니다.

루이 13세 시절, 장관의 아들인 젊은 루인스 공작이 이 텍스트를 프랑스어로 번역할 때 'suis'라는 작은 단어를 도입했습니다. 이 텍스트는 동사 être에 명시적으로 의존하는 바가 전혀 없어요. 'suis'라는 단어, 아니 'sum'이라는 단어는 라틴어 문장에서 등장하지 않습니다.

⋮
12 원문은 "Mais moi qui suis-je, maintenant que……."-옮긴이

그러나 이제 어떤 일이 일어나는가? 어떤 가장 강력한, 그리고 말하자면 악의적인 **속이는 자**가 그가 할 수 있는 한 모든 면에서 나를 속인다고 가정할 때 말이다.[13]

이것이 번역되면서 이 때 'suis'라는 작은 단어가 등장하죠.

그러나 나, 나는 누구인가(qui suis-je)? 이제 극도로 강력하며, 감히 말하건대 악의적이고 교활한 누군가가 자신의 모든 힘과 기술을 동원하여 나를 속인다고 가정할 때 말이다.[14]

여기서 우리는 "suis-je"의 사건뿐 아니라 두 판본 간의 관계를 원래의 판본과 두 번째 판본, 출발 언어와 도착 언어 사이의 번역 효과라고 태평하게 읽을 수 없습니다. 번역은 데카르트의 모국어로 돌아오죠. 데카르트는 이 번역을 다시 봅니다. 더욱이 바이예(Baillet)는 우리에게 이렇게 말해 주고 있어요.

······ 이 판본들을 다시 본다는 구실로 그는 그 자신을 스스로 수정하고 자신의 고유한 생각을 명확히 할 자유를 부여받았다. 그렇게 해서 그는 모든 부류의 사람들이 보기에 라틴어에서 그 의미가 충분히 명료하게 전달되지

---

13 *Quid autem nunc, ubi suppono deceptorem aliquem potentissimum, & si fas est dicere, malignum, datâ operâ in omnibus, quantum potuit, me delusisse?* 여기서 데리다는 라틴어를 그대로 옮겨 놓고 있다. ―옮긴이
14 Descartes, *Meditationes de prima philosophia. Méditations métaphysiques*, tr. fr. Duc de Luynes, Paris, Vrin, 1966, p. 27.

않았다고 생각하는 몇몇 대목을 찾아내어, 몇몇 작은 변화를 통해 번역상으로 그것들을 명확히 하려 했다. 프랑스어와 라틴어를 비교하는 사람들은 이 변화를 쉽게 알아볼 수 있다.[15]

데카르트가 이성의 질서의 일관된 연속선상에서 자기를 "인간"으로서, 또 심지어 "이성적 동물"(p. 26)로서 정의하는 데 대한 신뢰를 이미 보류했었다는 점을 잊지 맙시다. 그가 보기에 이런 정의들은 의심할 여지가 없는 것이 아닙니다. 나는 이 보류의 순간에 큰 중요성을 두어야 한다고 믿습니다. 이것은 순전히 수사적인 예방책이 아닙니다. 그리고 우리는 이것과 관련해 현대적 유산을, 특히 하이데거적 유산을 문제 삼을 거예요. "하지만 나는 내가 무엇인지 아직 명확하게 알지 못한다. 내가 존재한다고 확신하는 나를 말이다(*Nondum vero satis intelligo, quisnam sim ego ille, qui jam necessario sum*)."라고 확언하고서, 데카르트는 "전적으로 의심의 여지가 없는" 것이 아닌 이전의 주장이나 믿음을 모두 제거합니다. 문제들을 증폭시켜 시간을 낭비하지 않기 위해 일격에 제거한다고 그는 말하죠. 이건 내가 염두에 두어야 할 교훈이지만, 보시다시피, 만일 필요한 만큼 시간이 주어지지 않는다면 필수적인 질문들의 수를 제한할 위험을 언제나 감수해야 합니다. 시간을 아낀다는 명목으로, 시간을 스스로에게 준다거나 주지 않는다는 명목으로, 여하튼, 그리고 과정의 직선적 단순성의 명목으로, 데카르트는 엄밀히 말해, 동물성과 이성을 결합하여 인간을 정의하는 일을,

---

15 Adrien Baillet, *Vie de M. Descartes*, Paris, 1691; Geneviève Rodis-Lewis가 *Meditationes de prima philosophia. Méditations aux métaphysiques*(앞의 책)에 대한 자신의 "Introduction historique"에서 인용함. p. XI.

인간을 **이성적 동물**로 정의하는 일을 생략할 겁니다. 이런 제스처에는 전통과의 단절이라는 계기가 있습니다. 이 단절 면에서 사람들은 때로 데카르트를 충분히 신뢰하지 못했죠. 심지어 하이데거도 그랬습니다. 「휴머니즘 서간」에서 인간을 이성적 동물로 정의하는 것을 문제 삼을 때 말이지요. 하이데거가 볼 때 어떤 전통적 사상가도 예외가 아니었어요. 하이데거는 거기서 "형이상학적 해석"을 보았던 것이지요. 비록 거짓은 아니라 해도 그런 해석은 "형이상학에 의해 조건 지어진" 채, 또 온갖 휴머니즘에 의해 조건 지어진 채 남아 있다는 것이죠. 그런 것들이 하이데거가 1946년에 이 글을 쓸 때까지 이어져 왔다는 얘깁니다. 일정한 맥락 속에서 또 일정한 제스처에 의해 말이죠. 이런 점들을 우리는 다시 다뤄야 할 겁니다.

최초의 휴머니즘인 로마의 휴머니즘, 그리고 그 이래로 현대에 이르기까지 이어진 모든 종류의 휴머니즘은 인간의 가장 보편적 본질을 자명한 것으로 전제한다. 인간은 이성적 동물(animal rationale)로 간주된다. 이러한 규정은 그리스어 ζῷον λόγον ἔχον의 라틴어 번역일 뿐 아니라, 그것에 관한 하나의 형이상학적 해석이기도 하다. 인간에 대한 이러한 규정은 잘못이 아니다. 그러나 이러한 규정은 형이상학에 의해 조건 지어진다. 그렇지만 『존재와 시간』에서는 형이상학의 한계뿐만 아니라 본질적 유래까지도 물을 가치가 있는 것(*frag-würdig*)이라고 판단했다.[16]

우리는 하이데거의 이 제스처로 다시 돌아와야 할 겁니다. 하지만 지금

---

16 「휴머니즘 서간」, 마르틴 하이데거, 『이정표 2』, 이선일 옮김, 한길사, 2005, p. 133~134. (표현을 약간 바꾸었다.—옮긴이)

은 일단 로마인인 데카르트가 자신만의 방식으로 이미 이 문제 제기와 닮은 어떤 말을 라틴어로 했다는 점을 기억해 둡시다. 그 차이가 명백히 의미심장한 것으로 남아 있는—그러나 따지고 보면 아마 겉보기보다는 덜 완강한—과정을 통해, 『성찰』은 인간을 이성적 동물이라고 보는 이 정의를 유보했어요. 자, 여기 데카르트가 절약하려고, 시간을 벌기 위해, "완전히 의심의 여지가 없는" 것이 아닌 모든 것을 단번에 생략하려 할 때, 보여줬던 예리한 제스처가 있습니다.

> 그렇다면 이전에 나는 무엇이라고 생각했는가? 어렵지 않게 나는 내가 인간이라고 생각했다. 그러나 인간이란 무엇인가? 이성적 동물(animal rationale)이라고 말할까? 아니다. 확실히 아니다. 그렇게 말하려면 다음에 동물이란 무엇인지, 이성적이란 무엇인지 알아보아야 할 테고, 그럼으로써 단 하나의 질문으로부터 더 어렵고 난처한 무수히 많은 다른 질문들로 부지불식간에 빠져들게 되기 때문이다. 내게 남아 있는 얼마 안 되는 시간과 여유를 그런 미묘한 문제들을 해결하는 데 씀으로써 낭비하고 싶지 않다.(p. 26)

그러므로 내가 무엇인지, 누구인지 되찾고 제시하려면, 우리는 이성적 동물이라는 일반적 정의를 유보하는 데서부터 시작해야 합니다. "나는 ~이다(je suis)"라는 순수한 직관적이고 사유적인 형태에서 이 동물성을 배제합니다, 그것이 이성적이라 해도 말이지요. 이성적 동물이라고 괄호 안에 놓인 이 부분에 이어지는 대목에서, 데카르트는 "나는 ~이다"에서 생명을 환기하는 것을 모두 제외하자고 제안합니다. 앞서 그는 이 "나는 ~이다"로부터 나와 "다른 것"일 수 있는 것을 모두 잘라내야 한다고 이렇게 선언한 바 있죠.

하지만 나는 내가 무엇인지 아직 명확하게 알지 못한다. 내가 존재한다고 확신하는 나를 말이다. 그래서 이제는 신중하지 못하게 다른 것을 나로 여기지 않도록 주의해야 한다…(p. 26)

이 신중함은 데카르트를 "나는 ~이다"에서 자신의 고유한 살아 있는 신체를 추상하도록 밀어붙입니다. 이 신체를 그는 일종의 기계나 시체로(이것은 데카르트의 표현들이죠) 객관화합니다. 그래서 그의 "나는 ~이다"는 이 가능한 시체화로부터만, 그러니까 "나는 죽을 수밖에 없다"거나 "이미 죽었다"거나 "죽음으로의 운명", 즉 "죽음을 향함"으로부터만 이해될 수 있고 그 자신으로 제시될 수 있죠.

나는 우선, 나를 얼굴이 있고 손과 팔, 뼈와 살로 이루어진 이 기계 전체를 가졌다고 여겼다. 내가 몸이라는 말로 가리켰던, 시체로 보이는 그런 것을 말이다.(p. 26)

데카르트는 한발 더 나아갔지요. 그는 경험이라는 명목으로 생명이나 활기의 이 신호들을 환기해야 할 때마다, 그러니까 **스스로를** 느끼고 **스스로를** 먹이며 **스스로를** 움직이는 자가-변용 또는 자가-운동인 동물성의 신호들을 환기해야 할 때마다, 그것들을 살아 있는 영혼과 관련시켰습니다. 그런데 이 살아 있는 영혼은 그 자체로, 또 더욱이 객관화 가능한 것으로, 하나의 물체 이외의 것일 수 없는 것이었어요. "매우 드물고 미세한 어떤 것이, 바람이나 불꽃 또는 매우 가느다란 공기와 같이, 나의 가장 거친 부분들에 스며들어 퍼져 있었다." 게다가 데카르트는 이 영혼이 자신의 배 안에 있는 선장처럼 있는 것이 아니라는 점에 놀랍니다. (이것은 영혼과 육체의 결합에 관한 그의 해석 전체를 야기하게 될 놀라움이죠.) 이런 움직임의 필요성과 어려움을 무시하는 것은 결코 아니지만, 나는 여기서 그 길을 따르지는 않겠습니다. 매우 독특한 연속적 장면을 드러내 보려고 하기 때문이지요. 순수한 "나는 ~이다"에 대한 접근을 규정하기 위해서는 이 장면에서 생명에 대한 모든 참조를, 신체의 생명에 대한, 또 동물적 생명에 대한 모든 참조를 중지시켜야 합니다. 또는 차라리 떼어 내어야 하죠. 조금 더 뒤에 데카르트는 "나는 ~이다"에서 떼어 낼 수 없는 유일한 것으로 생각을 제시합니다.

…… 생각은 내게 속한 속성이다. 그것만이 내게서 떼어 내질 수 없다. **나는 있다, 나는 존재한다.** 이것은 확실하다. 하지만 얼마 동안? 말하자면, 내가 생각하는 시간만큼.(p. 27)

생각의 현재가 자기에 현존한다는 것, 현존이 현재의 그-자신에게 자기를 제시한다는 것, 이것은 떼어 낼 수 있는 것 모두를, 즉 생명, 살아 있는 신체, 동물적 생명을 배제합니다.

"그러나 그렇다면 나는 무엇인가?" 하고 데카르트는 다음 페이지에서 질문하지요. 답은 "생각하는 것"입니다. 그리고 "나는 생각하는 것이다"에 이어지는 유명한 밀랍 조각 분석에서 동물 그 자체에 관해 곧바로 무슨 일이 벌어지나요? 이 밀랍 조각은 "막 벌집에서 꺼낸" 것이라고 데카르트는 말합니다. 그럼으로써 꿀벌에게서 **빼앗은** 것이지만 "아직 벌꿀의 달콤함을 잃지 않았다"라고 해요. 그런데 밀랍 조각에서 순수한 "정신의 통찰"이 행하는 구별로 부각되지 않는 모든 것, 감각 아래 귀속되는 모든 것, 외적 감각 그리고 "상식"("그러니까 다시 말해 상상적 능력이라고 불리는 것"이라고 데카르트는 분명하게 부연하죠)을 통해 알려진 모든 것, 이 모든 것은, 즉 감각 가능한 이 모든 외재성은 동물들의 능력에 속합니다. 가장 하등의 동물도 할 수 있는 것들이죠. "실제로 이 최초의 지각에서 판명하고 명백한 것, 또 같은 방식으로 가장 하등 동물의 감각에 속할 수 없는 것은 무엇이었는가?" 그렇게 "가장 하등 동물의 감각"에서 벗어나는 것은 무엇일까요? 연장(延長)된 것, 가지적이지만 감각 가능하지 않은 밀랍—이 점은 잘 알려져 있습니다.[17] 그러나 데카르트가 이 가지적 연장을 발가벗겨진 신체로, 옷을 벗긴 신체로 지칭하는 것은 중요하지 않은 것일까요? 껍질을 벗은 발가벗음의, 순수한 신체의 형상에 따라 말이지요. 왜냐하면 그것은 순수하게 연장된, 그렇게 해서 정화된 것이니까요. 나는 정신에서는, 인간의 정신에서는, 신체로부터 그 감각적 장식과 외양을, 즉 신체에서 동물적으로 또는 동물성에 노출된 것으로 남아 있는 바를 벗겨낼 테니까 말입니다. 마치 이제 발가벗지-않음, 감각적인 옷 입음이 동물성 쪽에서 발견되는 꼴이 아닐까요? 밀랍 그 자체에 관해 볼 때, 그것의 본질적 속성, 즉 가지적 연장됨 면에서, 그것은 볼 수 없고 만질 수 없는 것으로 남습니다! 이렇게 동물이 아닌 인간 정신으로서의 "나는 ~이다"에 접근하기 위해서는, 밀랍의 옷을 벗겨야 합니다. 여러분은 밀랍을 벗겨 보려 해 본 적이 있습니까? 어쨌든 이것은 "가장 쉽고 가장 명백하게 내 정신의 본성을" 입증하기 위한 조건이 될 것입니다.

…… 내가 밀랍을 그 외적 형태로부터 구별할 때, 또 마치 밀랍의 옷을 벗긴

---

[17] 데카르트의 『성찰』 중 두 번째 성찰 뒷부분 참조. 데카르트는 밀랍이 쉽게 녹고 그 형태와 특성이 변하므로 밀랍 자체는 감각으로 파악될 수 없다고 말한다.—옮긴이

것처럼 그것을 완전히 발가벗은 채로 고찰할 때, 비록 내 판단에 여전히 어떤 오류가 있을 수 있다 하더라도, 인간의 정신 없이는 밀랍을 이런 식으로 이해할 수 없다.(p. 33)

요컨대 데카르트에 따르면, 내가 아닌/내가 쫓지 않는 동물, 나의 본질에서 내가 아닌/내가 쫓지 않는 동물은 발가벗은 밀랍 앞에서 인간의 정신으로서 제시됩니다. 그리고 바로 이 '~ 아님'에서부터, '나는 동물이 아니다/동물을 쫓지 않는다'라는 관점에서부터—바로 여기서 나는 "가장 하등 동물의 감각"이 행할 수 없는 것을 행하지요—데카르트는 동물에 대한 **견해를 갖게** 되죠. 그러므로 데카르트는 그 자신의 것인 관점에서 견해를 갖는 것이죠. 그런데 이 관점에서 동물은 그를 응시하지 않습니다. 그럼에도 우리는 데카르트를 동물 철학자로 취급할 수 있을까요?

〔괄호: 이 자리에서는 하지 않겠지만, 이 발가벗은 밀랍을 데카르트의 꿈에 출몰하는 모든 유령 및 망령들과 함께 등장시켜 볼 필요가 있을 거예요. 우선은 「두 번째 성찰」에 나오는 다음과 같은 대목을 보죠.

…… 그래서 나는 사람들이 밀랍을 눈의 시각으로 아는 것이지 정신의 독특한 통찰로 아는 것이 아니라고 거의 결론 짓고 싶다. 만일 우연히 창문으로 거리를 지나가는 사람들을 바라본다면 나는 사람들을 본다고 말하기 마련이다. 꼭 같은 방식으로 나는 밀랍을 본다고 말한다. 그러나 모자와 외투 따위가 아니라면 나는 이 창문에서 무엇을 보는가? 이것들은 유령들을 감싸고 있을 수도 있고 또는 스프링에 의해서만 움직이는 가짜 사람들을 감싸고 있을 수도 있다. 그렇지만 나는 이들이 진짜 사람들인 것으로 판단하

며, 그렇게 해서 나는 내 눈으로 본다고 믿는 것을 내 정신에 거주하는 판단의 독특한 능력에 따라 이해한다.(p. 32)

이후 여섯 번째 성찰의 끝에서 다시 한 번 인간, "진짜 사람"이 다뤄지는데, 여기서 데카르트는 깨어 있는 상태와 잠자는 상태 사이에서 모상(simulracre)과 유령 같은 가짜의 문제에 대해 고심합니다.

사실, 내가 깨어 있을 때 누군가가 갑자기 나타나고 마찬가지로 사라져서─마치 내가 잠들어서 본 이미지들이 그런 것처럼─그가 어디서 오고 어디로 가는지 알 수 없는 상황이라면, 나는 그를 진짜 사람이라기보다는 내 뇌에서 형성된, 그리고 내가 잘 때 뇌에서 만들어지는 것들과 유사한 유령이나 환영이라고 간주하는 것이 합당할 것이다.(p. 86)

판단으로 내쫓아야 할 유령은 언제나 "진짜 사람"의 기계적 모상이라는 점에 주목하셨겠죠. 다시 말해, 그것은 동물-기계로서의 유령 같은 인간입니다. 우리는 다른 방식으로 이 동물-기계를 내몰려고 접근하고 있는 중이지요.]

철학을 다루는 역사학자가 언젠가 궁금해할 수도 있을 거라고 나는 생각합니다. 그림이나 조각을 연구하는 역사학자가 그렇게 할 수 있을 것처럼, 철학의 장르를 분류할 때 동물 철학자가 있었다고 말하게 될까요? 동물 화가나 동물 조각가는 있습니다. 우리는 동물 문학에 대해서도 이야기합니다. 마치 동물성이 영역, 종류나 양식뿐 아니라 예술적 장르를 규정한다는 듯이요. 그렇다면 철학적 장르는 왜 아닐까요? 왜 동물 철학이라고 말하지 않을까요? 그리고 이것이 공백이라면 그것이 공백인 본질적인 이유가 있을까요? 데카르트는 동물 철학자가 되지 않기 위해 모든 노력을 기울였지요.

처음 내게 새겨진 대로의 '나인/내가 쫓는 동물'이라는 공표된 제목 한가운데서 이런 생각이—얼마 전이라고 말씀드리는데요—떠올랐습니다. 여기에 다소간 논증적 또는 허사적 가치를 가진 접속사를—'**그러니까** 나인/내가 쫓는 동물'이라는 형태로—끼워 넣겠다는 생각이 말이지요. 이것은 말라르메의 「이지튀르」[18]를 기리는 일이 될 수 있을 겁니다. 아마 우리는 이 작품에서 강박적으로 자리를 차지하고 있는 동물학에 충분한 주의를 기울이지 못했을 거예요. 말라르메의 의도에 따라, 「이지튀르」는 또한 결연하게 창세기로 되돌려진다는 점을 우리는 알고 있습니다("*Igitur perfecti sunt cali et terra et omnis ornatus eorum······*"), 동물들이 창조된 직후, 그리고 다른 생물들을 길들이고 이름을 붙이라는 명령을 받게 되는 인간의 창조 직전의 창세기로 말이지요. 말라르메의 작품(「이지튀르 또는 엘베논의 광기(*Igitur ou La folie d'Elbehnon*)」—엘베논은 히브리어로 엘로힘의 아들을, 야훼의 창조적 역능을 가르키지요)은 무엇보다, 그 텍스트의 각각의 시간에 반영되는 그 모든 거울을 통해, "연결의 무한한 우연"을 상기시킵니다. 나르시시스트적인 이 햄릿의 종족이 지닌 기억을 상기시키는 것이죠. "내 삶에 관해 당신에게 돌려주어야 할 계산"이라고 말하는 순간, 이지튀르는 그의 자아가, 그의 거울 같은 "자기에 대한 지각"이 출몰하게 합니다. 그는 그렇게 말하죠. 또는 그의 "자기의식"이, 그의 "나는 생각한다, 생

---

[18] Stéphane Mallarmé, "*Igitur*", *Œuvres complètes*, Paris, Gallimard, coll. Bibliothèque de la Pléiade, 1945, p. 423~443.(*Igitur*는 라틴어로 '그러므로'라는 뜻이다.—옮긴이)

각하는 나는 존재한다(cogito, cogito sum)"가 출몰한다고 해요. 그런 것들이 결국은 온갖 부류의 동물 형상으로, "거미줄 같은 주름 장식"으로, "거미줄 같은 실"로, "허무맹랑한 날갯짓"으로, "날개의 퍼덕거림"으로 출몰한다는 겁니다. 박쥐들을 연상시키는, 또한 "괴물들"과 키메라를 연상시키는 온갖 종류의 날짐승이 등장하죠. "키메라"라는 단어는 최소한 네 번 등장해서 환영(fantôme)의 자아에 대한 관계에 리듬을 줍니다. 이것은 두 번에 걸쳐 정확히 내 척도의 "리듬 주기(scandement)"라고, "나라는 인물의 진행"에 대한 "리듬 주기"라고 불리지요. 결국 이것은 죽을 수밖에 없는 자의 자서전이 펼치는 유령의 드라마입니다. 그는 자신의 거울 속에서 포착되거나 창조의 풍요로움 속에서 자신의 폐허에, 인간에 앞서 그리고 키메라적 동물들 가운데 매달리게 되는 것이죠.

하지만 '그러니까'라는 이 말을 '나인/내가 쫓는 동물'에 끼워 넣으면서 내가 처음에 생각한 것은 「이지튀르」는 아닙니다. 이 그러니까는 에르고(ergo)지요. 그리고 이 허사적 접속사는 데카르트를 기리는 것이 아니라 출두시키기 위한 것입니다.

서명자인 주체가 자신에게 연결시키는 명제의 한 가운데에 (넷 또는 다섯 단어 사이에 네 글자로)[19] 은밀하게 놓여, 적어도 거기서 그 자신을 드러내려고 '나'라고 말하는 자를 향한 지표에 영향을 주는 이 가벼운 보조물은, 그러니까, 단순히 뒤따르는 것의 연속이나 귀결을 강조하는 데만 사용되는 것이 아닙니다. 그것은 누군가의 'ergo sum'을, "그러니까 나는 존재한다"를 우선적으로, 쫓거나 뒤쫓는 것을 요청하지 않을 테고, 인용하는 것을 요청하지도, 찬양하는 것을 요청하지도 않을 겁니다. 이 누군가는 『방법서

⋮
[19] 'l'animal que donc je suis'에 해당하는 서술—옮긴이

설』부터 『성찰』에 이르기까지 아마도 자서전적 철학 서술의 길을, 자기 제시를 철학의 제시로 하는 길을 연 사람이죠. 이 누군가는 또 과장해서까지 의심을 했던 자이지만, 라 메트리와 그밖의 다른 많은 사람들의 전통이기도 했던 이른바 기계론적 전통 속에서, 동물이 기계에 불과하다는 점에 대해서는 결코 의심을 하지 않았어요. 심지어 이 의심할 수 없음을 의심의 모종의 조건으로 삼기도 했지요. 나는 의심한다(ego dubito)로서의, 나는 생각한다(ego cogito)로서의, 또 그러니까 나는 존재한다/~이다(ego sum)로서의 자아(ego) 자체의 조건으로 말입니다. 영혼과 사유의 자기 관계, 사유하는 실체의 존재 자체는 동물기계의 개념을 포함하고 있었지요. 그 개념은 요컨대, 에고 코기토, 즉 "나는 생각한다"로서의 에고보다 못하지 않을 것을 결여하고 있겠죠. 이 자동기계는 '나'나 '자기'를, 더구나 모든 반성을, 게다가 자신의 고유한 삶에 대한 자서전적 표시나 인상을 모두 결여하고 있을 거예요. 이 기계론적—또한 유물론적이라고 불리는—거대한 전통을 재검토하는 데 착수하는 일은 동물이라 불리는 생물체의 재해석으로만 진행되어서는 안 될 겁니다. 그뿐만 아니라 기계에 대한 다른 개념에 의해서도, 즉 기호론적 기계, 말하자면 인공지능, 사이버네틱스, 동물–공학 또는 생명공학, 유전학 일반 등등의 개념에 의해서도 이루어져야 할 거예요.

말(mot)의 문제이지요. 사람들은 수천 가지 방식으로 이 문제로 다시 돌아올 겁니다. 말의 문제만큼이나 말들의 문제가 중요할 거예요. 그리고 말이 무엇인지 알고 '말'이라는 말이 무슨 뜻인지 아는 것이 중요합니다. 거기에 대답할 수 있는지를 아는 것도요.

이 작은 **말**의 관절을 프랑스어에 끼워 넣음으로써—**그러니까** 나인/내가 쫓는 동물—나는 내 스스로 조용히, 아주 제한된 방식으로 특정 날짜의 르네 데카르트의 편지에 대한 기억을 깨우고 싶습니다. 1638년 3월의 편지를

요. 1638년은 『방법서설』이 나온 다음 해이지요. 그러니까 "나는 생각한다, 그러니까 나는 존재한다(cogito ergo sum)"의 연극적인 큰 연결사슬을 떠올리려는 것이 아니고, 『방법서설』 제5부에서 다뤄지는 원숭이, 까치, 앵무새를 떠올리려는 것도 아닙니다. 이들 자동기계들은 어떤 경우건 결코 응답하지 못할 거라고 해요. 또는, 그들이 "우리처럼 말을 할" 수 있다 해도 "자신들이 말하는 바를 생각한다고 **증언**하면서〔나의 강조〕" 그렇게 할 수는 없을 거라고 합니다. 이건 **증언**(térmoignage)의 양의적 가치를 보여 주죠. 아마 데카르트가 결론 바로 다음에서 남용한 증명일 겁니다.

…… 반면, 귀머거리나 벙어리로 태어나 다른 사람들에게 말하는 데 사용하는 기관들에 결함이 있는 사람들도 그들 스스로 몇몇 신호를 발명하곤 해서, 그 신호들로 그들과 일상적으로 함께 있으면서 그들의 언어를 배울 여유가 있는 사람들이 그들을 이해하게 한다. 그리고 이것은 짐승들이 사람보다 이성을 덜 가지고 있다는 것만이 아니라, 아예 이성을 가지지 않는다는 것을 **증언**한다. 〔나의 강조〕〔…〕 자신의 종 가운데 가장 완벽한 원숭이나 앵무새조차 가장 어리석은 아이나, 어쨌든 뇌에 문제가 있는 아이와 이 점에서 동등하다고 하는 것은 **믿을 만하지**(croyable)〔역시 나의 강조〕 않다. 만약 그들의 영혼이 우리 영혼과 완전히 다른 본성을 가지고 있지 않다면 말이다. 그리고 우리는 말을 정념을 **증언**하는〔역시 나의 강조〕 자연적 운동과, 또 동물에 의해서와 마찬가지로 기계에 의해 모방될 수 있는 자연적 운동과 혼동해서는 안 된다. 몇몇 옛날 사람들처럼 우리가 그들의 언어를 이해하지 못하더라도 짐승들이 말한다고 생각해서는 안 된다.[20]

20 *Discours de la méthode*, Cinquième Partie, dans Descartes, Euvres et Lettres, Paris,

나는 "믿을 만하지"라는 말 외에, "증언"이라는 말을 두 번 강조했습니다. 이 말은 데카르트가 계산된 의도로 선택한 것으로 보여요. 그는 또한 다른 관점에서, 즉 『방법서설』을 집필한다는 점에서, 이 자-서전철학(auto-biographilosophie)을 "내 나라의 언어인 프랑스어로" 처음 시작합니다. 자신들의 "자연적 이성"만을 사용하는 사람들이 접근할 수 있도록, 또 데카르트가 다른 곳에서 상술하듯이, "여성들 자신도 무언가를 이해할 수 있도록" 하기 위해서 그렇게 하지요.[21] 내가 여러분에게 "증언"이라는 프랑스 말에 주목하라고 하는 데는 하나 이상의 이유가 있습니다. 우선, 이 말은 보통 자서전이라 불리는 것의 핵심어이기 때문이죠. 자서전은 때로 증언으로 간주되니까요. 모든 자서전은 증언으로서 제시됩니다. 나는 나인 바를, 내가 살고, 보고, 느끼고, 듣고, 만지고, 생각하는 것을 말하거나 씁니다. 또 거꾸로, 모든 증언은 자서전적 진리로 제시되지요. 나는 나 자신이 지각하고, 보고, 듣고, 느끼고, 체험하고, 생각한 것 등등에 대한 진실을 약속합니다. 둘째로, 데카르트는 이 증언이라는 말을 경우에 따라 양의적이고 도그마적으로 사용하는 것처럼 보이기 때문입니다. 한편에서는 까치와 앵무새가 "그들이 말하는 것을 생각한다는 점을 증언"할 수 없다고 우리는 "본다"(그러니까 증언한다)고 확언하는 경우며, 다른 한편에서는 또한 증언을 증거로 이해하여 다음과 같이 결론을 내리는 경우지요.

…… 이것은 짐승들이 사람보다 이성을 덜 가지고 있다는 것만이 아니라,

Gallimard, coll. ≪Bibliothèque de la Pléiade≫, 1952, p. 165~166.
21 「바티에 신부(Père Vatier)에게 보내는 편지」, 1638년 2월 22일, Descartes, *Œuvres et Lettres*, op. cit. p. 991.

아예 이성을 가지지 않는다는 것을 증언한다 [⋯] 자신의 종 가운데 가장 완벽한 원숭이나 앵무새가 가장 어리석은 아이와 [⋯] 이 점에서 동등하다고 하는 것은 **믿을 만하지**(croyable) 않다…….

종종 이른바 공유된 명백함으로 여겨지고 상식으로까지 여겨지는 "우리는 본다(on voit)"와 더불어 "증언"이라는 이 프랑스어 말은 거의 최초의 이 프랑스어 자서전철학 속에서 한층 더 양의적으로 나타납니다. 이를 몇 년 후에 『성찰』에서 사용된 그 말의 용법과 비교할 때 그렇습니다. 더 자세히는 『성찰』의 원본—좀 전에 지적했던 것처럼 이것은 라틴어로 먼저 쓰여졌지요—과 루인스 공작의 프랑스어 번역본 사이에서 비교할 때 그렇지요. 그런데 데카르트가 검토한 이 번역은 세 가지 다른 라틴어 동사들을 세 번 '증언하다(témoigner)'라는 단일 동사로 번역합니다. 매번 다른 담론적 또는 논리적 양상을 나타내는 동사들을 말이에요. 1) 한편으로, 엄밀한 의미에서 입증(attestation)의 양상입니다. 「네 번째 성찰」에서 '증언하다'로 번역되는 'testatur'라는 말이 아주 혼란스럽게 증언의(testimonial) 의미를 나타내긴 하지만요. "……속이고자 하는 것은 의심할 여지 없이 약함이나 악의를 증언한다. 그러므로 이것은 신에게서 마주칠 수 없다."(p. 54.) 나는 이 구절을 인용하여 동물이라 불리는 것이 신보다 더 속이려 할 수 있는지, 또 정말 악하거나 사악할 수 있는지 물으려 합니다. 예를 들어, 라캉은 동물이 가장할 수는 있다는 것은 확실하지만, 속이지는 못한다고 생각합니다. 즉, 라캉의 주장에 따르면, 동물은 거짓말을 하거나 가장함을 가장할 수 없으며, 진실을 말함으로써 혼란을 일으킬 수 없습니다. (이것은 나중에 우리에게 중요한 초점이 될 거예요.) 악, 그리고 근본 악의 문제는 전통적인 동물의 이중적 형상과 분리될 수 없는 것으로 보입니다. 그것은 순수함, 사악한 의지를 가질 수 없음을 체현하거나, 반대로 악마의, 사탄의, 종말론의 형상을 갖기 때문이죠. 2) **다른 한편**, 같은 「네 번째 성찰」에서 '증언하다'라는 말은 논증의 양상에, 라틴어 'arguunt'에 상응합니다. "……나의 오류들(오로지 이것들이 나에게 불완전함이 있음을 증언한다)……"(p. 56.) 3) **마지막으로**, 「여섯 번째 성찰」에서 '증언하다'는 증거의 양상, 엄밀한 의미에서의 증험(probant)의 양상을 나타냅니다. 여기서 중요한 것은 바로 '상식(sensus communis)'이지요. 이것은 두뇌를 통해 "정신에 동일한 것을 느끼게 해 준다(menti idem exhibit). 그렇지만 여기서 보고할 필요가 없는 무수한 경험이 증언하고 있듯(ut probant innumera experimenta, quae hîc recensere non est opus), 신체의 다른 부분들은 다양하게 배치될 수 있다."(p. 84)

"증언하는" 무수한 경험들, 거기에 대해 증언할 수 있지만 "여기서 보고할 필요가 없는" 무수한 경험들을 누군가가 환기할 때, 내가 잘 알고 있는 동물은 귀를 세웁니다. 왜 보고할 필요가 없다는 것일까요?

우리는 데카르트의 담론적 연쇄와 이성의 질서에서 증언의 이 어휘나 의미론을 더 예민한 후각으로, 하지만 더 많은 결과들로 쫓아가 볼 필요가 있습니다. 조금 전에 시사했듯이, 그 정의상 담론의 영역에서 한계를 모르는 증언적 경험은 기본적으로 자서전적인 것이에요. 그것은 자서전을 향한 소명을 가지고 있지요. 그리고 그것은 야망이자 동시에 겸손이 될 것입니다. 오늘 제가 여러분에게 털어 놓고 싶은 모든 것이 증언의 양식에 속할 겁니다. 나는 고백의 한계 속에—인정컨대 모호한 한계겠죠—머물기를 원해요. 이 고백은 무한한 경험이 아니라 이런저런 경험을 직접 또는 간접으로 보고하게 될 겁니다. 이 경험들에 대해 나는 방금 언급한 데카르트의 제스처와는 반대로 말하게 될 거예요. 그것들을 보고할 필요가 있다고요.

"*quae bîc recensere opùs est.*"

그러니까 나인/내가 쫓는 동물, 이 표현은 자화상의 움직이지 않는 재현을 묘사하는 것이 아니라 오히려 숨가쁜 경주의 흔적들에 나를 끌어넣습니다. 운동학 또는 사냥술, 박해의 영화술, 사냥의 영화술의 흔적에 말이지요. 이 사냥은 그러니까 나인 이 동물을 또는 내 경험들을 재조사하면서 내가 쫓아야 한다고 여겨지는 이 동물을 뒤쫓아야 할 사냥이에요. 그래서 나는 잠시 전에 이 표현이 (『방법서설』이나 『성찰』에 나오는) **나는 생각한다 그러니까 나는 존재한다**의 위대한 순간보다는 1638년 3월의 유명한 편지[22]의 전환점에서 일어나는 것처럼 보이는 것과 더 공명한다고 말했습니다. 『방법서설』의 논변 1년 후 이 편지에서 데카르트는 자동기계의 가설, 무-응답의 주장을 다시 취하고 발전시키죠. 이번에는 그 주장이 질문/답변 구조 속에 기입됩니다. ("…… 이 자동기계들은 우연이 아니라면, 우리가 묻는 바에 대하여 말로나 신호로도 결코 **응답**하지[나의 강조] 않습니다.") 그러면서 데카르트는 언제나처럼 자신의 논증을 젊은 시절의 편견을 비판하는 데 사용합니다. 그의 눈에 유치하고 잘못된 것은 자발적인 믿음이 아니라, 그러한 충동적 의견에 근거할 수 있다고 믿는 판단이지요. 더욱이 이러한 자발적 믿음은 "짐승의 행동 대부분과 우리의 행동 사이의 유사성"에 관련해서는 문제가 되지 않습니다. (이러한 유사성은 데카르트의 눈에도 이론의 여지가 없기 때문이지요. 그는 이 유사성 자체에 대해서는 결코 이의를 제기하지 않습니다.) 그의 의견에 따르면, 여기서 비판의 주제가 되는 것, 젊은 시절의 의견으로서 경계해야 할 것은, 외부에서 내부로 옮겨가는 일입니다. 그것은 이 **외적** 유사성에서 내적 유비를 끌어낼 수 있다는 믿음, 즉 동물에게

∴
22 1638년 3월 ***에게 보낸 편지, Descartes, *Œuores et Lettres*, op. cit., p. 1004~1005.

우리와 같은 영혼, 감정 및 정념의 현존을 추론할 수 있다는 믿음이지요. 이것은 젊은 시절의 또는 "약한 정신"의 편견입니다. 그러니까 데카르트는 매우 신중한 모습을 보이죠. 그는 동물과 인간 사이의 유사성에 의문을 제기하는 것이 아니라 그것이 유도하는 판단이나 의견에 의문을 제기합니다. 그리고 바로 이 지점에서 그는 어떤 동물도 본 적이 없는 사람, "인간 외에는 다른 어떤 동물도" 본 적이 없는 사람이 최초로 거주한 세계라는 가설을 제안합니다. 우리는 순전히 방법적인 이 허구를 데카르트의 이 추론에서 임시로 추출하여 두 가지 다른 질문으로 향하게 할 수 있을 겁니다. 두 질문 모두 그 질문들이 내세우는 고유한 종말로 열리는데, 그것은 인간의 종말이 아니라 동물의 종말이에요.

1) 먼저, 현상학적 종말, 어떤 의미에서는 본질적(éidétique) 종말. 비록 허구의 자격으로긴 하지만 동물이 없는 세계, 또는 최소한 동물이 빈곤한 세계를 생각할 수 있을까요? 동물에게는 '세계가 빈곤(Weltarm)'하다는 논의로 우리를 기다리고 있는 하이데거의 공식을 가지고 놀지 않고도 말이지요. 동물성은 세계의 모든 개념, 심지어 인간 세계의 일부를 이루나요? 동물과-함께-존재함은 세계-내-존재의 근본적이고 환원 불가능한 구조여서 동물이 없는 세계라는 생각은 방법적 허구일 수조차 없는 것일까요? 그렇다면 동물과-함께-존재함은 무엇을 의미할까요? 동물과 함께함은 무엇일까요? 이것은 동물 이전에 또 동물 없이 자신을 생각하고자 하는 인간이나 현존재(Dasein)에게 이차적으로 일어나는 것일까요? 아니면 동물과-함께-존재함은 현존재의 본질적인 구조일까요? 그렇다면 그것을 어떻게 해석해야 하며 그로부터 어떤 결론을 도출해야 하죠? 이런 것이 세계와 동물에 대한 하이데거의 텍스트를 다루면서 우리가 재발견하게 될 질

문들입니다. 세계빈곤(Weltarm)의 동물과 세계형성자(Weltbildend)인 현존재를 다룰 때 말입니다. 앞으로 살펴보겠지만, 이 문제는 세계의 세계-임의 문제와 다르지 않을 겁니다. 세계란 무엇이죠? 우리는 세계를 무엇이라고 부를까요? 그리고 생명과 동물적 생명의 현존은 세계의 세계성에 필수적인가요, 필수적이지 않은가요? 이 질문의 함의는 나중에 더 명확해질 겁니다.

2) 동물의 종말의 지평은 현상학이나 세계 또는 현존재의 구조에 대한 본질적 분석에 봉사하는 허구만이 아닙니다. 이렇게 말해도 된다면 그것은 현실적 가설의 지평이에요. 데카르트의 이 허구적 가설이 나타내는 것은, 비록 그것이 한순간만 지속되며 일종의 교육적, 방법론적 가치를 지니고 있다고 하더라도, 17세기보다 오늘날 더 있음직한 광경이기 때문이죠. 이 광경은 욕망이나 환상의 증상으로만 형성될 수 있습니다. 그것은 동물성 **이후의**, 일종의 홀로코스트 이후의 세계 모습이죠. 처음엔 인간에게 현전했던 동물성이 어느 날 사라지게 된 세계의 그림입니다. 동물성은 인간에 의해 파괴되거나 소멸된 상태일 테죠. 순수하고 단순하게 그렇게 되거나—이건 거의 불가능해 보입니다. 비록 우리가 동물이 없는 세계로 가는 길목에 있다고 느낀다 해도 말이죠—동물성의 새로운 형상들을 생산하고 그 생산을 탈생명화하거나 탈동물화하는—다른 사람들은 이걸 동물성의 탈자연화라고 말할 수 있을 겁니다—조처들을 통해 그렇게 될 거예요. 이 새로운 형상들은 새로운 나머지, 이름을 바꾸어야 할 만큼 충분히 괴물스러워 보일 테지요. 점점 더 믿을 만해지는 이 과학적-허구는 순종적 길들이기, 훈련, 중성화, 문화 변용 등으로 시작하여, 의료적-산업적 착취, 환경과 번식에 대한 대규모 개입, 유전자 이식, 복제 등등으로 이어질 것입니다.

이러한 질문들은 열어 두고 데카르트의 허구로 돌아가 봅시다. "인간 외에는 다른 어떤 동물도 본 적이 없는" 이 사람은 그럼에도 불구하고 호모 파베르(homo faber) 또는 테크니쿠스(technicus)로서, 엔지니어로서, 오인할 만큼 닮은 자동기계를 만들 수 있을 거예요. 어떤 것들은 인간을 닮고, 다른 것들은 동물들(데카르트는 말, 개, 새를 말하죠)을 닮게 말입니다. 이 자동기계들은 걷고, 먹고, 심지어 **숨을 쉬죠**—이 중요한 점을 잊지 맙시다. 그것들은 "모방합니다." (이것은 데카르트의 말이에요.) "가능한 한, 동물들의 다른 모든 행동을 따라 합니다. …… 맞으면 비명을 지르고 주변에 큰소리가 나면 도망치는 것처럼, 우리가 정념을 **증언하기**[또 다시!] 위해 사용하는 신호들조차 생략하지 않고……"

여기서 데카르트는 자신의 고유한 선택에, 그가 선택한 동물의 예에, 무엇보다도 자신이 선택한 모방 신호의 예에 주의를 기울인 흔적이 전혀 없어요. 그것들은 모두 **반응**(réaction)의 신호들이며(나는 응답이라고 하지 않고, **반응**이라고 말합니다. 자극에 대한 반응이라고 할 때처럼요. 반응과 응답의 구별에 모든 것이 달려 있기 때문이에요), 무엇보다도 악에 대한 반응입니다. 데카르트는 신호 자체에, 그가 선택한 신호들의 범주에 어떤 의미도 부여하지 않는 것 같아요. 그것들은 반응의 신호들이며, 우연하게도 모두 불행을 나타냅니다. 추격당하는, 본질적으로 박해당하는, 사냥당하거나 학대당하는 짐승의 고통이나 두려움이죠. 우리가 인간의 정념 신호와 비교할 필요가 있는 동물의 정념 신호들입니다("…… 맞으면 비명을 지르고 주변에 큰소리가 나면 도망치는 것처럼, 우리가 정념을 증언하기 위해 사용하는 신호들조차 생략하지 않고……"). 이 편지의 주장을 뒷받침하는 『방법서설』의 원본 구절(이렇게 말해도 좋다면)에서 데카르트는 이미, 마치 우연인듯, 살아 있는 동물을 너무 잘 시뮬레이션하여 "아프게 했다고 비명을 지르는" 기계에 대해 이야기했지요. 이것이 반드시 르네 데카르트가 동물의 고통에 무감각하다는 것을 의미하지는 않아요. 그러나 여기서 그는 벤담의 질문(can they suffer?)이 지닌 철학적 또는 윤리적 관련성에는 확실히 무관심하려 합니다. 고통받을 수 있는가? 아마도, 데카르트는 이렇게 말하는 것 같습니다. 하지만 그는 그건 이 가설의 질문도 관심사도 아니라고 덧붙일 거예요. 게다가 그 정념의 고통은 진정한 정념이 아닙니다. 중요한 것은 다만 이 가설의 자동기계가 '진정한 정념', '진정한 느낌'이 있다는 결론을 내릴 수 있는지를 아는 것이죠. 대답은 잘 알려져 있어요. 그것은 '아니오'입니다. 바로 이 자동기계가 **응답**할 능력이 없기 때문이에요. 데카르트는 우리가 "우리의 정념을 증언"하기 위해 사용하는 신호들과, 실제 생명체와 그 외형만 가진 생명체를 구별할 수 없게 된 인간이 만든 자동기계의 신호들이 유사할 수 있다는 점을 환기한 후, 곧바로 참과 거짓, 진정한 것과 자동 기계가 모방하는 모상을 구별하는 두 가지 기준을 제시합니다(데카르트는 두 "방법"이라고 말하죠). 이 두 방법은 『방법서설』의 방법이에요. 이 두 가지 기준은 우리가 기억해 두어야 할 기준입니다. 내가 나중에 설정하고픈 하이데거와 라캉에 이르는 담론의 전통 **전체**를 지배할 것이기 때문이죠. 1) 무-응답, 응답할, 우리의 질문에 응답할 능력 없음, 그러니까 우리의 물음을 들을 능력 없음. 2) 결핍, 결함 또는 일반적 부족, 특정되지 않은 부족. 그러나 그것은 우리가 영향받을 수 있는 모든 결핍과, 모든 부족 또는 빈곤과 공통의 척도가 없는 결핍입니다. 허약이나 광기의 경우와도 말이지요. 동물에게 결핍된 것은, 동물이 완전한 때조차 동물의 결함은, 인간의 불완전함과 공통의 척도가 없습니다. 인간은 이 비교할 수 없는 결함에서 자신의 우월함을 이끌어 내지요. 지금부터 읽으려는 구절에서 강조하고픈 이 두 가지 특징에, 내 눈에는 못지 않게 중요해 보이는 다음 특징을 추가하고 싶습니다. 내 눈에, 그리고 눈의 관점에서 말이죠. 그것은—이렇게 말할 수 있다면—이론적 동물에 관한 것입니다. 관건은 이론의 동물, 보이는 대로의 동물을 객관적 무대에 올려놓는 일이에요. 보는 동물이 아닙니다. 관찰된 것으로서의 동물, "나", "나는 ~이다" 또는 "우리", "우리는 ~이다"라고 말하는 인간의 대상인 동물이죠. 데카르트는 인간을 보지 못하는 동물을 보는 인간을 요청합니다. 나는 지나는 길에 이 인공지능 정보학자의 무대에 속하는 단편에서 몇 마디를 강조해 보려고 합니다. 그는 자신의 자동기계에서 진짜 정념과 가짜 정념을 어떻게 구별하는지 모릅니다. 그만큼 그 신호들이 비슷하니까요.

…… 맞으면 비명을 지르고 주변에 큰소리가 나면 도망치는 것처럼, 우리가 정념을 증언하기 위해 사용하는 신호들조차 생략하지 않고 …… 그래서 그는 종종 진짜 사람과 진짜 남자의 외모만 가진 사람을 구별하기 힘든 처지에 있게 되었을 겁니다. 그리고 그는 경험을 통해 그들을 인식하는 수단은 두 가지뿐이라는 것을 배웠을 겁니다. 이 점은 저의 『방법서설』 57쪽에서 설명했지요. 그중 하나는 이 자동기계들은 우연이 아니라면 우리가 **질문**하는(나의 강조) 것에 대해 말이나 심지어는 기호로도 결코 **응답**하지(나의 강조) 않는다는 것입니다. 그리고 다른 하나는 그들이 하는 운동이 가장 현명한 사람들의 운동보다 때로 더 규칙적이고 더 확실하지만, 그럼에도 불구하고 그들에게는 우리를 모방하기 위해 해야 할 몇 가지가 가장 어리석은 사람들의 경우보다 더 **결핍**되어(나의 강조) 있습니다. 이 사람이 우리 가운데 있는 동물들을 **보았을**(나의 강조) 때 어떤 판단을 내릴 것인지 고려할 필요가 있습니다……[23]

---

23 1638년 3월 ***에게 보낸 편지, Descartes, *Œuores et Lettres*, op. cit., p. 1004~1005.

같은 페이지 조금 아래에서 우리는 말 그대로, 보이는 동물에 대한 이 언급을 찾을 수 있습니다. 이론적 광경에 노출된 동물, "나는 ~이다"라고 말하는 인간을 위한 대상, 자신의 본질을 반영하는 거울적 주체를 위한 광경 말이지요. 이 주체는 그가 응시하지만 그를 응시하지 않는 동물의 이미지에서 자신을 반영할 길을 찾지 않으며, 찾고 싶지 않아 합니다. 이것은 **의심할 수 없는** 일입니다.

이제 다음과 같은 점은 의심의 여지가 없습니다. 이 사람은 우리 가운데 있는 동물들을 **보고**(나는 위에서와 같은 이 표현을 강조합니다. 동물들을 **본다**는 것, 그럼에도 불구하고 그 동물들이 **우리 가운데** 있다는 것), 또 그들의 행동에서 그들을 우리와 다르게 하는 두 가지를, 그가 자동기계에서 알아차리는 데 익숙했을 두 가지를 알아차리고, 그들에게 우리처럼 어떤 **진짜 감정**이나 **진짜 정념**(나의 강조)이 있다고 **판단**하지(나의 강조) 않고, 단지 그들이 자동기계라고 판단할 겁니다……

논증 장면과 논리는 일반적으로 알려진 것보다 더 이상해 보입니다. 여기 한 인물, 한 사람이 등장하는데, 그 사람은—허구로—완벽한 자동기계를 만들 줄 알지만 **현실에서는** 동물들이 **실제로** 자동기계라는, 살과 뼈로 이루어진 자동 기계라는 판단을 내리지요. 그 이유는 무엇일까요? 동물들은 인간을 **닮은** 자동기계와 **닮았기** 때문입니다. 그리고 이 결론은 한 판단에 따른 것임을 잊지 맙시다. 이것은 정의상 결코 감정, 지각, 정동이 아니라, 추론된 판단이에요. 의지와 결합된 지성의 행위죠. 데카르트에 따르면, 그 의지는 항상 무한한 의지이며, 지성의 한계 너머에 이르는 의지입니다. 이 판단은 사법적 명제이자 평결이며, 동물의 정지(arrêt)와 관련된, 동물이 정지하거나 정지되는 한계와 관련된 판결(arrêt)이죠. 응답의 문턱에서, 응답 앞에서, 응답의 특정 본질 이편에서 정지하는 것 말입니다. 그렇지만 또 다른 이 심연은 여기에 남겨 둡시다. **자가**(auto)와 자기성(ipséité)의, 자가반응과 자가운동의 심연, 자연의 법칙(반응)과 자유의 법칙(응답과 책임) 사이에서 우리는 그 심연의 핵심에 따를 필요가 있어요.

이 잘 알려진 논증이 왜 그토록 충격을 주었고, 지금도 충격을 주고 있는 것일까요? 그럼에도 불구하고 그것이 드러내고 표현하고 있는 공유된 상식에 말입니다. 그것은 내가 여기서 생략된 전제로 다루어야만 했던 오랜 역사적 논쟁, 즉 정제된 테제와 반테제로 이루어진 거대한 게임을 중단시켰기 때문입니다. 이미 끝없는 논의가 플루타르크에서 포르피리오스, 몽테뉴에 이르기까지 아리스토텔레스와 스토아학파에 반대하는 대표적인 모든 사람들을 끌어들였고, 이들은 데카르트가 마침내 이제—'프랑스 기병(cavalier)'의 경솔한(cavalier) 발걸음으로, 그만큼의 권위로—부각시킨 질문들을 모든 방향에서 논의하기를 그치지 않았죠. 예를 들어, 응답에 대한 단순한 질문, 무엇보다도 인간과 동물 사이에서 '응답하다'가 무엇을 의미하는지에 대한 단순하고 심오한 질문에 대해 데카르트 이전에 이미 많은 응답이 있었고, 이 문제를 거론할 때 데카르트가 그것들을 알고 있었음은 의심의 여지가 없습니다. 데카르트가 이 편지에서 『방법서설』의 논증을 다루면서 우연히 설명을 덧붙인 것은 아닐 거예요. 이것이 내가 『방법서설』의 표준적 구절보다 이 편지에 우선 흥미를 가졌던 이유들 중 적어도 하나죠. 『방법서설』에서는 원숭이나 "이성이 없는 다른 동물"을 모방한 기계는 우리처럼 "다른 이에게〔자신의〕생각을 표명"할 수 없고, 또는 심지어 완벽한 기계에 말을 부여한다 가정하더라도(오늘날 우리는 간단한 전화 자동 응답기를 생각할 텐데요), 그 기계는 말들을 "구성하고", 그 말들을 "가장 멍청한 사람이라도 그렇게 할 수 있는 것처럼, 자신 앞에서 말해질 온갖 것의 의미에 응답하기 위해 다양하게 배열"할 수는 결코 없을 것이라고 말하고 있습니다. 데카르트가 오늘날 우리가 그렇게 하듯—그리고 내일은 더 잘 그렇게 할 텐데요—기계들에 맡기거나 또 다른 기계 개념에 맡길 수 있는 반응-응답의 모든 능력을 그것들의 정교함과 효력과 복잡성 면에서 상상할 수 없었을지라도, 그는 모호하고 또 한정된 응답의 장("자신 앞에서 말해질 온갖 것")에 대한 이 정의의 위험을 감지했음이 틀림없습니다. 이 편지에 따르면, 중요한 것은 단지 동물이 자신 앞에서 말해지는 온갖 것, 즉 부름, 명령, 소음에 응답할 능력이 없다는 것이 아니라—데카르트는 동물이 거기에 "응답"하거나 반응한다는 것을 잘 알고 있었어요—질문에, 물음에, "우리가 그들에게 물어보는 것에 관해" 응답할 수 없다는 것이죠. 동물이 예컨대 부름이나 명령에, 자기 이름의 신호에 확실히 반응할 수 있다 해도, 질문에는—기계적으로 프로그램된 단어들을 통해서도—응답할 수 없다는 것이 확실한 것처럼요. 응답의 문제는 그러므로 질문의 문제입니다. 질문에 대한 응답으로서의 응답의 문제지요. 이것은 프로그램 불가능한 것으로 남아 있는 동시에, 오직 타자에게 응답할 자유를 허락하는—만일 가능하다면—그런 응답의 문제겠습니다. (이것은 충만한 미래를 지닌 기술적-역사적 영역인데, 바로 여기서 질문-응답의 프로그램화가 미래를 닫는 것처럼 보이는군요.) 데카르트 동물은, 그의 모든 후손과 마찬가지로 (다시 한 번 나는 칸트, 하이데거, 라캉, 레비나스를 비롯한 수많은 철학자들을 언급하겠습니다) 진짜 물음들에 응답할 수 없을 겁니다. 그 동물에게는 진짜 질문의 능력이 결핍되어 있을 테니까요. 진짜 질문에 대한 이 관심은 무엇일까요? 말 떨어지기 무섭게 곧바로 로고스의 질문, 이성의 질문, 존재 또는 타자의 질문이라고 규정할 수 있었던 이 모든 질문에 대한 관심 말입니다.

데카르트는 동물의 한계를 응답의 한계로 부각시켜 그 스스로 응답하고, 전체 전통의 카탈로그에 응수합니다. 한 지표만 언급해 보겠습니다. 포르피리오스에서, 고대의 채식주의 윤리에 대한, 온갖 초기 철학 논쟁들(피타고라스주의, 플라톤주의, 스토아주의, 에피쿠로스주의)에 대한 그의 끝없는 자료에서요. 이 논쟁들은 공동체, 권리, 의무, 정의 등등의 관계를 둘러싸고 펼쳐지며, 인간을 다른 생명체와 엮기도 하고 또는 그렇지 않기도 하죠. 포르피리오스는 만족할 줄 모르는 경이로운 그의 글「페리 아포케스(Peri apokhès)」[24]의 한 대목에서, 목소리를 듣고 그에 응답할 수 있는 동물말/동물들(animot)의 이 능력을 주장합니다. 우파쿠오(upakouô)란 정확히 말해, 매우 모호하게 다음을 뜻하지요. 나는 듣는다, 나는 이해한다, 나는 응답한다, 나는 질문에, 초대나 명령에 응답한다, 나는 복종한다, 부름에, 물음에, 명령에, 소환에, 지령에 대한 응답으로 **나는 출두한다**(je me présente). 나는 출두한다, 이것은 자서전의 첫 번째 제스처이자 법의 역사에서 모든 '출두(me voici)'의 첫 번째 제스처입니다. 그런데 포르피리오스의 동물말/동물들은 소리를 내지 않을 때조차 내가 **우파쿠오라고 말할** 때 **하는** 일을 할 수 있는 것처럼 보입니다. 동물말/동물들은 내가 한다고 말하는 것을 말하지 않으면서도 할 수 있다는 거죠. 포르피리우스는 이렇게 말합니다.

어떤 말 못 하는 동물들(tôn ophtoggôn)은 주인의 부름(upakouein tois despotais)에 친한 친구보다 더 잘 응답한다고까지 말해진다(istoreitai). 아무

---
24 Porphyre, *De l'abstinence*, Paris, Les Belles Lettres, 1977.

튼 로마인 크라시우스의 곰치는 이름을 부르면(*onomasti kaloumene*) 그에게 갔고, 크라시우스의 감정을 이끌어내어, 곰치가 죽었을 때 그가 몹시 슬퍼했을 정도였다. 이전에 세 명의 아들을 잃었을 때도 그는 절제된 모습을 잃지 않았는데 말이다.(III, 5.) 〔포르피리오스에 관한 많은 자료 중 하나인 플루타르크에 따르면, 이때 그는 도미티우스 아헤노바르부스가 자신의 아내 셋이 죽었을 때 슬퍼한 것보다 더 슬퍼했다고 합니다.〕

여기서 좀 더 나아가 포르피리오스는 응답의 장을 더욱 넓혀 동물에게도 응답의 특성이 있다는 것을 인정합니다.

동물들에게도 인간의 언어(*anthropôn phone*)는 분명하다. 사람들이 짜증을 내든 호의를 베풀든, 부르든 쫓아내든, 무언가를 요구하든 주고 싶든, 한마디로 어떤 의도도 동물을 피해 가지 못한다. 동물들은 매번 적절하게 거기에 응답한다(*alla pasais oikieiôs upekousan*, 그들은 모든 것에 적절하게 반응한다).

내가 데카르트의 이 편지를 새삼스레 『방법서설』보다 더 선호하는 데에는 다른 이유가 있습니다. 이 편지 그 자체가 하나의 응답이 되고자 하는 까닭에 이 편지는 질문에 대한 응답으로 제시됩니다. 지연된 시간에서의 응답으로, 중재된 응답으로 제시됩니다. 데카르트는 상대방에게 자신의 응답을 그의 친구에게 전달해 달라고 제안합니다. "그가 원했기에, 그에게 제 답장을 보내는 수고를 당신께 끼치게 되는군요." 다음으로, 또 무엇보다도 이 응답에서 자동기계의 응답 문제, 자동 응답기로서의 따라서 응답이 없는 ('응답 없음'은 레비나스에서 얼굴의 죽음을 정의합니다. 우리는 이것을 다시 다룰 거예요) 동물의 응답 문제는 **코기토**에 관한 응답 바로 앞에 나오는데, 이건 분명히 우연적인 방식으로 그런 것이 아니에요. 이 **코기토 에르고 숨**은 굳이 죽음의 서명이 필요한 것은 아니라 해도 어쨌든 생명의 자기 긍정과는 아무런 관련이 없어야 합니다. "나는 산다, 나는 살아 움직인다(animé), 또는 동물이다"를 의미하는 "나는 숨쉰다"와 아무 관련이 없어야 하지요. 엄밀하게 현상학적 논리, 즉 **에포케**의 논리는 "나는 숨 쉰다"에서 "내가 존재한다"를 끌어내기 위해서는 다음과 같은 함축이 있어야만 한다는 점을 보여 주게 됩니다. 즉, 나는 숨 쉰다고 "나는 생각한다", 또는 "나는 믿는다", "나는 감각한다"(데카르트적 의미에서), "나는 내가 숨 쉰다고 생각한다", 그리고 "그러니까 나는 존재한다." "나는 숨 쉰다"가 거짓이라 해도, 사실 나는 숨을 쉬지 않는다 해도, 또는 내가 살아 있지 않다 해도 그렇다는 얘기죠. "나는 숨 쉰다 그러니까 나는 존재한다"는 그 자체로는 어떤 확실함도 주질 않습니다. 반면에 "나는 숨 쉰다고 나는 생각한다"는 언제나 확실하고 의심의 여지가 없는 것이죠. 내 생각이 틀렸다고 해도 말입니다. 그래서 나는 "나는 숨 쉰다고 나는 생각한다"에서 "그러니까 나는 존재한다"라는 결론을 끌어낼 수 있어요. 데카르트의 "나는 생각한다"의 정의에 따라 현상학적으로 내가 확인하는 것은 내가 숨 쉰다는 것이 아니라 내가 숨을 쉰다고 생각한다는 것입니다. 의심의 여지가 없는 결론은 증명하는 결론인데, 그것은 사유로서의 자기에 확인되고 제시되는 것으로부터만 절대적으로 증명되는 것이죠. 절대적 확실성이 보장되는 결론, 조금의 의심도 없이 그 귀결을 쫓는 결론—그런 결론은 "나는 생각한다"를 쫓을 수밖에 없다고 우리는 말해야 합니다. 그러니까 그것은 "나는 생각한다"에서 "나는 존재한다"로, 또는 "내가 산다고 나는 생각한다"(이것이 거짓일지라도)에서 "나는 존재한다"로 나아가는 것이지, "나는 산다"나 "나는 숨 쉰다"에서 "나는 존재한다"로 나아가는 것이 아니에요.

나는 숨 쉰다, 그러니까 나는 존재한다라고 말할 때, 우리가 바라는 것이 자신의 존재를 그 존재 없이 호흡일 수 있는 것으로부터 끌어내는 것이라면, 우리는 아무 결론도 내릴 수 없습니다. 먼저 우리가 숨을 쉰다는 것이 사실이라는 점을 증명해야 할 텐데, 이는 우리가 존재한다는 것이 또한 증명되지 않았다면 불가능하기 때문입니다.[25]

이는 "나는 산다(즉, 동물로) 그러니까 나는 존재한다"라는 표현이 어떤 철학적 확실성도 보장받지 못한다고 말하는 것과 같습니다. 내가 제목 또는 서명으로 삼은 결론인 "그러니까 나인 동물"과 마찬가지로요. "나는 내가 동물이라고 생각한다, 그러니까 나는 존재한다"와 같은 문장은 의심에서 구해낼 수 있죠. 하지만 이 문장은 아무런 특권도 가질 수 없을 겁니다. "나는 생각한다"로 시작하는 모든 문장의 가치와 같은 가치를 지닐 테니까요. 그리고 동물이 공표할 수 없는 것이 바로 이 "나는 생각한다"입니다. '나' 일반도 마찬가지에요. 왜일까요? 그것이 전적인 문제죠. 문제의 문제이자 응답의 문제입니다.

이 논의를 아주 세밀하게 그 연결 부분들을 재구성하지는 않겠어요. 요구하면서 우는 아이 또는 울면서 요구하는 아이 앞에서 보모들이 순종하거나 응답하는 사태와 관련한 이전의 논의(우리는 이 장면을 칸트 『인간학』의 한 주석에서 다시 발견하게 될 거예요)에서처럼 말이죠. 나는 다만 적어도 다음의 것을 잊지 말았으면 해요. 존재의 의심 불가능성, "나는 존재한다

⁝
25 Lettre à ***, mars 1638, Descartes, *Œuores et Lettres*, op. cit., p. 1003.

(je suis)"의 자가위치(autoposition)와 자가현현(automanifestation)은 살아 있는-존재(être-en-vie)에 의존하는 것이 아니라, 사유에, 우선 호흡으로, 숨이나 생명으로 규정되는 것이 아닌 자기에 대한 출현에 의존한다는 것을요. 더욱이 그 의존은 우선 생명으로 출현하지 않는 생각하는 영혼에 대한 의존이죠. 우리를 기다리는 여정의 문턱에서 (특히 데카르트에서 하이데거로, 또 그가 내세운 생명의 중립화로 이어지는 길에서) 잊지 않았으면 하는 것은 오직 이것입니다. 동물-기계를 특징 짓는 모티프들을 연결해 나가는 과정에서 말입니다. 이 모티프들은 여러 가지로 나타나죠. 그러나 그것들은 무-응답을, 프로그래밍의 기계성에 고정되어 있거나 굳어 있기 때문에 응답하지 못하는 언어를, 그래서 결국 결핍, 결함, 부족 또는 결여를 단 하나의 체계로 통합합니다.

지금 내가 쫓고자 준비하는 길에는 선택이 수반됩니다. 나는 적어도 그 선택의 경제를 정당화하려 노력하고 싶어요. 관점은 오늘날 열려 있습니다. 또 미래에 대해서도요. 동물의 권리 그 자체를 위한 어떠한 존중도 의무로 받아들이지 않으려는 사람들과, 반대로 그러한 권리에 대한 존중이 최소한 무엇을 의미할 수 있을지를 생각하려는 사람들 사이의 매우 불균등한 싸움이 있습니다. 이때의 권리는 동물의 권리가 아니라, 아마 동물들의 권리일 겁니다. 또 이 후자의 사람들은 권리라는 관념 자체까지 재사유하기를 무릅쓰죠. 지금에 이르기까지 그 구성 자체에서 동물의 존중 없는 예속을 전제하는 권리의 역사 및 개념에 대해 말입니다.

아시다시피, 「세계 동물 권리 선언」의 원래 버전은 20년 가까이 존재해 왔고, 현재 버전은 10년이 채 되지 않았습니다. 총 10개의 조항으로 구성되어 있으며, 1989년 국제동물권리연맹에서 작성했습니다. 여러분 눈앞에 놓여 있는 대로죠.[26] 그 이전에는 토머스 영과 제러미 벤담까지 최소 2세기 전으로 거슬러 올라가는 오랜 역사가 있었습니다. 나는 그 역사를 모두 다시 살펴보거나 각 조항이 제기하는 모든 문제를 분석하지는 않겠어요. 그러나 이 글은 법적 텍스트로 제시되었기 때문에(현재로서는 확실한 수단과 적용 강제력이 없고, 따라서 원칙적으로 항상 제약 수단을 포함해야 하는 권리의 진정한 지위를 갖지 못한다 해도), 또 동물 일반, "인간들 사이의 존중과 분리될 수 없는 동물에 대한 존중", "자유"("그들의 자연적 환경에서 자유롭게 살 권리"), 자연, 생명, 그리고 무엇보다도 "동물의 법적 인격성(personnalité)"과 같은 근본적이고 문제가 되는 개념들에 호소하기 때문에, 그리고 방금 급하게 나열한 것 외의 다른 모든 개념에 대한 명료함을 전제로 하기 때문에, 이 권리(droit)와 그것이 전제하는 법적 주체(sujet de droit)의 지위에 의문을 제기하는 것은 정당합니다. 그래서 나의 가설은 다음과 같아요. 권리의 역사와 법적 주체, 권리(droits)와 의무(devoirs)의 주체의 역사에는, 그것과 분리될 수 없는 주체 개념의 역사에는, 우리 시대를 위한 결정적인 연속 장면이 있습니다. 그것은 마치 산 봉우리들 위를 날아 거기 지나가는 동물(동물말)을 찾는 것처럼, 한 봉우리에서 다음 봉우리로(데카르트에서 라캉으로, 칸트에서 레비나스로, 하이데거에서 데카르트로) 아주 높이 또 더 가까이 날아보려 내가 준비하는 연속 장면이지요. 내가 내세운 기준에 따라 분석한 이 연속 장면은, 권리를 정초하면서 동시에 동물의 권리를 부정하거나 동물의 권리 선언을 급진적으로 **문제적인** 것으로 만드는 주체의 특정 개념

---

26 Florence Burgat, *Animal, mon prochain*, Paris, Odile Jacob, 1997, p. 56~59.
「세계 동물 권리 선언」은 다음에서 확인할 수 있다. https://m.blog.naver.com/fromshanti/221269893327—옮긴이

을 조건 짓게 될 겁니다. 그러니까 여기서 관건은 아주 온건하게 이 문제적인 것의 구성 자체에 필수 불가결해 보이는 몇 가지 예비 지표들을 살펴보는 것입니다.

「세계 동물 권리 선언」이 내게 불러일으키는 모든 공감에도 불구하고, 이 선언을 그렇게 제시하는 것이 정당한지, '권리'가 여기서 요구되는 개념인지 의문스럽군요. 동물말/동물들과 '우리'의 관계 문제를 '권리'라는 용어로 제기해야 할까요? 그리고 그것은 무엇을 의미할까요? 시간이 부족하니, 의무가 면제되거나 의무를 이행할 수 없는 주체에게 권리를 인정할 수 있는가 하는 커다란 문제는 여기서 다루지 않겠습니다. 일반적으로 사람들은 몇 가지 예외를 제외하고는 인정할 수 없다고 생각하지요. 이 가능성이 권리의 역사에서 배제되지는 않지만, 복잡한 문제이기 때문에 일단은 제쳐두고 넘어가야 할 것 같습니다. 나중에 칸트와 관련하여 이에 대해 한 말씀만 드리겠습니다. 다른 한편, 우리가 그러한 권리들을 인정하는 데 동의한다 해도, 그 지점에서 이 권리 선언은 근본적으로 개선의 여지가 있습니다. 과거는 이를 이미 충분히 입증했지요. 인간의 권리와 동물의 권리 모두에서요. 이 무한한 개선 가능성은 모든 권리의 개선 가능성으로서, 그러한 선언의 기초 개념, 정의나 함축된 공리뿐만 아니라 내용과 관련될 수 있어요. 선언에 나오는 바로 그 용어들로 예를 들어 보죠. 동물 자체, 생명의 통일성, "신경계", "자연권"(전문), 필수적, 즉각적, 잔인한 살해(3조), 사용, 전시, 대량 학살, 생물학적 환경, 그리고 무엇보다도 "동물의 법적 인격"(9조).

이 질문들을 완전히 예비적인 방식으로 다시 도입하기 위해 "나는 생각한다"나 "나는 존재한다", "나는 생각한다 그러니까 나는 존재한다고 나는 말한다"로부터 우리에게까지 이어지는 데카르트 이후의 계보—여기서 동물에 대한 사유를 명령하는 이 언표는 사실 주인으로서 동물에게 명령하는 것인데—를 따르기로 내가 선택했다면, 그것은 이 열흘간의 강연 약속 (이 약속한 제목은 자서전, "나는 생각한다 그러니까 나는 존재한다", "나는 내가 존재하는 대로 나를 제시한다"이죠—사실은 동물의 응시에 제시하는 것이지만)을 존중할 필요가 있어서일 거예요. 또 동시에, 내가 갖춘 이 전통-계보가 (이것이 나의 가설입니다) 철학에서 그리고 철학으로서 우리 세계에, '현대'에 지배적일 뿐 아니라, 더 정확하게는 지배의 담론 자체라고 간주할 필요가 있어서겠지요. 이러한 지배는 무한한 폭력 속에서, 실제로 우리가 동물들에게 가하는 바닥 없는 피해 속에서 행해지며, 또한 저항의 형태들 속에서도 행해지지요. 이 저항 형태들은 기본적으로 공리들과 기초 개념들을 공유하는데, 그런 것들의 이름으로 이 폭력이 행사됩니다. 그 형태들이 동물의 권리 선언이나 그 역사가 이미 매우 풍부하고 오래된 생태 또는 채식 문화를 지향할 때조차 그렇습니다.

그러니까 제 가설은 이 계보가 명령을 한다는 거죠. 그 말은 이 계보가 동물의 문제, 동물 그 자체가 다뤄진다고 보이는 모든 영역에 만연해 있고 헤게모니를 쥐고 있다는 뜻입니다. 동물학, 동물행동학, 인류학, 그러나 무엇보다도 존재론, 지식과 기술(동물-생물-유전학)에 의한 지배 영역, 그 뿐만 아니라 윤리, 정치, 법 등에 말이에요.

이 여정을 시작하기 전에, 나는 여정의 방향을 정하고 궤적을 표시할 네 가지 사유의 공통된 특징에 주목해 두겠습니다. 이 특징들은 간격들 사이의 신호 역할을 할 테고, 또 다만—나는 여기서 감히 이렇게 말하고 싶군요. 이미 환기했던 이유들로요—경고 표시 역할을 할 겁니다. 칸트, 하이데거, 레비나스, 라캉은 그들을 구분 짓는 엄청난 차이점이나 모순에도 불구하고—그리고 나는 그런 차이나 모순을 최소화하길 원하지 않아요—그들이 '동물'이라고 부르는 것에 관하여, 내가 신념이라고 칭할 만한 상당수의 것을 공유하고 있습니다. 원한다면 이것들을 공리, 또는 편견, 가정 또는 전제라고 이름할 수 있겠지요. 어쨌든 나는 그들이 데카르트처럼 동물은 우리 인간과 달리(이 차이는 그렇게 결정되어 있는 것이죠) 말하지도 응답하지도 못하고, 신호를 하는 동물의 능력은 언어와 무관하며 프로그램에 의해 고정되고 제한되어 있다고 생각한다는 점을 보여 드리고 싶습니다. 그들 중 누구도 동물 종들 간의 본질적이거나 구조적인 차이를 고려한 적이 없어요. 그들 중 누구도 우리가 동물을 사냥하고, 죽이고, 박멸하고, 먹고, 희생시키고, 이용하고, 노동하게 하거나, 인간에게 금지된 실험에 동원한다는 사실을 진지하고 결정적인 방식으로 고려하지 않았습니다. 라캉 말고는 그들 중 아무도 동물의 섹슈얼리티를 고려하는 사람은 없었죠. 하지만 라캉에서도 이 점이 전통적 공리 체계를 조금도 바꾸지 못했습니다. 그들 중 누구에게서도 동물행동학이나 영장류학 지식의 진보가 진정으로 통합되어 있지 않습니다. 당연히 이러한 공통적 특성들은 서로 다른 형상들(우리는 이를 고려할 겁니다)에 따라 그들 각각에 배분되죠. 하지만 언제나 이것들은 같은 것으로, 이 동일한 것으로, 나인/내가 쫓는 바로 이 동일한 것으로 돌아갑니다. 그리고 이 동일한 것, 다름 아닌 이 동일한 것은 부차적이고 비본질적인 방식으로 이뤄지는 것이 아니라면 내가 중요하게 환기하는 다음 사실로 인해 영향을 받지 않습니다. 1) 데카르트는 "나는 생각한다, 그러니까 나는 존재한다"를 주관성이라고 부르지 않는다는 것. (그럼에도 불구하고 관건은 주체의 기초라는 점이 여기서 중요하죠.) 2) 칸트의 "나는 생각한다"는 **코기토 에르고 숨**을 둘러싼 데카르트 존재론의 전체 논의에 의문을 제기한다는 것. (그럼에도 불구하고 관건은 모든 표상에 수반되는 "나는 생각한다"지요. 그리고 이 "나는 생각한다"가 동물에게는 거부된 이성의 자기 관계를 정의한다는 점이 중요합니다.) 3) 하이데거의 현존재는 데카르트적 주관성의 해체를 통해 정의된다는 것. 〔그럼에도 불구하고 관건은 "나는 ~이다"와 각자성(Jemeinigkeit)에 정박된 현존재라는 점이 중요합니다.〕 4) 레비나스가 명명하는 '주체'는 주인/손님(hôte) 또는 인질(otage)이라는 것. ("주체는 주인/손님이다", "주체는 인질이다"라고 레비나스는 말하는데, 그럼에도 불구하고 관건은 얼굴 없고 모든 윤리에 낯선 동물의 면전에서 '형제' 또는 '이웃'의 '우리'인 다른 인간과 관계하는 인간이죠.) 5) 라캉의 '주체'는 이번에는 이 주체라는 이름으로 무의식의 논리에 지배된다는 것. (그럼에도 불구하고 관건은 인간 주체라는 점이 여기에서 여전히 중요합니다. 또 라캉은 데카르트를 긍정적으로 참조하지요.)

또 다른 불변의 사실이 있습니다. 데카르트처럼 칸트, 하이데거, 레비나스, 라캉 등 말하자면 이 이름을 지니거나 이 이름이 전달하는 서명 주체들 중 누구도 그들이 관찰하고 말하는 동물에 의해 응시된다는 가능성을 거론하지 않습니다. 그들 중 누구도 발가벗음의 문제나 동물과 인간 사이의 부끄러움 문제를 거론하거나 고려하지 않지요. 데카르트 이상으로 말이에요. 데카르트 이상으로 그들은 온갖 동물들을 구분할 생각을 하지 않으며, 데카르트처럼 '동물'을 '우리 인간'에 반대되는 유일한 총체로서 이야기합니다. "나는 생각한다", "나는 존재한다"의 주체 또는 현존재에 반대되는 것으로서 말이지요. 유일한 공통된 특성에 따라, 그리고 분할 불가능한 유일한 한계의 다른 편에서 동물을 다루죠. 그들이 드는 예는 늘 가능한 대로 빈한한 것이며, 다른 유형의 동물들 간의 구조적 차이들이 아니라 동물의 일반적인 정체성을 예시하기 위한 것이지요. 데카르트 이상으로 그들은 자신들이 동물이라고 부르는 것에 대해 사소한 권리도 인정하지 않고, 응답으로서의 응답에 대한 어떤 소질도 인정하지 않습니다.

불변적인 것 그리고 공통적인 특성의 명목에 나는 또 다음과 같은 것을 덧붙이고 싶습니다. 그건 모든 것에 생기를 불어넣고 따라서 모든 것에 스며들어야 하는 것으로서, 이 모든 담론의 심장에 생명의 맥박을 불어넣는 것이 **희생**이라는 생각입니다. 이것은 희생 경험에 대한 네 개의 사유, 즉 희생의 필요성을 재확인하지 않으면 일관되고 연속되는 방식으로 함께 모이지 않을 네 개의 사유죠. 이것이 꼭 의례에서 동물을 희생시키는 그런 희생을 말하는 것은 아닙니다. 내가 아는 한, 역시 그 누구도 이런 희생을 비난한 적은 없지만요. 오히려 근본적 희생, 기초적 희생 자체, 인간적 공간에서의 희생이 문제입니다. 아무튼 여기선 필요할 때 동물을 살해하는 것까지도 금지되지 않죠. 희생의 근본적 장소는 칸트, 하이데거, 라캉, 레비나스의 사상에서 명시적으로 그리고 주제적으로 표시됩니다.[27] 겉으로 보기에 희생의 파토스는 의심할 여지없이 데카르트적인 것이 아니며, 희생되는 동물은 동물기계가 아니어야 할 것 같습니다. 그렇다고들 하지요. 그러나 데카르트적 코기토의 유대-기독교적, 그러니까 희생주의적 맥락을 깊이 있게 이해하기 위해서는 두 가지 지류를 식별하는 것으로 충분할 겁니다. 첫째, 데카르트의 부인에도 불구하고 아우구스티누스의 코기토로 거슬러 올라가는 흐름. 우리가 『고백록』에서 자전적 동물을 다루고 싶다면, 니체의 말(馬)과 칸트의 말(馬)에 앞서 아우구스티누스의 "좋은 말(*bonus equus*)"을 가져와야 할 거예요. 아우구스티누스는 이렇게 말하죠. 내가 아무리 그 말을 사랑한다 해도 나는 그 말처럼 되고 싶어 할 수 없으리라. 반면에 나는 한 인간처럼 되기를 원할 수 있다. 그를 알지 못하면서도 멀리서 그를 사랑할 수 있다. 내가 결코 될 수 없을 어릿광대를 사랑하고 흠모할 수 있다. 그리고 아우구스티누스는 다음과 같이 스스로에게 묻지요. (이 방대한 자서전의 중심에 나오는 어릿광대와 말의 이 예에 대해서는 할 말이 많

---

27 여기서 전거를 들며 설명할 시간은 없지만, 적어도 당분간은 제 말을 믿어 주시기 바랍니다.

을 거예요.) "그렇다면 나는 한 인간에게서 내가 인간임에도 불구하고 그렇게 되면 내게 끔찍한 것인 어떤 것을 사랑한다는 것인가? 이것은 인간 그 자체인 깊은 심연(grande profundum est ipse homo)이다! [...] 그렇지만 그의 감정과 마음의 움직임보다 그의 머리카락을 세는 것이 더 쉽다!"[28] 아우구스티누스가 동물에게 부여하기를 거부하는 것은 그의 기독교 형제들과 동료 인간들에게 부여된 이 심연입니다. 반면에 다른 사람들은 이 심연의 현기증과 관련해 동물에 굴복하죠.

데카르트 사상의 또 다른 기독교적 지류는 우리가 여기서 다루는 희생 장면, 즉 어린 양과 숫양의 돌아옴에 낯선 것이 아닙니다. 왜냐하면 이때 문제가 되는 것은, 데카르트가 영혼과 물체라는 실체 간의 관계에 대한 자신의 해석과, 성찬(聖餐)의 실체 전환 교리 사이에서 가능하며 필요하다고 생각한 화해의 시도이기 때문이죠. 이것은 설득력 있는 시도이기도 합니다.

데카르트, 칸트, 하이데거, 레비나스, 라캉을 근본적으로 하나의 생명체로, 심지어는 하나의 범죄 행위체로, 여러 촉수를 가진 한 담론 조직의 움직이는 체계로 파악하고 함께 이해하며 하나로 포착하는 순간, 나는 나 자신이 프로 레슬링, 낚시 또는 사냥에서와 같이 동물의 한 단일한 신체의 중추 신경을 건드리려고 시도할 만큼 충분히 전문적이고 숙련된 파악을 추구하는 과정에 있다는 인상을 받았습니다. 문어나 낙지를 잡을 때 너무 폭력적으로 대하거나 죽게 하지 않고, 특히 문어가 먹물을 뱉도록 놔둘 정도로 오랫동안 존중하는 자세로 문어를 잡는 방법을 알고 있다고 주장하는 사람과 비슷합니다. 누구에게도 큰 상처를 주지 않고 그의 힘을 옮겨 놓기 위해서 말이죠. 여기서 먹물이나 힘은 '나(Je)'에 해당할 거예요. '나'라

---

[28] 아우구스티누스, 『고백록』 IV권, § XJV, 22, 23.

고 **말할 수 있음**일 필요는 없죠. 그건 오히려 언어를 통한 자기 참조적 언표함에 앞선, '나'**일 수 있음** 또는 '나'를 **행할 수 있음**의 자기성일 겁니다.

나는 내가 이러한 파악을 또 이 개념에 대한 이해를 찾고 있다는 점을 고백합니다. 자서전이라는 명목으로 고백합니다. 여러분께 다음을 털어놓기 위해서지요. 내가 소환하는 중에 있는 무한한 복잡성들을 고려할 때, 나는 내가 행하고, 생각하고, 쓰고, 체험하는 모든 것에 대해, 또한 모든 것, 즉 모든 역사, 모든 문화, 거시적이든 미시적이든 모든 규모의 이른바 인간 사회에 대해 매우 동물적인 인식과 해석을 갖고 있어요. 나의 유일한 관심사는 이 동물적인 '시각'을 방해하는 것이 아니라, 거기에 어떤 차이도, 어떤 타자성도, 어떤 복잡함의 접힘도, 다가올 어떤 심연의 개방도 희생하지 않는 것입니다.

이것이 잘못이든 아니든 간에, 나는 오늘, 칸트의 "나는 생각한다"로 데카르트의 코기토를 다시 파악하는 일로 시작해 볼 거예요. 계몽주의 시기에 동물-기계 이론이 유발했던 온갖 비판 이후, 칸트는 이성적 동물인 인간이 지니는 차이를 재확인하는데, 그때 그는 '나'로부터 출발합니다. 이 근본적인 인간 중심주의는 칸트의 저작 도처에 걸쳐 있지만, 그것이 그 자체로, 자아론적이고 동어반복적이며 자서전적인 것으로 선언되는 것은 『실용적 관점에서 본 인간학』의 시작 부분에서죠.[29] 첫 단어들에서부터 인간은 "자신의 표상에서 '나'를 가질 수 있는 자(*der Mensch in seiner Vorstellung das Ich haben kann*)"로 정의됩니다. 이것은 능력이에요. 이 점을 잊지 맙시다. 이 능력, '나'를 가질-수-있음(pouvoir-avoir)은 높은 자

---

[29] 이마누엘 칸트, 『실용적 관점에서 본 인간학』, 홍우람·이진오 옮김, 한길사, 2021.

리를 차지하죠. 그것은 인간을 세우고, 지구 위의 다른 모든 생명체 위로 무한히(unedlich) 고양시킵니다(erhebt). 이 무한한 상승은 엄격한 의미에서 한 주체의 정체성을 마련해 줍니다. 칸트는 곧바로 이 '나'가 그것의 모든 변양 아래서도 동일하게 유지되는 의식의 통일을 의미한다는 사실을 강조하니까요. 이 '나'는 모든 표상에 수반되는 초월론적 통각의 근원적 통일인 "나는 생각한다"입니다. 인간인 주체, 그것은 "동일한 인격(die selbe Person)"이죠. 이것은 그러니까 이성, 도덕, 법의 주체가 될 겁니다. 이 인격이 맞서는 것은 무엇일까요? 물론, 사물이죠. (여기서는 결국, 사물의 권리와 인격의 권리 사이 고대 로마의 구별을 재발견하게 되겠군요. 이 구별을 상기할 필요가 있을 겁니다.) 인격은 이성이 없는 동물인(dergleichen die vernuftlosen Thiere sind) 사물과는 등급과 존엄 면에서(durch Rang und Würde) 완전히 다른 존재(ganz verschienes Wesen)입니다. 이성이 없는 이 동물들은 사물이기 때문에, 사람들은 동물들에 대한 능력과 권위를 가집니다(walten). 사람들은 동물들을 원하는 대로 이용하고 처분할 수 있어요(nach Belieben shalten und walten kann). 이성이 없는 동물들에 대한 이 능력의 힘, 이 지배와 처분(walten und schalten)의 자유로운 권위를 칸트는 여기서 인격이 가진 능력인 '나'라고 말할 수 있음의 속성이나 결과로 여기지 않습니다. 동물에 대한 이 능력은 '나' 또는 '인격'의 본질입니다. 인간의 본질이죠. (게다가, 이것은 창세기부터 인간에게 그의 권위를 생명체에 표시하라는 이런 목적을 부여한 신의 명령에 부합합니다. 그것은 '나'로 자신을 현시하는, 스스로를 단적으로 현시하고 스스로를 자기에게 현시하는 무한히 고양된 능력에 의해서만 행해질 수 있어요. 모든 현시와 재현에 수반하는 자기 현시의 형식 속에서 말이지요.) 이 자기 현시, 자기에 대한 현시의 이 자기, 독특하고 또 보편적인 이 '나', (이론적, 실천적, 윤리적, 법적, 정치적) 주체의 응답 조건이자 따라서 책임의 조건, 이것은 능력이고, **역량**(faculté)입니다. 이것을 칸트는 신중하게도 또는 대담하게도 말함의 능력과, '나'를 **언표하는** 문자 그대로의 능력과 동일시하지 않았죠. 이 인격적 주체는 그의 자아성(égoïté)을 **행할 수 있어요**. 그걸 말하지 않고서도 할 수 있죠. 이렇게도 말할 수 있겠네요. 이 인격적 주체는 자신의 자아성과 존엄성에서, 그러니까 자신의 **책임**에서, 자신의 응답 능력, 자기에 대해 책임질 능력에서 자신을 긍정할 수 있습니다. 다른 사람들 앞에서 그리고 법 앞에서 말이지요. "그가 아직 '나'라고 말할 수 없는 때조차(selbst wenn er das Ich noch nicht sprechen kann)" 그렇습니다. 그는 이 '나'를 생각 속에(in Gedanken) 가지고 있어요. 이것은 생각 자체를 그 자신이 모이는 것으로서 정의하죠. 거기서 생각은 동일한 것으로 남아 있습니다. 그 자신으로 모아지고 그 자신에 현시된 것으로 말이죠. **나의 이 능력에 의해, 내가** 이 **나**에 관해 **행할 수 있음**에 의해, 이 **내가 나를 행할 수 있음**에 의해, 모든 표상에 수반하는 "나는 생각한다"로서 행할 수 있음에 의해서요. **나의 자기성**(ipséité) 이 그러한 것으로서, '나', Ich, I, ego 등의 단어에서 말해지고 언표될 수 없는 곳에서조차, 그 자기성은 모든 언어에서 **실행됩니다**. 그것이 인간적인 것이기만 하다면요. 자아(ego)와 관련하여 여기서 보이는 칸트의 제스처는 나중에 하이데거가 존재와 관련하여 취하는 제스처와 동일하지요. 존재는 "그러한 것으로서" 있는 바에 대한 경험의 조건입니다. 우리가 보겠지만 이것들은 인간 현존재와 동물을 구별해요. 모든 인간의 언어는 "그런 것인" 이 자기를 마음대로 할 수 있습니다. 거기에 그 말이 없더라도 말이지요. 칸트는 이렇게 말합니다.

…… 모든 언어는 1인칭으로 말할 때(그리고 근본적으로 동물의 삶에 결핍되어 있고 동물의 삶에서 자기와의 모든 자전적 관계를 근본적으로 박탈하

는 것은 이 1인칭입니다), 이 나를(이 '자아성'을, 즉 *diese Ichheit*를. *Ichheit*를 '나'로 번역하는 것보다 '자아성'으로 번역하는 것이 낫습니다. 프랑스어 번역본도 그렇게 하고 있는 것처럼요. 왜냐하면 여기서 관건은 지금 여기의 나(moi)에 대해 '나(Je)'를, 나의 '나'를 놓는 것만이 아니기 때문이죠. 오히려 나의 '나'로 '나'를, 나-존재를, 그것의 자아성 자체를, 그것의 보편적 자아-존재를, 그것의 자아-존재 일반의 현상을, 독특한 일반적 현상을 이루는 것에 언어 구조(langue)로 접근하는 것이 중요합니다) 생각해야 한다. 비록 그 언어들이 한 특별한 단어로 이 '나'를 표현하지 않는다 하더라도.**30**

칸트가 결코 동물들과 동물들의 신호 체계에 부여하지 않을 신뢰를 '나'를 위한 단어가 없는 사람들과 언어들에 부여한다면, 그것은 단지 전자에 (그들의 의사소통 체계의 결함과 고정성 탓에) 단어 일반이 없기 때문이 아니라, 언어로 존재하기 전에 생각 속에 있는 이 '나'가 생각 그 자체, 생각하는 힘이기 때문입니다. 동물에게 부족한 지성이기 때문이죠. "(사유하는) 이 역량(이 능력, *Vermögen*, 즉 생각하는 능력, *nämlich zu denken*)이 지성 (*der Verstand*)이다."**31**

아마 여기가 '나'라는 이 능력의 미묘하고 결정적인 초점을 다시 한 번 분명히 하는 장소 또는 순간일 거예요. 의심할 나위 없이, 이때 문제가 되는 것은 단순히 자기와의 관계가 아닐 겁니다. 특정한 자가-운동, 자가-반응의 자발성도 아닐 거예요. 이건 동물에 대해 가장 부정적인 사람들 가운데 누구도, 심지어 데카르트조차 동물에게서 부인하지 않았던 것이죠.

30 『인간학』, BA4.
31 위의 책, p. 167~168.

반복해서 말씀드리지만, 모든 생명체는, 따라서 생명체인 모든 동물은, 자발적으로 움직이고 자신을 느끼고 자기와 관계하는 이 능력을 인식합니다. 제아무리 문제적이라 해도, 그것은 자체로 생명체에 특징적인 것이지요. 그렇게 이것은 순수한 물리-화학적인 것에 해당하는 비유기적 관성과 전통적으로 대립되었습니다. 아무도 동물의 자가-변용이나 자가-운동을, 그러니까 이 자기 관계의 자기를 부정하지 않습니다. 그러나 그것에 이의를 제기하는 것은—그리고 바로 여기가 '나'의 기능과 구조가 중요해지는 지점이에요. '나'라는 단어가 없는 곳에서도요—지시적으로, 자가 지시적으로 자기를 가리키는 능력, "이게 나야"라고 말하기 위해 적어도 잠재적으로 손가락을 자기에게 돌리는 능력입니다. 그건, 방브니스트(Benveniste)가 분명히 강조했듯, 내가 '나'라고 발음하거나 '나'를 실행할 때, 그 '나'가 말하고 행하는 바이니까요. 그것은 "난 나에 대해 말하고 있어"라고 말하는 것입니다. 나라고 말하는 자는 그가 발언하는 그때에, 또는 적어도 표현하는 그때에 그 자신을 보여 줍니다. 이 자가지시적이거나 자가참조적인 자가목적성(autotélie)이 가능하지 않을 것이기에, 그래서 '나'가 결여되어 있기에, 동물에게는 "나는 생각한다"가 없고, 동시에 지성도, 이성도, 응답도, 책임도 없을 것이라는 얘기지요. 모든 재현에 수반되어야 하는 "나는 생각한다", 그것은 이 자가참조입니다. 사유의 조건으로서의, 사유 자체로서의 자가-참조죠. 바로 이것이 인간에게 고유한 것이며, 바로 이것이 동물이 결여하고 있는 것입니다.

물론, 이 문제는 광대하고 심오합니다. 내가 내놓고 싶은 새로운 비판적 구상은, 동물 일반에 대해 말하지 않은 채(그런 일은 절대 하지 않을 겁니다만), 많은 동물들이 실제로 이 자가지시 또는 문자 그대로 자가참조(autoréférence)를 할 수 없는 것처럼 보인다는 사실을 부인하는 데 있지 않습니다. 자가참조는 "이게 나 자신에게 나를 보여 주는 나야, 난 거기 응답하지"라고 말하거나 그걸 나타내기 위해 거울의 이미지 또는 자기에게 돌려진 손가락을 능숙하게 조작하는 가시적 형태를 취하겠죠. 그러나 **한편으로**, 이 자가-지시성이 다양한 형식하에서, 모든 유전자 체계 일반에서 분명하게 작동하는지는 확실치 않아요. 유전자 기록의 각 요소가 그 자체로 식별되고, 특정 반사성에 따라 자신을 표시하여, 유전자 사슬에서 의미를 지녀야 하는데 말이죠. 또한 이제는, 이 자가지시가 동물말에서 관찰할 수 있는 무수한 사회 현상 내의 고도로 발달되고 다양하며 복잡한 형태들을 취하지 않는다고 확신할 수도 없습니다. 유혹 또는 성적 경쟁에서 보이는 자기 중심적 과시 현상들, 온갖 종류의 색깔, 음악, 장식, 퍼레이드 또는 발기로 전개되는 "너를 쫓는 나를—쫓아라", 이런 것들이 자가지시를 드러낸다는 점을 누가 부인할 수 있을까요? 이런 단서와 예는 한참 더 여러 가지로 들 수 있겠지만, 그럴 시간이 없군요. 그러나 반대로, **다른 한편**, 여기서 내 논증의 논리적 매트릭스를 이루는 것에 따르면, 중요한 것은 사람들이 동물말에 부인한 것—지금 경우는 자가제시적 **나**가 되겠군요—을 동물말에 단순히 돌려주는 문제가 아닙니다. 그저 동물이면 결여하고 있다고 하는 바를 인간 또는 이성적 동물에게 순수하고 단순하게 부여할 수 있게 해 주는 공리에 대해 스스로 질문해 보는 것도 중요한 문제입니다. 만약 자가위치, **나**의 자가제시적 자가목적성이 인간에게서조차 타자로서의 **나**를 함축한다면, 그래서 환원 불가능한 어떤 이질적-변용(hétéro-affection)을 자기에 맞아들여야 한다면(나는 이 점을 다른 자리에서 보여 주려고 했죠), **나**의 이 자율성은 순수하지도 않고 엄격하지도 않을 겁니다. 그것으로는 인간과 동물 사이에 단순하고 선형적인 경계를 마련하지 못할 거예요. 이렇게 (인간들 사이에, 동물들 사이에, 인간과 동물 사이에) 재도입되고 고려되는 모든 차이 외에도, 나의 문제, "나는 존재한다" 또는 "나는 생각한다"의 문제가 타자의 우선적 문제 쪽으로 자리를 옮기게 될 겁니다. 다른 것의 문제, 나인 또는 나를 쫓는 다른 나의 문제로 말이지요. 어떤 다름일까요? 그리고 타자의 법칙, 타율의 결정은 어떻게 인간 중심주의를 옮겨놓거나 긍정하게끔 할까요? 우리가 그것의 논리, 그것의 로고스(그것의 논리는 로고스에 대한 적극적 해석인 로고스 중심주의니까요)를 따르는 인간 중심주의를요. 이것이 여전히 우리를 기다리고 있는 질문입니다.

칸트 그 자신에게서 "나는 생각한다"의 인간학주의로부터 또 거기에 부합하는 유한함의 개념(역설적으로 칸트와 하이데거가 동물에게서는 부인하게 될 유한함)으로부터 우리가 끌어낼 수 있는 결과의 거대한 망 안에서, 나는 두 개의 잠재적 궤적만 쫓습니다.

첫 번째는 내가 칸트에 나오는 길들여진 동물에 대해 다른 곳에서 분석한 바를 자세히 살펴볼 수 있게 해 줄 겁니다. 『인간학』의 마지막에 칸트는 다시 한계를 표시하지요. 이번에는 더 이상 '나'의 문제가 아니라 사회의 문제입니다. 칸트는 우선 동물 사회와 인간 사회를 비교하는 방향으로 상당히 멀리 가고 싶어 해요. 먼저, 동물성(*Thierheit*)이 나타나는 것을 보면 그것은 순수한 인간성에 앞서(*früher*) 또 더욱 강력하게(*mächtiger*) 여전히 남아 있다는 점을 지적하죠. 국가에까지, 모든 시민 헌법(*bürgerliche Verfassung*)에까지, 즉 그 소명(*Bestimmung*)의 최종 목적과 종착지에 대한 인간적 영역의 선한 경향들 가운데 가장 고양된 단계를 나타내는 것에까지 남아 있다는 겁니다.[32] 그러니까 동물의 이 우선성이, 이 앞선-존재(*früher*)가(이것은 인간이 동물 다음이라는 것을 말하는 다른 방식입니다), 그리

---

[32] 위의 책, B325.

고 역능에서의 이 우월성이 또한 있는 것이죠. 우선성과 우월성은 동물의 약화(Schwächung)로 동물이 인간에게 복종하게 될 때 겨우 뒤집힙니다. 동물이 인간에게 야생 짐승보다 더 유용하게 되는 가축화에서 말이죠. 인간 문화의 사회화는 이 약화와, 길들여진 짐승의 가축화와 나란히 진행됩니다. 그것은 다름 아닌 짐승의 가축-되기죠. 길든 가축(das zahme Vieh)의 전유, 길들임, 가축화가 인간의 사회화입니다. 개체로서 인간 역시 야생의 짐승처럼 무조건적 자유를 내세우기 위해 이웃과 전쟁을 할 준비가 되어 있을 거예요. 그러니까 야생동물의 가축화라는 원리 없이는 사회화도, 정치적 구성도, 정치도 없습니다. 짐승에게 명령하는, 짐승의 가축-되기를 명령하는 이 힘과 단절한다고 주장하는 동물적 정치에 대한 생각은 터무니없고 모순적일 겁니다. 정치는 가축을 전제하죠. 이것이 동물 사회와 인간 사회의 비교에 이끌리면서도 칸트가 그런 모든 비교에 한계를 긋는 이유입니다. 그가 양보한다는 건 의심의 여지가 없어요. 비록 인간이 길들인 동물처럼 떼의 일부를 이룰 운명은 아니라 해도, 인간의 사회성은 벌집의 사회성과 유사하죠. (이 유비의 역사는 풍부합니다. 마르크스에 이르기까지 살아남게 될 거예요.) 두 경우 모두에서 관건은 협동체와 시민사회의 일원이 되도록 운명지어져 있다는 겁니다. 이 사회의 조직으로 나아가는 가장 간단하고 가장 덜 인위적인 방식, 그것은 벌떼의 안내자, 지도자, 현자(Weiser)를 두는 거지요. 그리고 이것이 꿀벌의 군주제 원리입니다. 하지만 비교(Gleichnis)는 여기서 끝납니다. 벌떼들은 그네들의 다수성 가운데서, 칸트에 따르면 인간의 전쟁과 비교할 수 없는 전쟁을 벌이니까요. 벌들은 [노략질 하는] 말벌들이 전투적 자연 상태에, 즉 책략, 폭력, 타자들의 힘에 대한 착취의 관계에 남아 있게 허용하는 반면, 인간의 전쟁은(이것에 대해 칸트는 종종 그렇듯, 요컨대 암묵적으로 칭찬을 하죠) 야생의 자연 상태에서 사회

상태로 이행하게 합니다. 예를 들어 다음과 같은 글을 쓸 때 칸트는 예전만큼 확신하는 것 같지는 않군요. 어느 때보다도 공은 들이지만요. 내 눈에는 이 대목에서 그가 비교를 멈추기는커녕 오히려 비교로 이끄는 것 같습니다.

여기서 비교는 끝난다. 벌들에게 중요한 것은 단지, 책략이나 폭력으로 다른 이들의 수고를 이용하는 것이다. 각 집단은 자신의 이웃을 예속시킴으로써 자신의 힘을 키우려 한다. 그것이 자신을 확장하려는 갈망에서건, 상대를 재빨리 (우리는 동물 사회에서처럼 인간 사회 간의 기술적 경쟁에서 보이는 속도의 동기를 쫓을 필요가 있을 겁니다) 제압하지 못한다면 타자에게 삼켜질 것이라는 두려움에서건. 우리 종족에서 내적 또는 외적 전쟁은, 거대한 악이 될 수도 있겠으나, 자연의 조잡한 상태에서 시민 상태로 이행하게 하는 동기(*Triebfeder*, 충동을 자극하는 것)이기도 하다.[33]

그런데 마지막 심급에서, 야만적 야수성으로 유지되는 동물의 전쟁을, 반대로 야만적 상태에서 벗어나 문화와 사회적 의식에 열리게 하는 인간의 전쟁과 이렇게 구별해 주는 것은 무엇일까요? 요컨대, 인간성과 나인/내가 쫓는 동물의 합리성을 보장하는 이 "나는 생각한다"와 같은 방향으로 가는 것은 무엇일까요? 글쎄요, 그것은 역설적으로 하나의 메커니즘, 기계에 지나지 않습니다. 그러나 이번에는 섭리의 기계화죠. 인류를 사회로 고양하고 전쟁을 통해 야만적 상태—여기서는 같은 전쟁이 야수성을 유지하는데—에서 벗어나게 하는 동기(Triebfeder), 그것은 'ein Maschinenwesen der Vorsehung', 즉 '섭리의 메커니즘'입니다. 동물기계가 아니라 지각

---

[33] 위의 책, B327.

의 현재보다 더 멀리 보는 섭리의 신의 기계화예요. 이 섭리의 '거시기 (machin)'[34]는 악과 악이 봉사할 수 있는 바를 미리 봅니다. 거시기는 이 두 전쟁의 궁극 목적을 예견하는 거죠. 비록 그것이 두 개의 전쟁이고 또 동물성에 기초한 두 개의 전쟁이라 해도 말입니다. (왜냐하면 동물이 인간 속에, 인간 사회 속에, 동물 **이후에** 존재하는 인간보다 더 옛날부터, 더 **먼저**(früher), 또 더 강하게 남아 있기 때문이죠.) 칸트에 따르면,

...... 섭̇̇리̇의 메커니즘에서 적대적 힘들은 서로 충돌하고 서로 속박하지만, 다른 동기들의 밀고 당기기를 통해(durch den Stoss oder Zug anderer Triebfeder) 오랫동안 정규적 흐름 속에서 지속된다.[35]

이 모순과 이 뒤집힘, 이 반충동성—충동에 반하는 충동, 동기에 반하는 동기(다른 *Triebfedern*에 반하는 *Triebfeder*)—을 오랫동안 또 자세히 분석해야 할 겁니다. 그것들은 기능하죠. 네, "기능한다"고 말할 필요가 있어요. 그것들은 **기계처럼** 기능합니다. 사회와 역사의 과정을 안정시키고 규칙화하기 위해서요. 그리고 우리는 이 안정성과 규칙성이라는 기준이 그것만으로 이른바 동물적 또는 야만적 사회를 기술하는 데 적절한지 물어볼 수 있습니다. 언제나처럼, 그리고 동물에 대해 말할 때 늘 그런 것처럼, 칸트는 자신이 말한 것을 부정하고, 취소하고, 반박하는 일과 멀리 있지 않아요. 모순에 관해서라 해도 말입니다. 그는 그런 일과 아주 가깝다는 걸 페

---

34 여기서 데리다는 기계를 뜻하는 'machine'과 철자와 발음이 비슷한 'machin'이라는 단어를 사용해서 섭리의 기계를 조롱하고 있다.—옮긴이
35 위의 책, 강조 표시된 텍스트.

이지 하단에 있는 거의 눈에 띄지 않는 각주에서 보여 주죠. 거기서 칸트는 진화론자로서, 어느 날, "세 번째 시대"에, 침팬지가 "나는 생각한다"고 말할 수 있게 되고 그럼으로써 지성에 접근할 수 있을 것이라는 가능성을 환기하고 있습니다. 그러니까 그렇게 해서 인간의 지위와 존엄성을 얻는다는 거죠. 그렇다면 이 섭리의 메커니즘(Maschinenwesen der Vorsehung) 구상을 어떻게 해석해야 하는지 묻게 됩니다. 이 섭리의 기계장치 신(deus ex machina), 우리가 막 언급한 이 인간 중심적 컴퓨터의 구상에 대해서 말이죠. 우리가 방금 읽은 구절 바로 앞에 있는 이 각주**36**는 아이가 태어났을 때 울부짖는 소리에 대한 섬세하고 정교한 해석을 보여 줍니다. 칸트는 데카르트가 그랬던 것처럼 여기에 집착했어요. 특히 동물을 다룰 때 그랬습니다. 그는 갓난아기의 울음이 불평이 아니라 분노와 울화를 의미한다고 침착하게 단언해요. 신생아는 항의를 폭발시킵니다. 그는 자신의 고통을 외치지 않아요. 무언가가 자신을 거스르거나, 성가시게 하거나, 짜증나게 한다(*ihm etwas verdriesst*)는 것을 나타내죠. 그래서 칸트는, 어머니가 없거나 출산하느라 약해졌을 때 작은 아기의 울음소리에 이끌려 올 수 있을 부근의 늑대나 돼지의 탐욕에 이 작고, 웅크리고, 화가 난 신생아를 노출시키는 자연의 구상(*Absicht*)에 대해 묻습니다. 요약하자면, 칸트는 세 단계로 착란적이면서 동시에 극도로-명석한 대답을 하죠. 세 개의 다른 시대가 있었을 거라고요. 먼저, 역사 이전에, 시간 이전의 시간에, 순수한 자연 상태에서, 아기는 태어날 때 울지 않았습니다. 다음으로, 왜 그런지 또 어떻게 그런지 알지 못하지만, 칸트는 글자 그대로 이렇게 말하는데, 부모들이 문화에 접근하는 날, 자연은 갓난애의 이 걱정스러운 울음소리를 가능

---

36 위의 책, 강조 표시된 텍스트.

하게 만듭니다. 의심의 여지 없이 말의 견지에서요. 마지막으로, 그리고 이것이 세 번째죠, 칸트는 한 고찰을 내놓는데 그것이 아주 멀리 갈 수 있다(*diese Bemerkung fürht weit*)고 말합니다. 아주 멀리, 하지만 어디까지죠? **세 번째 시대**의 가설까지입니다. 앞으로 다가올 이 시대는 이 인간 중심주의의 전체 논리를, 그러니까 칸트의 작업 전체의 논리를 모두 다시 배치할 수밖에 없을 겁니다. 문제는 다음과 같습니다.

자연의 대진화에서 이 두 번째 시기에 이어, 다음과 같은 세 번째 시대가 뒤따라야 하지 않을까? 오랑우탄이나 침팬지가 걷는 데 도움이 되는 기관들을 발전시키고(그러니까 직립 상태로 이행하게 되는 겁니다. 여기에는 대면에서 생겨날 수 있는 온갖 것들과, 대면한 채의 교미가 수반되죠.), 대상을 다루는 데, 말하는 데(*zum Sprechen*), 인간의 구조를 형성하는 데(*zum Gliederbau eines Menschen*)까지 도움이 되는 기관들을 발전시켜, 그것의 가장 내적인 요소로 지성의 사용을 위한 기관(*ein Organ für den Gebrauch de Verstandes*)을 포함하고, 조금씩 사회적 문화를 통해(*druch gesellschaftliche Cultur*) 발전하는 그런 시대 말이다.[37]

이 예외적 주석에 대한 우리의 관심은 분명합니다. 칸트는 더 이상 동물 일반에 대해 이야기하지 않으며, 비-인간 동물 유형 사이의 구조적 차이를 고려합니다. 이 각주는 또한 진화적, 더욱이 '역사적'(나는 앞서 정당화하려고 했던 대로 따옴표를 이 단어에 쳐 놓습니다) 과정에 대한 개방성도 보여주죠. 이건 인류화(hominisation) 및 그 너머에 대한 거시 차원의 시기 설정

37 위의 각주에서 이어서 서술됨.

에 열린 개방성이에요. 이 너머에 대한 논의는 비록 거의 그럴 법하지 않고 또 순진한 형태의 묘사에 머물기는 해도, 미래의 영장학 연구를 위해 최소한 철학자들의 관심을 자유롭게 해 줍니다. 그러한 지식을 대하면 철학자들은 그네들의 습관적인 담론을 '해체'하지 않을 수 없을 거예요. 그들 스스로 이 담론 안에서 그렇게 할 유인들을 찾지 못한다 해도 말이지요.

그렇긴 하지만, 이 주석은 내일이 없는 몽상의 상태를 갖고 있습니다. 그런 점에서 그것은 보비라는 "칸트주의 개"에 대한 레비나스의 성급한 언급과 닮았어요. 여기에 대해 우리는 다시 이야기할 겁니다. 레비나스 독자들은 그 언급을 더러 인용하고 감탄하지요. 개에 대한 그 언급이 선례도, 결과도, 미래도 없이 그것이 가로지르는 담론 속에 남아 있는 만큼 더 그렇습니다. 그 담론의 내적 한계에 대한 언급도 없어요. 우리는 이 한계들의 문제로 곧 돌아올 거예요. 칸트 자신은 동물의 미래에 관한 이 각주로부터 어떤 결론도 끌어내지 않는 것 같습니다. 그 담론의 지배적인 조직 속에서는 말이죠. 게다가, 보비의 이야기처럼, 그 언급은 강하게 의인화되고 인간 중심적인 것으로 남아 있어요. 오랑우탄과 침팬지에게 약속된 미래는 아니라 해도 그들에게 열린 미래는 인간적 구조의(*zum Gliederbaueines Menschen*) 친숙함을 지닙니다. 이 인간적 구조의 관점에서 볼 때, 현행 영장류를 포함하여 동물성 일반은 현재 어떤 권리도 인정받지 못합니다. 동물은 이성적인 존재가 아니에요. 왜냐하면 동물은 지성과 이성의 조건인 "나는 생각한다"를 결여하고 있기 때문이지요. 그런 만큼, 마찬가지 이유로 자유와 자율성을 결여하기에, 동물은 권리나 의무의 주체가 되지 못할 겁니다. 자유로운 인격으로서의 주체의 고유한 특성인 권리와 의무의 이 상관관계에 따라서 말이죠. 칸트는 주체의 주체성에서 이 상관관계가 파열되는 것을 두 가지 경우로 고찰합니다. 즉, 의무의 주체이지만 어떤 권리도 누리지 못하는 농노의 경우와, 모든 권리를 가지고 있지만 어떤 의무에도 매이지 않는 하나님의 경우로요.[38] 그러나, 이 두 가지 예외는 동물에게는 어떤 경우든 아무런 가치가 없습니다. 동물은 어떤 권리에도, 어떤 의무에도 접근하지 못하고, 목적의 왕국에 낯선 자로 남겨지지요. 동물은(인간 안의 동물까지도) 그 자체로 목적이 될 수 없고, 단지 수단일 수 있습니다. 그것은 항상 **희생**되어야(이것은 칸트가 감각적이거나 생명 있는 이해관계와 열정이 종속되는 사태에 대해 말할 때 항상 쓰는 단어죠) 하는 순수하게 감각적인 경험의 질서에 속합니다. 한마디로, 그리고 바로 본론으로 들어가자면, 이성적이지 않은 동물이 주체성과 함께 결여하고 있는 것은 칸트가 "존엄성(Würde)"이라고 부르는 것입니다. 즉, 내적이고 값이 없는 가치, 자체 목적의 가치죠. 또는 비교 가능하거나 협상 가능한 모든 가격 너머의, 모든 시장 가격 너머의 가격이라고 할 수 있을 겁니다.[39] 그 자체의 목적이 될 수 없을 모든 수단에 대해서처럼, 동물에 대해서는 협상할 수 있는 시장 가격이 있을 수 있어요. 여기서 이 순수 실천이성의 잠재적 잔혹성이 나옵니다. 칸트가 도덕적 이성에 감성을 **희생하는** 명법적 필연성에 대해 말할 때의 잔혹한 억양은 이미 칸트 담론의 특징을 보여 주죠. 하지만 이 희생적 잔혹성은 동물이 문제일 때 훨씬 더 심각해지고, 잠재적으로 끔찍하고, 집요하고, 흉포해질 수 있기에, 아도르노와 같은 몇몇 사람들은 거기서 최악의 폭력을, 일종의 사디즘까지를 고발하는 걸 주저하지 않았습니다. 사드와 함께하는 칸트, 아마 그렇겠죠. 또 이건 아마 라캉의 특정 논리와 관계가 없지 않을 거예요. 라캉이 동물에 **반(反)하는**(contre)

38 F. Burgat, *Animal, mon prochain*, 앞의 책, p. 61 참조.
39 E. Kant, 『도덕 형이상학의 기초』, 2부.

잔혹함의 이 방향에서 고찰을 하지는 않았다 해도 말이죠. 이 점에 대해선 다시 이야기할 겁니다. 아도르노는 그의 『음악철학』에서[40](베토벤에 관해 언급할 때죠. 시간이 있다면 더 깊이 파고들고 싶을 만큼 흥미로운 대목입니다), "자율의 이름으로" 오직 인간에게 부여된 "존엄성(*Würde*)"이라는 칸트의 생각이 "의심스럽다"고, "매우 의심스럽다(*so suspekt*)"고 판단하는 것을 주저하지 않아요. 자율, 자가결정, 도덕적 자가규정(*Selbstbestimmung*) 능력은—또한 자가처방과 도덕적 자서전 능력도 그렇지요—이렇듯 칸트에서 인간의 특권 또는 절대적 이점이 됩니다. [이때 자가운동의 **자가**(auto), 자가운동의 반사적 자가목적성은 생명체 일반의 특성으로 간주된다고 말해집니다] 아도르노는 그러한 능력이 이렇게 자연에 대한 인간의 주권이나 지배(*Herrschaft*)를 보장하면서 사실상 "동물들에 반(反)하는 방향을 취한다(*Sie richtet sie gegen die Tiere*)"는 점을 분명히 합니다. 아도르노는 자연에 대한 지배 욕망을 확인하는 것에 만족하지 않으며, 데카르트의 기획을 말할 때 자주 언급되는 것처럼, 과학과 기술을 통해 자연을 지배하려 한다는 주체의 일반적이고 중립적인 구상을 확인하는 것에 만족하지 않아요. 그렇게 하지 않죠. 아도르노에게 중요한 것은 전쟁 행위와 증오의 운동, 적개심 등일 겁니다. 동물-기계에 대체로 중립적이고 무관심하게 남아 있는, 근본적으로 무관심하게 남아 있는 데카르트의 기획에 마치 칸트가 독을 추가하면서 위험을 높인다는 꼴이지요. (나는 전혀 그렇게 생각하지 않습니다. 나는 데카르트주의가 이 기계론적 무관심 아래, 동물에 대한 전쟁의, 창세기만큼 오래된 희생적 전쟁의 유대-기독교-이슬람 전통에 속한다고 생각합니다. 그리고

---

[40] Theodor W. Adorno, Beethoven, *Philosophie der Musik, Fragmente und Texte*, Rolf Tiedemann (ed.), Frankfurt-am-Main, Suhrkamp, 1993, p. 123~124(단편 202).

이 전쟁은 다른 방식이 가능하거나 예상될 수 있는 처지에서 기술과학을 동물에게 적용하는 하나의 방식이 아닙니다. 그렇지 않죠. 이 폭력 또는 이 전쟁은 지금까지 인간화 과정, 즉 인간에 의한 인간의 전유 과정에서 기술과학 지식의 기획이나 그 가능성 자체를 구성해 왔어요. 그 과정에는 고도의 윤리적 또는 종교적 형태들이 포함됩니다. 어떤 윤리적 또는 감상적 고귀함으로도 우리가 이 폭력을 감추어서는 안 됩니다. 생태주의 또는 채식주의라고 알려진 형태들은 이 폭력을 중단시키기에 충분치 않아요. 비록 그 형태들이 반대하는 것보다는 생태주의나 채식주의가 더 가치가 있다 하더라도 말입니다.)

어쨌든, 만약 동물-기계 이론을 중립적이고 무관심하고 무감각하다고 보는 편견을 준거로 한다면, 칸트의 도덕이 전쟁 행위를 통해 "동물에 반(反)하는 방향을 취한다"고 비난하는 것은, 동물에 대한—정확히는 부정적—관심에, 알레르기적 열정에, 충동적 굴절에, 동물에 대한 일종의 '혐오'—동물에게 악을 부여하기를 '바라는 일'—가 될 '데카르트주의'의 의미심장한 악화에 관심을 갖는 것입니다. 나중에 아도르노는 실제로 동물성을 향한 칸트주의자의 혐오와 증오에 대해 말할 거예요. 달리 말해, 순수 실천이성의 원칙인 칸트의 윤리적 기획은 아도르노에 의해, 또 그가 공언하고 내가 여기서 펼쳐 보인 논리에 의해, 증오스럽고 잔인하고 범죄적이며 범죄라 비난할 만하고 범죄를 범한 것이 될 겁니다. 이 도덕의 원칙과 끝에는 죽음, 죽임, 살해가 있을 테니까요. 〔그밖에도 여기서 논의할 것은 많이 있을 겁니다. 동물성 일반 및 인간의 동물성과 관련하여, 칸트가 권리의 개념과 가능성의 이름으로 그 필요성과 원칙을 강력하게 지지한 사형의 문제에 대해서요. 이것에는 베카리아(Beccaria)뿐만 아니라 사드(Sade)도 이의를 제기했지요.〕 실천이성의 이런 범죄화는 여러 방향에서 해석될 수 있습니다. 한편으로, 인권의 이름으로 행해지는 이런 호전적 증오는 결국, 인간이 그 위로 고양되어 있다고 주장하는 동물성으로부터 인간을 떼어 내기는커녕, 거기에 일종의 종간 전쟁이 존재함을 확인시켜 준다고 말할 수 있죠. 또 실천이성을 가진 인간이 그의 방어적이고 억압적인 공격성에서, 동물을 착취하여 죽이는 데서, 짐승으로 남아 있다고 말할 수 있습니다. 또한 우리는 나쁜 의지, 심지어 도착적 악의도 이른바 선한 도덕적 의지에 거주하고 그것에 활력을 준다고 말할 수 있어요. 그리고 이 '악', 이 악의 병폐와 악의는 동물**에서**(dans)나 동물**에 관해서**(sur)가 아니라, 동물**에 반(反)하여**(contre) 유지되는 것이며, 관건은 이 동물에게 악을 행하고 바라는 것이라고 말할 수 있습니다. 앞으로 분석되어야 할 이유들로—그리고 이건 내가 오늘 제쳐 두고 갈 수밖에 없는 필수적인 차원인데—'악'에 대한 칸트의 사고는 이 관점에서 재해석되어야 해요. 칸트주의 도덕 내의 심오한 도착성에 대한 이 모든 의혹(아도르노가 처음 시작한 건 아니죠), 바로 이것이 니체를 도덕의 계보학으로 이끌었다는 점은 의심의 여지가 없습니다. 마지막으로, 이 도착성은 정확히 "나는 생각한다"의 (니체의 그러나 또한 프로이트의 길을 따라 해석된) 타자 또는 무의식이라고 말할 수 있어요. 그것은 나를 생각하는 타자고, 내가 있는 곳으로 나를 쫓는 타자죠. "나의 모든 표상에 수반하는 나는 생각한다"에 미리 출몰하는 타자에요. 따라서 우리가 레비나스와 라캉을 문제 삼을 때면, 타자와 무의식에 대해 말하는 것으로 충분한지 자문해 볼 필요가 있을 겁니다. 전적인 타자와 무의식에 대한 논리만으로, 예컨대 레비나스와 라캉에서 보는 타자에 대한 최초의 참조로, 데카르트 계보의 인간 중심적 편견을, 다시 말해 프로메테우스 이후의(épiprométéeo)-유대적-기독교적-이슬람적 계보의 편견을 제거하기에 충분한지 질문해야 할 것입니다. (이미 이해하셨겠지만, 내 대답은 '아니오'일 겁니다. 레비나스와 라캉 모두에게요.) 결국, "나는 생각한다"의 이 생각되지 않은 것 속에서 나인/내가 쫓는 동물은 타자 또는 무의식의 자리에서 나를 쫓는데, 이 생각되지 않은 것은 쫓아내야 할 악마(malin génie)처럼 자동적으로 출몰하는 기계성이며, 또한 동물-기계의 데카르트적 개념이고 섭리의, 섭리적 기계의, 예견의 기계적 존재(Maschinenwesen der Vorsehung)의 칸트적 개념이라고 말할 수 있을 겁니다. 이런 섭리 기계는 처방과 예측으로, 문명화 효과를 지녀야만 할 전쟁 기계들의 역사에 미리 목표를 줍니다. 하지만 인간의 전쟁이 인도할 문화와 규칙적 사회성의 이 상태는, 예견의 기계적 존재(Maschinenwesen der Vorsehung)의 섭리적 구상에 따르면, 여전히 인간의 평화(pax humana)의 형태 아래 이루어지는 동물에 대한 자비 없는 전쟁의 추구일 것입니다. 그것은 다만 죽음에 이르는 이 전쟁의 한 계기일 뿐이죠. 그것은 사실상 동물 없는 세상에 닿아야 할 거예요. 동물이라는 이름을 가질 만한 가치가 있는 동물이 없는, 또 가축, 도구, 고기, 실험용 신체나 생명체로 인간을 위한 수단이 되는 것 이외의 다른 것을 위한 생명체가 없는 세상 말입니다.

잠시 아도르노로 돌아가 보죠. 나는 이 단편의 문자 그대로의 맥락에서 조금 떨어져 논의를 끌어냈습니다만, 이것으로 아도르노를 배신하지 않기를 바랍니다. 동물에 대한 칸트의 또는 이상주의적 혐오의 이 악화, 이 동물 혐오증은 아도르노 텍스트의 정신 면에서, 또 그 텍스트의 문자 면에서 주체의 게르만화와, 또는 아무튼 주체의 파시스트화와 무관하지 않다고 말하고 싶을 수 있습니다. 아도르노는 칸트가 인간과 (고통을 겪을 수 있는—벤담이 "*can suffer*"라고 말했던—자로서의) 동물 사이에 어떤 동정(*Mitleid*)이나 연민의 여지도 남기지 않았다고 확인합니다. 아도르노는 칸트적 인간에게 인간과 동물 사이의 유사성이나 친화성에 대한 기억(*die*

Erinnerung an die Tierähnlichkeit des Manschen)보다 더 고약하고 더 혐오스러우며 더 가증스러운(*vesbasster*) 것은 없다고 말하죠. 칸트주의자는 인간의 동물성에 대해서 증오밖에 가질 게 없어요. 그것은 바로 그의 '금기'죠. 그 말의 모든 의미에서요. 무엇보다도 불순물과 관련된 신성한 금지입니다. 이것은 동물에 토템과 타부를 부여하는 종교적 두려움의 양가성을 지닌, 금지되고 또 존중되는 금기죠. 그리고 여기엔 아버지와 아들의 종교에 대한 프로이트의 문제틀 전체가 연결될 거예요. 아도르노는 금기시하기(Tabuirung)에 대해 이야기합니다. 금기시하기는 일반적으로 관념론자가 유물론자에게 가하는 모든 모욕을 특징 짓는 주술적 작업이에요. 또 이 주술은 금기를 신성화하고 동시에 금지하는 경향이 있죠. 금기는 동시에 종교적으로 배제되며, 침묵 아래 행해지고, 침묵으로 환원되고, 축성되며 희생되고, 금지되어 눌러지거나, 아예 눌러지기도 합니다. '금기' 동물에 대한 혐오는 관념론과 초월론(transcendantalisme)의 일반적 특징일 거예요. 일찍이 아도르노는 초월론적 주장과 자연 및 동물성에 대한 인간의 이 지배 기획 사이의 이러한 친화성에 주목했지요. 인간 주체에 대한 칸트의 규정(합리적이고 유한한 존재의 유일한 예, 파생적 직관(intuitus derivativus)의 유일한 예)은 이 초월론적 관념론의 걸출한 형태가 될 겁니다. 아도르노는 단번에 아주 멀리 나아가죠. 관념론 체계에 대해 동물이 하는 역할은 파시스트 체계에서 유대인이 하는 역할과 잠재적으로 같다고 그는 말합니다. 동물은 이렇듯 잠재적 파시스트에 지나지 않을 관념론의 유대인에 해당할 겁니다. 그리고 이 파시즘은 동물을, 나아가 인간 속의 동물을 모욕할 때 시작되지요. 진정한 관념론(*das echter Idealismus*)은 인간 안의 동물을 **모욕**하거나 인간을 동물로 취급하는 것에서 성립됩니다. 아도르노는 모욕이라는 이 개념(*schimpfen*)을 두

번 언급합니다. 모욕에는 언어적 공격뿐 아니라 누군가를 그 존엄성에서 강등하고 비하하며 평가절하고 부인하는 공격을 포함하죠. 모욕은 어떤 것을 모욕하는 것이 아니라 누군가를 모욕하는 것입니다. 아도르노는 관념론자가 동물을 모욕한다고까지 말하지는 않아요. 관념론자는 인간을 동물 취급하면서 유물론자를 모욕하거나 인간을 모욕한다고 하지요. 이것은 '동물'이 모욕임을 함축합니다. "그러니까 나인 동물" 역시 일종의 자가-고발로 이해될 수 있어요. (방금 어리석은 짓을 하곤, 손가락으로 자신을 가리키며 나는 짐승이라고 하면서 잘못을 뉘우치는 순간.) 이것은 자기 비하의 순간, 자기에 의한 자기 모욕이지요.

유대주의에 대한, 관념론의 동물 혐오에 대한 이런 언급이 어디까지 나아갈 수 있을까요? 이제 우리에게 익숙한 동일 논리의 도식에 따르면, 여성성이나 심지어 어린이에 대한 특정한 혐오로 쉽게 확장될 수 있을 겁니다. (의도적 악, 동물에게 행해진 악, 동물에 대한 모욕은 그래서 남성의, 호모(homo)로서의 남자의, 그러나 또한 비르(vir)로서의 남자의 일이 될 거예요.[41] 동물의 악(mal)은 남성(mâle)입니다. 악은 남성에 의해 동물에게 옵니다. 동물에게 가해지는 이 폭력이 본질적으로는 아니더라도 최소한 우세적으로 남성적이며, 우세의 지배 자체로서, 호전적이고 전략적이며 사냥꾼적이고 정력적(viriloïde)임을 보여 주는 것은 아주 쉽습니다. 사냥하는 다이애나와 말을 타는 아마조네스가 있을 수 있지만, 사냥에서 투우에 이르기까지, 신화에서 도축장에 이르기까지 대량의 현상적 형태에서, 그리고 몇 가지 예외를 제외하고는, 신이 짐승에 대한 권위를 확립하도록 맡긴 아

⋮
[41] 'homo'는 남성과 여성을 포함한 모든 인간을 가리키는 반면, 'vir'은 성인이 된 남성, 또한 용감하고 강한 남성을 의미한다.—옮긴이

담이 그랬듯 동물을 공격하는 것이 수컷이라는 사실은 누구도 부인할 수 없어요. 〔내가 다른 곳에서 유일한 현상과 유일한 법칙, 유일한 창궐로서의 **육체 남근 로고스 중심주의**(carnophallogocentrisme)에 대해 말한 것은 이 희생적 장면에 이름을 붙이기 위해서였습니다.[42] 지나는 길에 나는 지적 자서전이라는 구실로 다음과 같은 점을 간단히 지적하고 싶어요. '로고스 중심주의'의 해체가 여러 해에 걸쳐 '남근 중심주의'의 해체, 그리고 '육체 남근 로고스 중심주의'의 해체로 불가피하게 전개되어야 했다고 할 때, 애당초 말, 기호 또는 기표의 개념을 흔적이나 표식의 개념으로 대체한 것은, 우선 그리고 짐짓 인간 중심주의의 경계를 넘기 위한 것이었습니다. 담론과 낱말에 국한된 언어의 한계를 넘기 위해 마련된 것이었어요. 표식, 도표, 흔적, 차이(différance)는 모든 생명체에, 생명체와 비-생명체의 모든 관계에 차이나게/미분적으로(différentiellement) 관련되지요.〕

그러니까 유대주의에 대한 이런 언급은 어디까지 갈 수 있나요? 또 일반적으로 일종의 심오한 유대주의라고 칭찬받는 칸트는—이 점에서 대비되는 헤겔은 그럼에도 불구하고 동물성에 대해서는 더 복잡하고 덜 전형적인 데카르트적 견해를 가지고 있지요(헤겔뿐만 아니라 마르크스와 후설에서도 이 문제를 길게 검토할 수 있어야 할 거예요)—유대-배척자는 아니라 해도 왜 반-유대적일까요? 엘리자베스 드 퐁트네(Élisabeth de Fontenay)는 플루타르크의 『동물들에 관한 세 논문(*Trois traits pour les animaux*)』이 (Amyot 번역)에 붙인 아름답고 풍부한 서문에서, 한나 아렌트에 따르면 칸트가 "아이히만이 가장 좋아하는 작가"였다고 환기하는 것에 만족하지 않습니다.

---

42 "Il faut bien manger" ou le calcul du sujet("잘 먹어야 한다" 또는 주체의 계산), entretien avec Jean—Lue Nancy, paru d'abord dans *Cahiers Confrontation*, 20, hiver 1989: *Après le sujet qui vient*; 다음에 재수록 *Point: de suspension*, Paris, Galilée, 1992.

동물에 대한 인간주의적 공리에 의문을 제기하는 것을 "무책임한 해체주의적 표류"라고 비난하는 사람들에 반(反)하여 그녀는 다음과 같은 점을 상기시킵니다.

익명의 말 못 하는 고통에 대한 연민을 조롱하기 위해서만 숨마 인주리아 (summa injuria)[나치의 동물 애호와 히틀러의 채식주의에 대한 암시]를 떠올리는 사람들에게 안타까운 사실은, 카프카, 싱어, 카네티, 호르크하이머, 아도르노 등 금세기 최고의 유대 작가와 사상가들이 동물 문제에 집착했다는 점이다. 이들은 자신의 작품에 동물 문제를 고집스럽게 기입함으로써 합리주의적 인간주의와 그 결정의 정당성에 의문을 제기하는 데 기여했다. 역사적 재앙의 희생자들은 실제로 동물에게서 다른 희생자들을 예감했다. 그네들 및 그네들의 희생과 일정 정도 비슷한 처지의 희생자들을 말이다.[43]

이 구절을 인용하는 것은(이 구절 부근에도 인용해야 할 다른 구절이 너무 많을 겁니다) 의심할 여지 없이 이 구절을 지지하기 위해서입니다. 하지만 두 가지 문제를 제기하기 위해서이기도 하지요. 하나는—여기에 대해서는 빨리 지나칠 건데요—'해체'에 대한 암시와 관련이 있습니다. 너무 '무책임'하지 않기 위해서는, 엘리자베스 드 퐁트네가 **항의**의 뜻으로 정당하게 제기하는 고발의 단어를 다시 사용하기 위해서는, '해체'로—복잡성에 대한 다른 신중함과 우려들 가운데서도—"합리주의적 인간주의(humanisme rationaliste)"(이것은 엘리자베스 드 퐁트네의 표현이죠)를 윽박지르지는 말아

⋮
43 Plutarque, *Trois traités pour les animaux*, précédé de "La raison du plus fort(가장 강력한 이성)", par Élisabeth de Fontenay, Paris, POL, 1992, p. 71.

야 할 것 같군요. 우리가 그 충동들을, 그것의 전투적인 면 또는 전쟁학을 분석하고 있는, 동물에 대해 그토록 잔인한 담론의 '합리주의적 인간주의'를요. 이 담론은 실제로 합리주의적 인간주의를 주장하며, 의심할 여지 없이 스스로를 그렇게 제시합니다. 그러나 자칭 합리주의적 인간주의는 인간 개념과 이성 개념을 모두 가둬 놓고 구분하는 데 급급합니다. 여기서 내가 중요하게 생각하는 해체는 또 다른 역사의 이름으로도 진행되어야 합니다. 또 다른 역사 개념의 이름으로, 이성의 역사뿐 아니라 인간**의** 역사라는 이름으로요. 폭넓은 역사, 거시사와 미시사가 그것입니다. 내게는 이 순간 우리가 분석하고 있는 단순주의, 몰이해, 폭력적 부정은 또한 억압된 인간의 가능성에 대한 배신으로 보입니다. 이성의 다른 능력들에 대한, 보다 포괄적인 논증 논리에 대한, 질문하는 능력과 응답에 관련된 보다 까다로운 책임에 대한, 또 과학과 관련된, 그리고 예를 들어―이것은 하나의 예일 뿐인데―가장 개방적이고 가장 비판적인 동물학적 또는 동물행동학 지식과 관련된 책임에 대한 배신으로 말이지요.

두 번째 문제는 내게 전환점이 될 겁니다. 엘리자베스 드 퐁트네는 금세기의 많은 유대인 사상가들이 동물에 대한 문제를 그들의 글에 포함시켰다는 점을 지적해요. 그래서 금세기에 윤리와 성스러움에 가장 관심을 기울인 것으로 여겨지는―이건 의심할 나위 없이 정당한 평가지요―유대인 사상가 에마뉘엘 레비나스가 동물을 적어도 그의 저작의 핵심 질문 중 하나로 삼지 않았다는 사실에 대해 묻는 것은 그만큼 긴급해 보이는군요. 여기서 내게 이 침묵은 최소한 우리에게 중요한 관점에서 볼 때, 주체, 윤리, 인격의 문제와 관련하여 레비나스와 데카르트, 칸트를 구분할 수 있게 해주는 모든 차이들보다 더 중요한 것 같습니다. 나는 이 차이를, 나아가 이 대립을, 이 파열을 무시하고 싶지도 않고, 지워 버릴 생각도 없어요. 그러나 이런 것들은 인간 주체에 대한 사유의 축을 조금도 옮겨 놓지 않습니다. 이 인간 주체는 희생의 가능성과 필요성을 윤리의 중심에 두면서, 이렇게 말해도 좋다면, 동물말에 의해 응시됨을 느끼지 못하고 이 동물말에서 인간의 얼굴에 부여된 어떤 특성도 인식하지 못하지요. 이 불변성은 차이, 대립, 파열이나 전위를 관통해서 지속된다는 점에서 더욱 주목할 만합니다. 내가 '주체에 대한 사유'라고 말한다면, 그것은 우선 우리가 분석하고 있는 주체의 전통에 레비나스를 끼워 넣는 걸 정당화하기 위해섭니다. 동물에 대한 이 문제는 그 자체로 흥미롭고 진지한 것에 그치지 않습니다. 그것은 또한 철학자들의 저술을 읽고, 일종의 비밀스러운 '건축학'에 접근하는 데 없어서는 안 될 길잡이 역할을 하죠. 꼭 체계는 아니더라도 정합성을 지닌 담론적 장치를 구성하는 데 작용하는, 따라서 해체하는 데 작용하는 건축학 말입니다. 우리는 한 철학자가 인간과 동물 사이의 경계에 대해 보여 주려고 한 것이 무엇인지, 그리고 실제로는 보여 주지 못한 것이 무엇인지 잘 알아야만 그 철학자를 이해할 수 있습니다.

    이제 레비나스가 그 유산을 변형한다 해도, 그가 주체의 전통적이고 존재론적인 '기울기'라고 할 수 있는 것을 뒤집는다 해도, 그가 강력하고 독창적이며, 이른바 전복적인 방식으로 그렇게 한다 해도(나중에 논의할 텍스트에 나오는 라캉의 표현을 사용하자면, 레비나스의 입장에서도 '주체의 전복'이 있을 거예요), 그가 주체를 급진적 타율에 복종시킨다 해도, 그가 주체를 대신함의 법칙에 예속시킨다 해도, 그가 주체에 대해 주체는 무엇보다 '객주(客主, hôte)'(무한의 객주죠. 더 나아가, 이것은 레비나스가 주장하는, 그리고 그로 하여금 "나는 무한 다음에 있다"고 말하게 하는 무한 관념에 대한 데카르트 전통에 따르는 무한의 객주입니다)라고 말한다 해도, 그가 주체에 대하여 주체는 '인질'임을("주체는 객주"고, "주체는 인질이다"[44], 강박된, 뒤쫓기는, 박해받는 인질이라고 레비나스는 말하죠) 상기시킨다 해도, 윤리의 이 주체인 얼굴은 원래 그리고 오로지 인간의 얼굴로 또 형제의 얼굴로 남아 있습니다. 나는 다른 곳에서 형제애의 이 가치에서 무엇이 관건인지를 강조했지요. 형제애는 얼굴에 대한 레비나스적 해석에서 중심적이고 결정적인 가치입니다. 그 얼굴은 무엇보다 내 형제와 이웃의 얼굴입니다. (그가 아무리 멀리 있거나 낯선 자라 해도 그렇죠.) 이 점은 그 어느 때보다 여기서 분명해요. 동물을 윤리적 회로에서 제외하는 것이 중요합니다. 이 해석은 수많은 인용으로 예시할 수 있을 거예요. 그의 새로운 타율적이고 윤리적인 정의(定義)에 따라 인간 주체가 얼굴이라 할 경우, 타자의 얼굴에 인정되는 특성, 권리, 의무, 변용, 가능성 중 어떤 것을 동물이나 동물말에 부여하는 것은 문제 밖의 일입니다. 이것은 그토록 "강박된(obsédée)"(나는 레비나스의 이 단어를 의도적으로 사용합니다) 사유, 타자의 강박과 타자의 무한한 타자성의 강박에 그토록 사로잡힌 사고의 편에서 생각할 때, 놀라운 일이 아닐 수 없어요. 내가 타자에 대해, 타자 앞에서, 타자의 자리에서, 타자를 위해 책임이 있다면, 동물은 내가 나의 형제로 인식하는 타자보다, 내가 나의 동료나 이웃으로 동일시하는 타자보다 훨씬 더 타자적이고, 더 근본적으로 타자적이지 않습니까? 내가 타자에 대해 어떤 의무가 있다면, 모든 빚 이전에, 모든 권리 이전에 의무가 있다면, 그것은 또한 다른 인간보다, 내 형제나 내 이웃보다 훨씬 더 타자인 동물에 대한 의무가 아닙니까? 글쎄요, 아니죠. 레비나스에게 분명히 동물말은 타자가 아닌 것 같군요. 최소한 명백하게

---

44 이 주제에 관해서는 다음을 참고하라. *Adieu—à Emmanuel Lévinas*, Paris, Galilée, 1997 (『아듀 레비나스』, 문성원 옮김, 문학과지성사, 2016), 특히 II부와 III부에서 길게 다루어진다.

한 구절을 제외하고는—그건 흔히 말하는 것만큼 그렇게 대담해 보이지는 않는 유명한 구절(칸트주의 개 보비의 이야기)인데, 이 대목에 대해서는 잠시 후에 한마디 하겠습니다—내가 아는 한 레비나스는 동물말의 시선을 얼굴의 시선으로서 환기한 적이 결코 없습니다. 그가 그토록 아름답고 강렬한 분석을 바쳤던 발가벗고 상처받기 쉬운 얼굴의 시선으로서 말이에요. 동물은 얼굴이 없습니다. 나를 바라보는, 내가 그 눈 색깔을 잊어야 하는, 발가벗은 얼굴이 없습니다. '발가벗음'은 레비나스가 매우 자주 사용하며, 레비나스에게 없어서는 안 되는 단어죠. 얼굴, 피부, 타자의 또는 타자와 나의 관계의 상처받기 쉬움을 서술하기 위해서요. 그건 "여기 내가 있습니다(me voici)"라고 내가 말할 때 타자에 대한 나의 책임에 걸린 것이에요. 그런데 이 '발가벗음'은 성적 차이에서의 발가벗음과 관련되지 않으며, 동물과 나의 관계의 장에는 결코 나타나지 않습니다. 동물은 얼굴도 없고 피부도 없어요. 레비나스가 이 말들에 부여하라고 우리에게 가르친 의미에서는요. 내가 아는 한, 동물의 시선에는 어떤 관심도 진지하게 주어지지 않습니다. 동물들 사이의 차이에 대해서도 마찬가지고요. 나는 뱀이나 눈먼 원생동물에 의해 응시될 수 없는 것처럼, 고양이, 개, 원숭이, 말에 의해 응시될 수 없다고 말하는 듯합니다.

1992년 이 자리에 함께했던 나의 친애하는 친구 존 르웰린은 특히 『생태적 양심의 중간태』[45]에서 이러한 주제에 대해 근본적이고 명쾌하며 용기 있는 분석을 내놓았습니다. 저는 그에게 경의를 표하며 그의 저서를 여러

---

45 J. Llewelyn, *The Middle Voice of Ecological Conscience: A Chiasmic Reading of Responsibility in the Neighbourhood of Levinas, Heidegger and Others*, New York, St. Martin's Press, 1991.

분에게 읽어 드리고 싶습니다. 그의 우려를 공유하고 그것을 환기하면서도 나는 아마도 조금 다르게 나아갈 거예요. 레비나스에게 바치는 매우 풍부한 장("내 이웃은 누구인가?")에서 르웰린은 1986년 어느 날, 바로 여기 스리지에서 레비나스에게 몇 가지 질문을 했다고 보고합니다. 그 질문은 예컨대 이런 것들이에요. 얼굴이 있다는 사실은 언어 능력을 함축할까요? 동물은 얼굴이 있습니까? 동물의 눈에서 "죽이지 말라"라는 말을 읽을 수 있나요? 다음은 존 르웰린이 옮겨적은 것에 따라 내가 번역한 레비나스의 응답입니다.

나는 당신이(또는 우리가) 어떤 순간에 '얼굴'이라고 불릴 권리를 갖는지(*at what moment you have the right to be called "face"*) 말할 수 없어요. 인간의 얼굴은 절대적으로 다르며 우리가 동물의 얼굴을 발견하는 것은 단지 사후에서지요. 뱀에게 얼굴이 있는지 모르겠군요. 그 질문에 응답할 수 없어요. 좀 더 특별한 분석이 필요합니다.

우선, "인간의 얼굴은 절대적으로 다르며 우리가 동물의 얼굴을 발견하는 것은 단지 사후에서다"라는 명제에 대해 간략히 언급해 보죠. 이 문장은 이 사후의 발견이 유추적 전환 또는 의인법에 의해 작동한다고 시사하는 것 같아요. 이것은 얼굴을 의심하지는 않더라도 그것을 이차화하는 방식이죠. 또 좋든 싫든 모든 경우에 얼굴에 대한 생각과 경험이 원래 인간적인 것이라는 점을, 즉 형제적인 것이라는 점을 확인하는 방식입니다. 이런 독해는 역시 르웰린이 인용한 나중의 인터뷰(1988년)에서의 또 다른 답변에서도 확인된 것 같습니다. 레비나스는 윤리가 모든 살아 있는 존재에 적용되며 동물에게 "무용한" 고통을 주어서는 안 된다는 점(이것은 세계 동물 권리 선언의 입장이죠)을 인정하면서도, 인간적인 것인 윤리의 본래적, 패러다임적, '원형적' 특성을 고집합니다. 인간들 사이의, 오직 인간들 사이의, 그리고 그런 점에서 인간인 인간들 사이의 관계 공간을 말이죠. 우리가 동물의 고통에 민감해져야 하는 것은 단지 사후에, 유추적 전환을 통해서입니다. 동물의 고통이 우리에게 의무를 지우는 것은 다만 전이, 나아가 은유나 비유를 통해서예요. 물론, 인간의 얼굴이 존재하고 또 "내가 존재한다"고 말하는 것은 오직 타자 앞에서 그리고 타자 다음에서지만, 그 타자는 언제나 타자인 인간이며, 그 타자인 인간은 동물에 앞서 옵니다. 동물은 그에게 "(나를) 죽이지 말라"고 말하기 위해 결코 그를 응시하지 않아요. 비록 그 말이 그에게 "도와주세요, 고통스러워요"라고 들린다 해도 말입니다. 여기에는 "당신처럼"이라는 말이 함축되어 있지요.

동물을 인간으로 간주하지 않더라도 윤리가 모든 생명체에게 적용됨은 명백합니다. 우리는 동물이 무용하게 고통을 겪도록 하고 싶지 않아요. 그러나 **이것의 원형 그것은 인간 윤리입니다.** 예를 들어 채식주의는 고통에 대한 생각을 동물에게 **전이하는** 데서 비롯하지요. 동물은 고통받습니다. 인간으로서 우리는 고통받음이 무엇인지 알기 때문에 이러한 의무를 질 수 있습니다.[46]

다른 응답을 다시 들어봅시다. "뱀에 얼굴이 있는지 모르겠군요. 그 질문에 응답할 수 없어요. 좀 더 특별한 분석이 필요합니다"라는 대답을요.

---

46 "The Paradox of Morality: an Interview with Emmanuel Lévinas", R. Bernasconi et D. Wood 편, *The Provocation of Levinas: Rethinking the Other*, London, Routledge, 1988, p. 168-180. J. Llewelyn, The Middle Voice…, op. cit, p. 64에 인용됨.(데리다의 번역과 강조.)

이 답변은 아름답고 현기증이 날 정도로 위험하며 전시적인 것으로 보이지만 매우 신중해 보이기도 합니다. 무엇보다도 이 응답은 무-응답으로서 주어집니다. 더 나은 것은 무-응답을 고백하는 것이에요. 무-응답의 선언이죠. "그 질문에는 응답할 수 없어요"라고 그는 말합니다. 스스로 회피함으로써 레비나스는 응답할 수 없다고 응답하는 셈이죠. 응답하고 싶고, 당연히 응답해야 하지만, 응답할 수 없다고 응답합니다. 그는 할 수 없어요. 이건 데카르트의 동물이 응답할 수 없는 것처럼 일반적으로 응답할 수 없는 일반적 무능력이 아니에요. 여기서는 이-질문에 응답할 수 없고, 동물에 대한, 동물의 얼굴에 대한 이 질문을 책임질 수 없는 것이죠. 존 르웰린의 번역에 따르면, "그 질문에 대답할 수 없어요(I can't answer that question)"라고 레비나스는 말합니다. 하지만 무-응답 형태의 이 응답은 인간의 것입니다. 전적으로 인간적이고, 너무도 인간적이죠. 레비나스는 어떤 동물도 이런 식으로, 요컨대 응답에 대한 질문에 응답할 수 없는 무능력을 고백하지 않을 것이라고 암시합니다. 얼굴을 가진다는 것은 "여기 내가 있습니다"라고 하면서 타자 앞에서 또 타자를 위해, 스스로 타자를 위해 응답할 수 있는 것이기 때문이에요. 그리고 응답할 수 없다고 응답하면서 레비나스는 "여기 내가 있습니다(Me voici)"고 말하지만, 그는 얼굴이 무엇인지 아는가를 묻는, 즉 응답함이 무엇인지 아는가를 묻는 질문에 대해서는 응답할 수 없다고 고백하면서 응답합니다. 그러니까 그는 얼굴에 관한 그의 논의 전체를 더 이상 책임질 수 없다는 것이지요. 왜냐하면 '얼굴'이라고 불릴 권리가 어디서 시작되는지 모른다고 선언하는 것은, 얼굴이 무엇인지, 이 말이 무엇을 의미하는지, 그 말의 사용을 지배하는 것이 무엇인지 근본적으로 모른다고 고백하는 것이기 때문이죠. 그러니까 응답함이 무엇인지 말하지 않았다고 고백하는 것이에요. 이것은 타자의 '얼굴'

에 대한 담론과 윤리의 정당성 전체에 의문을 제기하지 않습니까? 타자의 타자성에 대한, 내 이웃이나 내 형제 등등으로서의 타자에 대한 명제 전체의 정당성과 심지어 그 의미까지 말입니다.

사실 겸손한 고백 형태의 이런 선언들의 무게와 결과에 어떤 한계를—그것이 무엇이든—측정하거나 발견하기는 어렵습니다. ("나는 당신이(또는 우리가) 어떤 순간에 '얼굴'이라고 불릴 권리를 갖는지(*at what moment you have the right to be called "face"*) 말할 수 없어요." 또는 "그 질문에는 응답할 수 없어요"—이건 동물이, 이 경우에는 뱀이죠, 얼굴을 가지고 있는지에 관한 질문이죠]. 하지만 동시에 더 특별한 (그러니까 와야 할, 미래에 개선되어야 할) 분석의 필요성에 기대를 걸고, 나아가 약속을 하는 것은, 어떻든 그런 필요성에 대해 단순히 언급하는 것은—그런데 이건 최소한 제 가설입니다만, 그러한 분석은 레비나스의 논의 전체 질서와 구성 방식에 의문을 제기할 위험이 있을 겁니다—미래에 전적인 기회를 주는 책임감 있고 용기 있으며 겸손한 방식이에요. 그리고 우리가 지금 여기서 관여하고 있고, 사실 오랫동안 관여해 온 것은, '더 특별한 분석'을 향해 열린 틈 속에 있음이 분명합니다.

그렇지만 레비나스에서는 어떤 것이 여전히 닫혀 있는 것처럼 보여요. 그는 이 미래에 대해 한 손으로는 "아니오"라고 말하면서 다른 한 손으로 그것을 간신히 열죠. 이 미래는 레비나스와 레비나스가 그토록 훌륭하게 대표하는 전통 전체에 대한 위험하고 강력한 미래입니다. 이렇게 말해진 **아니오**는, **아니오**라는 이 말함은 내가 보기에, 동물에게 얼굴이 있다는 가설과 관련해서 그의 작품 도처에서 발견됩니다. 또는 거꾸로, 레비나스가 이 개념에 적용하는 엄격한 요구의 순수성 속에서 보면, 인간이 즉자적인 얼굴을 갖는지 확실하지 않다는 가설과 관련해서 말이지요. 그리고 도처에서 울려 퍼지는 이 **아니오**를 우리는 무-응답의 형태로 들을 수 있습니다. 레비나스가 자신의 비-지식 선언을 뒷받침하기 위해 동물의 **한 예**를 선택할 때에 그렇지요. 뱀의 예는("뱀에게 얼굴이 있는지 모르겠군요") 우연이 아닙니다. 이제 엄청난 우화적 또는 신화적 혐의, 그리고 무엇보다 우리가 이미 언급한 성서적이고 시적 혐의("나는 짐승이나, 예리한 짐승이다 / 거기서 나오는 독은 저열하나 / 독당근의 지혜를 능가한다!")는 이 유혹 또는 악의 형상에 얼굴을 귀속시키는 것을 매우 있을 법하지 않은 일로 만들죠. 이것은 의심할 여지 없이 레비나스의 수사학이 우리에게 설득하고자 하는 것입니다. 반대로 짐승의 악의 형상에서 얼굴의 더욱 불가피한 관념을 보고 싶을 수도 있을 겁니다. 악이 있는 곳에 얼굴이 있어요. 얼굴 없이 지낸다는 것은 선과 악에 대한 순수한 무관심이죠. 무엇보다 레비나스는 뱀을 선택함으로써 더 골치 아픈 사례 곁에 정지하는 것을 피합니다. 더욱이 그는 예를 들면, 고양이, 개, 말, 원숭이, 오랑우탄, 침팬지 등 다른 많은 동물들에 대한 질문에 응답하는 것을 피하지요. 이런 동물들에게는 시선과 얼굴을 거부하기가 더 어려울 겁니다. 그러니까 레비나스가 얼굴에, 인간에 대한 인간의 얼굴에, 또는 인간 얼굴의 발가벗음을 설정하는 신의 명령에 유보해 놓은 "죽이지 말라"를 거부하기가 더 어려울 거예요.

레비나스는 "죽이지 말라"를 십계명의 여섯 번째에서 첫 번째 자리로 올려놓고, 이 명령이 타자의 얼굴로부터 온 첫 번째 명령이며 사실 얼굴의 에피파니와 구별되기 힘든 명령임을 자주 상기시켜 줍니다. 그런데 레비나스가 종종 "살인하지 말라(Tu ne commettra point de meurtre)"로 번역하는 "죽이지 말라(Tu ne tueras point)"가 금지하는 것이 무엇인지 이해하는 것이 중요해요. 그것은 살인, 즉 사람을 죽이는 것은 금지하지만 죽이는 것 일반을 금지하지는 않습니다. 또한 그것은 생명에 대한 존중에도, 생명 일반에 대한 원리적 존중(신의 율법(torat haïm))에도 응답하지 않지요. 그것은 동물을 죽이는 것을 금지하지 않는 "죽이지 말라"예요. 그것은 다만 얼굴을 죽이는 것을 금지하죠. 여기서 문제되는 것은 얼굴의 살해뿐입니다. 다시 말해 내 이웃, 내 형제, 사람 또는 다른 사람의 얼굴의 살해뿐이죠. 이 논리에 따르면 동물을 죽이고, 희생시키고, 착취하여 죽음에 이르게 하는 행위는 사실 살해가 아닙니다. 그것들은 "죽이지 말라"에 의해 금지되지 않아요. 동물은 살해의 희생자가 될 수 없기 때문에, 근본적으로는 죽지 않죠. 이러한 관점에서 볼 때, 레비나스는 여전히 깊은 면에서 하이데거주의자이기도 합니다. 데카르트처럼, 칸트처럼, 또 하이데거처럼, 그는 자기의 또는 "여기 내가 있습니다"의 규정을 통해 생명으로서의 존재, 살아 있음(vivance)으로서의 존재를 부차적으로 만듭니다—데카르트의 "나는 생각한다 그러니까 나는 존재한다"처럼, 그러나 또한 하이데거의 현존재처럼. 하이데거의 현존재는 처음에는 죽음을 향한 존재로(불가능한-가능으로) 나타나지만, 먼저 자신을 생명체로 긍정하지는 않습니다. 현존재는 역설적이게도 죽을 수밖에 없는 자이며, 나아가 본질적으로, 생명과 더불어서는 아무것도 하지 못하는 죽어 가는 자이죠. 자신의 현-존재에서부터, 자신의 "나는 존재한다"에서부터 말입니다. 하이데거가 『존재와 시간』에서 주관성에 의문을 제기함으로써, 또 현존재를 규정하기 위해 '인간'과 '생명'이라는 이름을 왜 피해야 하는지를 설명함으로써 시작한다 할 때, 그 분석은 "나는 존재한다"에서 시작합니다. 그것에 대한 존재론적 검토가 데카르트가 중단한 곳에서 다시 이루어지죠. 그러나 데카르트에서와 마찬가지로 하이데거에게도 이 "나는 존재한다"는 우선 "나는 살아 있다"나 "나는 숨 쉰다"가 아니에요. 이 모든 어려움의 중심에는 항상 생명에 대한 생각의 생각 없음이 있습니다. (바로 여기서, 생명과 '살아 있는 현재'에 대한 질문에서, 살아 있는 현재에 놓인 자아의 자서전에 대한 질문에서, 후설에 대한 나의 해체적인 독서가 시작되었고, 사실 그 이후에 뒤따를 수 있었던 모든 것이 시작되었습니다.)

만일 동물이 죽지 않는다면, 만일 모든 경우에 우리가 동물을 '죽임' 없이, 말살함 없이, 살해함 없이, "죽이지 말라"가 동물을 응시하거나 이와 관련해 나를 응시함 없이, 우리가 동물을 죽음에 이르게 할 수 있다면, 그것은 동물이 성스러움을, 분리를, 그러니까 얼굴로서의 인격에 대한 윤리를(대신함을, 삼자성을, 객주-임 또는 인질-임을, 방문을, 평화를, 선함을, 아버지됨을—그리고 무엇보다도 "죽이지 말라"나 "살인하지 말라"라는 명령에 대한 윤리나 형이상학을, 책임을) 규정하는 모든 것에 낯설게 남아 있기 때문입니다. "여기 내가 있습니다"라고 응답하고 대신함을 통해 타자를 책임진다고 스스로를 제시하는 자의 책임을 내가 무엇보다 강조한다면, 그것은 레비나스가 언제나 거기로 돌아가기 때문이에요. 자신의 '제일철학'의 주요 영감으로서 말이죠. 그러나 그것은 또한 두 가지 다른 이유 탓이기도 합니다. 첫째, 책임의 "여기 내가 있습니다"는 이 자가-제시를, 자가목적적, 자가지시적, 자서전적 운동을 함축하며, 법 앞에 노출되기 **때문**이에요. 둘째, 책임으로서의 "여기 내가 있습니다"는 "응답함"의 가능성을, 타자의 호소나 명령에 대한 응답 속에서 자기에 대해 응답함/책임짐의 가능성을 함축하기 **때문**입니다. 이제 우리가 그 흔적을 추적하고 있는 전통에 의하면, 레비나스에 의하면, 동물은 "여기 내가 있습니다"와 응답의 모든 가능성을, 사실은 그런 모든 능력을, 그러니까 모든 책임을 결여하고 있는 것처럼 보여요. 동물은 누구도 아니며, 무엇보다 레비나스가 항상 흠 없이 지켜 온 인격이 아닙니다. 바로 이것이 동물이 죽지 않는 이유죠. 그렇기에 동물의 무-응답은 그가 죽음을 정의하는 무-응답(레비나스에게 매우 중요한 또 다른 개념)과 비교할 수 없어요. 후자는 다른 인간의 얼굴의 죽음을 함의합니다. 그의 견해에 따르면 죽음은 우선 존재에서 무로의 이행, 소멸이 아니라, 그가 자주 말하듯이 타자가 더 이상 응답하지 않는 순간이지요. 얼굴의 이 무-응답, 얼굴의 잔해로서의 시체의 무-응답은 동물의 무-응답 및 무-책임과는 아무런 관련이 없을 거예요. 문젯거리인 유추의 핵심에서, 무-응답에 대한 이 두 가지 이해 사이에 모든 것이 걸려 있는 것처럼 보이는군요. (데카르트에서 라캉에 이르기까지 응답이라는 주제에 관해 여기서 우리가 듣고 있거나 앞으로 듣게 될 사상가들 중 누구도, 모든 응답과 모든 응답의 이상성에 본질적인 반복성이 어떻게 무-응답을, 자동 반응을, 기계적 반응을 가장 생생하고 가장 '진정한' 반응, 가장 책임 있는 반응에 도입할 수 있고 도입하지 않을 수 없는지에 대한 질문을 제기한 적이 없어요.) 얼굴의 잔해는, 동물처럼, 그것이 응답하지 않을 때 다시 동물이 되지 않습니다. 죽은 얼굴의 이 "그가 응답하지 않는다"의 무-응답은 "그가 응답했을" 그 자리에서 "그가 더 이상 응답하지 않는다"를 의미하죠. 반면에 동물의 "그가 응답하지 않는다"는 "그는 결코 응답한 적이 없다" "그는 결코 응답하지 않을 것이다" "그는 결코 응답하지 않았을 것이다" "그는 결코 응답할 수 없었을 것이다"를 의미해요. 그러니까 동물은 응답함의 능력과 권리를 모두 결여하고 있는 셈입니다. 물론, 그러니까 책임을 (그러니까 권리 등등을) 결여하고 있는 셈이지요. 또한 동물은 무-응답도 결여하게 됩니다. 비밀에서 또는 죽음에서 인간의 얼굴에 부여되는 무응답의 권리를요. 마찬가지 방식으로, 또 급히 중단된 유혹의 동일한 논리에 의해 여전히, 우리는 동물이, 동물-타자가, 동물로서의 타자가 인간과 형제 또는 이웃으로 여겨지는 자의 얼굴 사이에서 제3자의 자리를, 그러니까 정의에 대한 첫 번째 요청의 자리를 차지한다고 상상할 수 있을 법합니다. 글쎄요, 아니죠. 레비나스가 단순히 "동류"⁴⁷가 아닌 타자의 타자, 정의의 문제를 제기하는 타자의 타자에 대해 자문할 때도, 이 비-동류는 인간으로 남아 있어요. 형제로 그리고 다른 타자가 아닌 자로, 인간과 다른 다른 자가 아닌 자로, 여전히 인간으로 불리고 이 이름에만 응답하는 "다른 인간"과 다른 다른 자가 아닌 자로 말입니다.

동물말에 대한 이 부정, 이 폐제(forclusion) 또는 이 회피가 예를 들어 데카르트나 칸트 같은 "나는 생각한다"의 다른 사상가들 쪽에서보다 레비나스 쪽에서 우리를 더 놀라게 하는 이유는 무엇일까요? 그것은 생명의 원리[신의 율법(torat haïm)]가 유대교의 손댈 수 없는 위대한 원리로 남아 있기 때문입니다. (비록 그것이 유대교에서 동물 희생을 막지는 못했지만. 이건 여기서는 제쳐 두어야 할 커다란 문제죠.)

이제 소개할 바비에 관한 문헌에서 레비나스가 '채식주의 규칙'을 환기한 후 "…… 창세기를 믿어야 한다면, 그것은 우리 모두의 아버지인 아담의 창세기다!"라고 (느낌표와 함께!) 외칠 때, 그는 일종의 아이러니한 불신감을 드러냅니다. 실제로 창세기의 두 이야기는 이 점에 대해 매우 분명해요. 타락 이전, 발가벗음의 도래 이전에, 신은 아담에게 사냥꾼이 아니라 채집가로서 먹고살라고 분명하게 명했습니다. 아담은 땅 표면과 나무에서 자라는 것을 먹어야 했지요. 한참 뒤, 타락 후에야 아벨은 목동의 제물을 드려 신의 총애를 얻었어요. 그때 불쌍한 카인은 정착한 농부로 남았고요. 카인은 신의 맨-처음 계명에 더 충실했으며, 결국 역사 전체, 즉 역사성을 창출하는 모든 잘못과 범죄 행위는 아벨의 동물 제물에 대한 신의 선호와 아마도 그에 따른 후회, 그러니까 카인의 방황하는 후손에게 약속된 보호와 관

---

47 "Paix et proximité", Emmanuel Lévinas, *Cahiers de la nuit surveillée*, 1984, p. 345. 「아듀 레비나스」, 앞의 책, 69쪽 이하 참조.

련이 있습니다. 그러나 레비나스에서 정주적 뿌리와 장소의 신성화에 대한 항의로서 공명하는 모든 것이 그를 사육자의 편, 선한 편에 놓이게 합니다. 동물을 지배하고 기른 다음 신에게 제물로 바친 아벨의 편에 말이죠.

다른 관점에서 우리는 심오한 인간 중심주의와 인간주의가 그 본래성 자체 속에 남아 있는 것에 놀랄 수 있어요. 타자에 대한, 나를 바라보는 무한한 타자에 대한 사유는 도리어 동물의 문제와 요구를 중시하여야 마땅하니까요. 그런 문제를 인간의 문제에 앞서게 해야 한다는 건 아닙니다. 인간, 형제, 이웃의 문제를 동물의 질문과 요구의 가능성에서부터 사유해야 한다는 것이지요. 들리거나 침묵하는 호소, 우리 바깥의 우리 속에서 부르는, 더욱 멀리서, 우리 다음의 우리 앞에서, 우리에 앞서고 피할 수 없는 방식으로 우리를 뒤쫓는 그런 호소의 가능성 말입니다. 이 호소는 그처럼 피할 수 없기에 그토록 많은 징후와 상처를 남길 수 있어요. 이 호소에 귀를 막으려는 사람들의 담론에 부정의 상흔을 남길 수 있죠. 어떤 의미에서 데카르트, 칸트, 레비나스가 좋든 싫든, 알든 모르든, 말하는 것은, 또 말하는 걸 듣는 것은 동물말에 대해서일 뿐입니다. 확실히 그렇지요. 하지만 그들은 항상 부정이나 폐제를 통해 그렇게 합니다. 동물말은 그들에 의해 부정되고 폐제되고 희생되고 모욕당하지요. 그리고 이런 일은 우선 그들에게 가장 가까이서, 그들 자신에게서, "나는 존재한다/나는 ~이다"와 "나는 나인 자이며, 내가 그에 의해 쫓기기도 하고 앞서기도 하는 자"라는 무한한 현기증의 가장자리에서 일어납니다. 그들의 "나는 존재한다/나는 ~이다"는 언제나 "내가 알지 못하는 때조차, 나는 동물을 뒤쫓는다/나는 동물 다음에 존재한다"죠. 그리고 폐제의 이 부정은 그들이 인간에게 부여한 모든 것을 동물말에서 부정하기 위해 동물말에 대해 말하지 않을 때에도 역시 강력합니다. 또는 동물말에 대해 말할 때에도 마찬가지죠.

이러한 부정에 대한 몇몇 기준이나 예를 설정하기 위해, 많은 독자들의 관심을 끌었을, 특히 내 친구인 존 르웰린과 알랭 다비드[48]의 정당한 관심을 끌었던 바비에 관한 유명한 텍스트를 간략히 읽어 보겠습니다. 「개의 이름 또는 자연권(Nom d'un chien ou le droit naturel)」이라는 제목의 이 짧고 풍부하며 유쾌하고 감동적인 텍스트는 1975년에 브람 반 벨데(Bram Van Velde)에게 바쳐진 『말을 사용할 수 없는 자(Celui qui ne se peut servir de mots)』(나는 이것이 그 화가가 그린 형상에, 그러니까 생명을 묘사한 그림(zôgraphia)[49]에, 또 말이 결여된 언어를 사용하는 다른 종류의 동물인 개에 헌정된 제목이라고 생각해요)라는 제목의 모음집에 등장하지요.[50] 이 글은 그 책의 나머지 글들과 어울리지 않으며 일종의 하나뿐인 경우(hapax)를 이루는 듯 보이는 만큼, 더 매력적으로 나타납니다. 그건 거기에, 레비나스의 말에 따르면, "칸트주의" 개의 문제가, "나치 독일의 마지막 칸트주의자"의 문제가 있기 때문이에요. 이 자전적 텍스트는 레비나스에게 전쟁 시기와 포로 시기를 떠올리게 하죠. 전쟁 포로 수용소인 1492 수용소(이 숫자!, 이 연도! 라고 레비나스는 쓰고 있죠[51])에서 이 "사랑스러운

---

[48] Alain David, "Cynesthèse: auto-portrait au chien", M.-L. Mallet (dir.), *L'Animal autobiographique*, 앞의 책, p. 303~318 참조.

[49] zôgraphia는 그리스어로 'ζωγραφια'로, 'ζω'는 'ζωή'에서 유래한 것으로 '생명'을 뜻하며, 'γράφω'는 'γράψω'에서 유래한 것으로 '그리다'를 뜻한다. 따라서 zôgraphia는 '생명을 그리다'라는 의미를 지닌다. zôgraphia는 일반적으로 회화를 의미하는 단어로 사용되나, 고대 그리스에서 회화는 단순히 그림을 그리는 행위를 넘어서, 생명의 모습을 통해 삶의 의미와 가치를 표현하는 행위로 여겨졌다.—옮긴이

[50] Montpellier, Fata Morgana, 1975. 이 텍스트는 다음에 재수록되었다. *Difficile liberté*(『어려운 자유』)(개정 3판), Paris, Albin Michel, 1976, p. 213~216.

[51] "――독특한 일치―1492라는 숫자는 에스파냐의 가톨릭 페르디난트 V세가 유대인을 추방한 해에 해당한다."(*Difficile liberté*, 앞의 책, p. 215.)

개"는 인간을 인간으로 응시하는 유일한 존재였습니다. ("그에게 우리가 인간이었다는 것은 논란의 여지가 없었습니다.")

진지하고 책임감 있으려면, 레비나스 윤리와 동물의 화해를 꿈꾸며 이 개를 우상화하기 시작할 모든 매혹된 독자를 깨어나게 할 위험을 감수하더라도, 보비에 대한 이 찬송의 범위를 즉시 제한할 필요가 있습니다. 적어도 세 가지 방식으로요. 첫째, 이 감동적인 문구("그에게 우리가 인간이었다는 것은 논란의 여지가 없었습니다")는 논란의 여지가 없는 것에 대한 증언의 이 권리에 대해 아무것도 말하지 않습니다. 질문해야 좋을 곳에서 아주 조용히 주장하죠. 둘째, 이 문구는 무엇보다도 '인간'이라는 말 아래에 놓아야 할 것에 대해 아무것도 말하지 않아요. "그에게 우리가 인간이었다는 것[…]"이라고 레비나스가 말할 때 말입니다. 사냥당하고, 구타당하고, 도살당하는 짐승들에게 우리는 또한—아뿔싸— 인간인 것이죠. 짐승들은 너무 빨리 이 인간들이 인간임을 식별해 냅니다. 불행하게도요. 레비나스는 다른 것을, 즉 개 보비에게 우리는 인간적 인격이고, 존경할 만한 또 "죽이지 말라"에 어울리는 얼굴이었음을 말하고자 하기에, 이 칸트적 개에게 인정된 주된 공로가 우리를 인정한다는 것, 우리를, 인간이자 도덕적 인격으로 인정한다는 것이라는 점은 더욱 특별한 일입니다. 셋째, 더 심각한 또 다른 한계는, 레비나스가 같은 구절에서, 그가 방금 이 칸트주의 개에게 그토록 관대하게, 더욱이 관대함의 가시적 의식을 가지고 주었던 것 모두를 빼앗기 위해, 다음과 같은 말을 서둘러 덧붙인다는 데 있습니다. "그 충동의 격률을 보편화하는 데 필요한 두뇌를 갖지 못한, 나치 독일의 이 마지막 칸트주의자는 이집트 개들의 후손이었다." 이집트에 대한 이 암시에 대해선 할 말이 많이 있을 거예요. 레비나스는 이집트를 그리스와, 오디세이와, 이타카와 대조하죠. 이타카에서 율리시스를 알아본 개는 귀환과 향수의 장소에서 알아봅니다. 고향의 시선이에요. 반면에, 칸트주의 개는 사막에서 "친구의 울부짖음"을 내뱉습니다. "여긴 아무 데도 아니었다." 그러나 격률을 보편화하는 데 "필요한 뇌"가 없는 칸트주의자는 칸트주의자일 수 없다는 사실을 어떻게 무시할 수 있을까요. 특히 문제의 격률이 "충동"의 격률이라면 말이에요. 이건 칸트를 짖게 만들었을 겁니다. 그러니까 보비는 전혀 칸트적이지 않아요. 이 우화적 또는 공상적 또는 전설적 칸트주의자는 기껏해야 절름발이 신칸트주의자, 이성이 결여된 칸트주의자, 보편화 가능한 격률이 없는 칸트주의자일 뿐입니다.

결국 순수 실천이성의 특정한 무의식에 대해 우리가 엿본 것, 아도르노에 따르면 잠재적으로 "파시스트"인 칸트적 이상주의가 동물의 생명에 선언하는 잔인하고 무자비한 전쟁에 대해 우리가 엿본 것의 척도만을 고려할 때, 보비가 칸트주의자라고 말하는 것은 선물이 아니에요. 그걸로는 최선의 경우 평화유지군을, 최악의 경우 동물에 대한 늑대를 만들 위험이 있죠. 나는 다른 편에서는 탈진에 열려 있는 보비에 대한 이 놀라운 칭찬을 계속 쫓아다니고 싶지 않군요. 이 성찰 전체에 처음부터 영감을 준 출애굽기(XXII, 30)[52]의 구절은 채식주의 헌장에 지나지 않는다는 것이 사실입니다. "너희는 내 앞에서 거룩한 인간이어야 한다. 너희는 들에서 찢긴 동물의 고기를 먹지 말고, 개에게 넘겨 주어라"라고 말하면서 이 구절은 채식을 하라고 규정하지는 않지만, 앞의 구절들 전체에서 그렇듯, 짐승의 대우, 사육, 희생, 교환이 제의적 규칙을 따라야 한다고 명하고 있어요. 레비나스가 인용하지 않은 마지막 구절은, 비록 "제기랄(nom d'un chien)……"[53]로 시

---

52 데리다의 전거 표시와 달리 해당 내용은 출애굽기 22장에 나온다.—옮긴이
53 자구대로 옮기면 '개의 이름'이다.—옮긴이

작하는 구절 바로 앞에 있지만, 다음과 같습니다. "네 아들 중 장남을 너는 내게 줄 것이다. 네 소와 양에 대해서도 그렇게 하리라 / 그 어미와 이레 동안 있을 것이며, 여드레 날에 내게 줄 것이다."

이 "제기랄……"에 대해선 끝없이 언급할 필요가 있겠지요. 전적인 인내심이 요구될 것이고요. 여기서는 그렇게 할 수 없으니, 단지 구두점을 찍는 것으로 만족하겠습니다. 저는 『아듀 레비나스』에서 언젠가 레비나스의 저술에서 느낌표의 수사학에 대해 체계적으로 관심을 가져야 할 필요성에 대해 환기한 적이 있어요.[54] 여기에서는 8쪽의 짧은 글에서 적어도 11개의 느낌표를 발견했습니다. 모두 부정의 의미를 내포하고 있는 것으로 보이네요. 하기야 그중 두 개는 "아니 아니야! 아니 아니야!"에 동반되죠. 사실 이건, 타자를 인식하고 또 자신의 이름에 응답함으로써 타자에 응답하는, 그럼으로써 자신의 이름에 책임을 지는 개에 관해서 "아니 그래, 아니 그래"의 진실을 알리는 신호입니다.

오디세이에서 돌아올 때 변장한 율리시스를 알아본 개가 우리 개의 친척이었나? 아니 아니야! 아니 아니야! 그곳은 이타카고 고향이었다. 여긴 아무 데도 아니었다. 그 충동의 격률을 보편화하는 데 필요한 두뇌를 갖지 못한, 나치 독일의 이 마지막 칸트주의자는 이집트 개들의 후손이었다.

두 개의 다른 느낌표, 그러니까 이를테면 두 개의 부정의 지점, 또는 루소가 말했듯이 아이러니의 지점, 다시 말해 우화적 불신의 지점, 내가 보기에 이것은 그 텍스트가 다른 것을, 심지어 레비나스가 말하거나 말하고자

---

54 『아듀 레비나스』, 앞의 책, 134쪽 참조.

하는 것과 정반대의 것을 하고 있다는 걸 알려줍니다. 그의 말함(Dire)이 그의 말해진(Dit) 것과 모순되지 않는다면, 또 동물의 문제 전체가 이 모순 속에서 전개되지 않는다면 말이에요.[55] 레비나스는 성경 구절에서처럼 독특한 개, 보비라는 고유명에 응답하는 개를 말하고자 합니다. 이 개를, 보비를, 우화 없이, 전설 없이, 신학 없이요. 그러나 도달한 것은 그 반대죠. 성경과 보비의 이야기에서요. 보비 이야기에서 이 개는 칸트적 개의 형상에 불과한데, 왜냐하면 그에게는 칸트적 도덕이 요구할 본질적인 것이 결여되어 있기 때문입니다. 자신의 행동의 격률을 보편화할 수 있는 이성적 존재의 존엄성(Würde)을 고려하는 칸트의 도덕 말이에요. 성서 텍스트와 마찬가지로, 그리고 그가 그것에 대해 뭐라고 말하든, 레비나스의 텍스트는 은유적이고 우화적이며 신학적이고 인간신학적입니다. 그러니까 의인화되어 있는 것이죠. 레비나스가 반대의 것을 주장하고, 우기고, 내세우고, 외치는 바로 그 순간에, "그만둠 없이(sans trêve)" 그렇게 남아 있습니다. 두 페이지 앞에서, 세 개의 다른 느낌표 다음에, 즉 "사냥 놀이!"의 승화를, 채식주의의 규칙과 관련하여 "창세기를 믿어야 한다면, 그것은 우리 모두의 아버지인 아담의 창세기다!"를, 또 "'거룩한 인간'인! 우리의 입이 매일 요구하는 도살을 제한"해야 옳을 금지를 환기하는 세 개의 다른 느낌표 뒤에 레비나스는 실제로 이렇게 외쳤습니다.

하지만 신학은 그만! 내가 특별히 관심을 갖는 것은 이 구절의 마지막에 나오는 개다. 보비가 생각난다.

---

[55] 같은 책, 66쪽 참조. "말함에 의한 말함의 가혹한 모순을, 모-순/말에-맞섬(Contra-Diction) 자체를……" 또한 219쪽도 참조.

이제 레비나스는 훨씬 더 나아가 "……는 그만(trêve de)……"이라는 지칠 줄 모르는 표현으로 동일한 부정을 그만둠 없이 반복합니다.

하지만 우화는 그만! 우리는 너무 많은 우화를 읽었고 항상 비유적으로 개 이름을 사용한다! 이제 라 퐁텐보다 더 오래된 유서 깊은 해석학—고대부터 구전으로 전해 내려온 탈무드 박사들의 해석학—의 용어로, 잠언으로 가득 찬 이 성서의 본문은 여기서 은유를 거부한다. 출애굽기 30장 22절에서 개는 하나의 개가 될 것이다. 글자 그대로 개다!

열한 번째 느낌표는 텍스트의 한 가운데에, 열한 번째 시간[56]에 나오는데, 이는 실제로 믿을 수 없는 것, 그러니까 순전히 우화적이거나 형상적인 것으로 남아 있는 것 앞에서, 즉 레비나스적 의미의 초월성, 그러니까 윤리에 대한 진정한 열림 앞에서, 동물에게 이 믿을 수 없음의 색조를 주기 위해서입니다. 동물은 레비나스가 다른 곳에서 여성에게서조차 부정하는 것을, 초월을[57] 이렇게 인정하게 될 거예요. 레비나스는 이 성서의 개가 "인간성의 형상!"일 뿐이라는 점을 인정한 후, "인간의 친구"라는 칸트적 표현을 사용하여 초월할 수 있는 이 개를 가리킵니다. 여기서 다뤄지는 건 "이스라엘이 노예의 집에서 나오게 될" 때 "장자들의 죽음"의 순간에 몹시 놀란 이집트의 개들이죠. 이 개는 하이데거가 단호하게 말하게 될 것처럼, 여전히 결함과 결핍 속에 있고, '없음(sans)'으로 있으며, 여전히 로고스와 윤리를 결여하고 있죠. 여러분은 이 개가—레비나스는 이렇게 말할 텐데—자

56 「마태복음」 20장 참조.―옮긴이
57 『아듀 레비나스』, 앞의 책, 76쪽 이하 참조.

신의 침묵 속에서 인간의 인간성에 대한 증인으로, 단지 증인으로 소환된다는 말을 듣게 될 거예요. 이 개는 거기에 말 없는 증인으로서, 오직 인간의 존엄성(Würde)을 입증하기 위해 있는 것입니다.

국가의 노예를 섬기던 노예들은 이제 가장 높고 가장 자유로운 목소리를 따를 것이다. 인간성의 형상! 인간의 자유는 자신의 노예 생활을 기억하고 모든 노예 된 자들과 연대하는 해방된 자의 자유다. 노예의 무리는 인간의 이 높은 신비를 축하할 것이며, '개도 짖지 않을' 것이다. 개는 인격의 존엄성을 증언할 것이다. 그것이 수립되는 최고의 시간에, 윤리도 로고스도 없이. 인간의 친구—바로 그렇다. 동물에서의 초월! 그리고 우리가 출발한 그토록 명확한 구절은 새로운 의미로 빛난다. 그것은 우리에게 늘 열려 있는 빛을 상기시킨다.
하지만 우리가 인용한 미묘한 주석이 수사학 속에서 길을 잃는 것은 아닌가? 과연.
나치 독일에서 우리는 유대인 전쟁 포로 산림 작업반의 70명이었다(⋯). 우리는 준-인간, 원숭이 무리에 지나지 않았다⋯⋯

인간의 존엄성을 증언하는 이 우화적 개는 타자성 없는, 로고스 없는, 윤리가 없는, 자신의 격률을 보편화할 능력이 없는 타자라는 점을 숨기지 맙시다. 그 개는 우리를 위해서만 우리에 관해 증언할 수 있을 뿐이에요. 우리의 형제나 우리의 이웃이 되기에는 너무 다르며, 우리에게 "죽이지 말라"고 발가벗은 얼굴로 지시하는 전적인 타자가 되기에는 충분히 다르지 못하지요. 달리 말해, 우리가 이러한 감탄적 부정의 무의식을 통해 읽어 내는 것은 다음과 같은 겁니다. 즉, 계속 동물이라고 불리는 것에서, 독특한 것("동물에서의 초월!", "동물에 대한 믿음" 등등)에서 인간성의 결핍이 아닌 다른 것을 인식하기 위해서는, 전통적 주체를 전복해서 그것으로 타자의 '객주'나 '인질'을 만드는 것만으로는 충분하지 않다는 것이죠. 레비나스에게 동물은 데카르트 전통 전체에서 그랬을 것처럼, 말하지 못하는 기계로, 의미에 접근하지 못하며 기껏해야 "기의 없는 기표"(여러분은 곧 이것에 대해 듣게 될 겁니다)를 모방할 수 있는 기계로, 원숭이처럼 말하는 일종의 원숭이로, 바로 나치가 유대인 포로들을 환원하고자 했을 그런 것으로 남아 있습니다. 인종주의는 생물학적 개념이 아니며 반유대주의는 "모든 강제수용의 원형"이라고 강조한 다음, 레비나스는 "사회적 억압"에 대해 그것은 반유대주의의 "모델을 모방할 뿐"이라고 말하니까요. 그리고 그는 다음과 같이 씁니다. 이건 원숭이에 대한 전통적 기준과 어긋나지 않는 것처럼 보이는군요.

그것(사회적 억압)은 계급 안에 가두고, 표현을 빼앗으며, '기의 없는 기표'로, 그래서 폭력과 전쟁으로 내몬다. 따옴표의 창살 뒤에서, 원숭이처럼 말하는 것과 다르게 펼쳐지는(s'étende)(들리는s'entende—아마 오타일 거예요) 인간성의 메시지를 어떻게 전달할 것인가?

그러니까 윤리로 주체에게 자신이 주체-임을 상기시키는 것만으로는 충분치 않습니다. 객주나 인질을, 타자에 대한 예속을, 전적인 타자 또는 모든 타자에 대한 예속을 상기시키는 것으로는 충분치 않아요. 이것은 언어가 없고 응답이 없는 동물이라는 데카르트의 전통을 깨기에는 충분치 않지요. 우리가 곧 보게 될 것처럼, 주체의 개념을 포기하지 않은 채 어떤 '주체의 전복'을 주장하는 무의식의 논리나 윤리에서조차 그것은 충분치 않습니다.

3부
그런데 동물이 응답한다면?

자크 라캉에게.

레비나스라면 그랬을 것처럼, 윤리란 주체에게 자신이 주체−임을, 자신이 객주 또는 인질−임을, 다시 말해 자신이 타자에게, 전적인−타자 또는 모든 타자에게 예속되어−있음을 상기시키는 것으로 충분할까요?

나는 그렇게 생각하지 않아요. 언어도 없고 반응도 없는 동물−기계라는 데카르트적 전통을 깨려면 그걸로 충분치 않습니다.[1] 주체의 개념을 포기

---

[1] 앞선 강연에서 데카르트를 다시 읽는 과정 중에, 여기서 **응답의 문제**라고 부를 내용을 길게 논의한 적이 있습니다. 그리고 인간적 근대성 또는 인문주의적 근대성의 담론과 실천을 지배하는 이 '데카르트주의'의 헤게모니적 영속성을 정의한 바 있지요. 동물에 관해서 말이죠. 동물로서 프로그램된 기계가 할 수 없는 것은 신호를 발산하는 것이 아니라, 『방법서설』(5부)에서 말하듯, '응답하는' 것입니다. 동물들이 그렇듯, "원숭이의 장기와 외형을" 가지게 될 기계들은 "우리가 다른 사람에게 우리의 생각을 알리기 위해 하는 것처럼 말이나 다른 기호를 사용할 수 없을 것이다. 기계가 말을 하도록, 심지어 자신의 신체 기관에 어떤

하지 않고 '주체의 전복'을 주장하는 무의식의 논리나 윤리에서도 그걸로는 충분치 않지요.

「주체의 전복」이라는 라캉식의 제목을 통해 우리는 그러니까 한 윤리적 부정에서 다른 윤리적 부정으로 옮겨 갑니다. 이 맥락에서 나는 방금 열린 자취들을 쫓으면서 그렇게 할 거예요. 즉 타자의 자취, 증언의 자취와 레비나스가 "원숭이적"인 것과 연관시킨 "기의 없는 기표들"의 자취를 쫓으면서 말이죠. 「프로이트적 무의식에서의 주체의 전복과 욕망의 변증법」(1960)[2]에 나오는 한 특정한 구절을 통해 라캉은 정관사 또는 부정관사의 동물(l'animal 또는 un animal)을 단수로, 다른 설명 없이 언급합니다. 아마 이 구절은 인간, 무의식, 동물말 사이의 관계에 있어 프로이트보다 한 걸음 저편(au-delà)을 나타내기도 하고 한 걸음 이편(en deçà)을 나타내기도 할 겁니다. 이 주목할 만한 페이지는 먼저, 우리가 동물이라고, 동물 일반이라고 부르는 것에 부여하는 의사소통이나 정보의 개념과 관련하여 사태가 바뀔 것이라는 인상과 희망을 주죠. 사람들은 동물이 코드화된 메시지와 협소한 신호의 엄격하게 제약된 의미 작용을 감당할 수 있을 뿐이라고

∵ 변화를 일으킬 신체적 행동과 관련하여 어떤 말을 하도록 만들어진다는 것을 상상하기는 쉽다. 어떤 곳을 만지면 자기에게 우리가 무슨 말을 하고 싶어 하는지를 묻는다든지, 다른 곳을 만지면 잘못 만져 아프다고 소리친다든지 하는 식으로. 그러나 자신의 면전에서 말해질 모든 것의 의미에 **응답하기**(나의 강조) 위해 그 기계가 말들을 다양하게 배열하도록 만들어진다는 것을 생각하기는 어렵다. 가장 어리석은 사람들도 그렇게 할 수 있는데 말이다."

2 Jacques Lacan, "Subversion du sujet et dialectique du désir dans l'inconscient freudien", dans *Écrits*; Paris, Le Seuil, 1966, p. 807. (우리말 번역본은 자크 라캉, 『에크리』, 홍준기 외 옮김, 새물결, 2019. 이하 『에크리』의 문장은 이 번역본을 참고하여 옮겼다. 이 번역본에는 프랑스어본 쪽수가 명기되어 있으므로, 번역본 쪽수는 따로 표기하지 않는다.―옮긴이)

생각합니다. 즉, 동물이 자신의 프로그래밍에 고정되어 있다고 보죠. 라캉은 '현대 정보 이론'의 진부함을 공격하기 시작해요. 그가 동물이 아닌 인간 주체에 대해 이야기하고 있는 것은 사실이지만, 그는 다음과 같이 쓰죠. 이것은 또 다른 주의를 예고하는 것처럼, 더욱이 그것을 희망하는 것처럼 보입니다.

기표의 순수한 주체가 지닌 선결적 장소로서의 타자는 거기서 주인의 위치를 차지한다. 거기 실존하게 되기 전에조차, 헤겔과 더불어 또 헤겔에 대항하여 말하자면, 절대적 주인으로 실존하게 되기 전에조차 말이다. 현대 정보 이론의 진부함에서 생략된 것은, 우리가 코드에 대해 말할 수 있는 것 자체가 오직 그것이 이미 타자의 코드인 경우뿐이라는 점이다. 달리 말해, 메시지에서 중요한 것은 다른 어떤 것이라는 점이다. 왜냐하면 주체가 구성되는 것은 타자로부터이기 때문이다. 그렇기에 주체는 자신이 보내는 메시지조차 타자로부터 수신하는 것이다.[3]

우리는 한 우회로를 거쳐 「주체의 전복……」의 이 페이지로 돌아올 거예요. 이 글은 동물의 특징이 **가장을 가장**할 줄 모르고 **자신의 흔적을 지울 수 없다는** 데 있으며, 그런 점에서 동물은 '주체'가, 즉 '기표의 주체'가 될 수 없다고 **설정**합니다. (내가 **설정**한다고 말하는 것은 최소한의 증거도 제시하지 않고 주장이나 전제의 형태로 내세운다는 뜻에서죠.)

이제 내가 개괄해 보려는 우회로, 우리는 라캉의 초기 텍스트들을 다시 돌아보게 될 텐데, 내가 보기에 그 텍스트들은 이론적 변이를, 그리고 물

---

3   같은 곳.

려받은 유산 및 그것의 전제들과 도그마들의 정체된 확인을 **동시에** 예고 하는 것 같습니다.

전통적 문제틀의 결정적 전환에 대한 희망을 제공했던 것은, 예를 들면 1936년 이래 '거울 단계'에서 동물의 성애화(sexualisation)와 관련해 거울의 기능을 고려한 것이었습니다. 그런 건 당시에는 매우 드문 일이었죠. 나름의 엄청난 제한이 있음에도 그랬습니다. 라캉에 따르면, 거울에 의한 이 과정은 동물을 상상의 손아귀에 영원히 고정시켜, 상징적인 것에 대한, 즉 법에 대한 또 인간의 고유함을 이룬다고 여겨지는 온갖 것에 대한 모든 접근을 박탈하는 것이었으니까요. 동물은 결코 인간처럼 '언어의 먹잇감'이 되지 못할 겁니다. 라캉은 나중에 「치료를 이끌기……」에서는 이렇게 쓰죠. "언어의 먹잇감이 된 동물에서 만들어진 인간의 욕망은 타자의 욕망이라고 설정할 필요가 있다."[4] 이 먹잇감의 모습은 라캉에서 '동물적' 강박의 증상적이고 반복적인 특징을 이룹니다. 그가 인류학을 동물학에서 분리하고자 하는 바로 그 순간에 말이지요. 인간은 동물이지만 말을 하며, 먹잇감의 짐승(포식자)이라기보다는 말의 먹잇감이 되는 짐승인 것이죠. 인간의 것 외에는 욕망은 존재하지 않습니다. 또 그러니까 무의식도 마찬가지죠. 동물의 욕망이나 무의식은 없어요. 그것이 인간 무의식의 효과에 의한 것이 아니라면 말이죠. 그런 경우는 마치 어떤 전염성 전이나 침묵의 내면화를 통해(이 점에 대해서는 다른 곳에서 다시 설명할 필요가 있겠습니다만) 동물이 길들여지거나 순화되어 인간의 무의식을 그 자신에게 옮겨놓은 꼴이겠지요. 라캉은 무의식적 충동을 그 자신이 동물을 한정 짓는 본능과, 또 '유전적인' 것과 구별하려 신경을 씁니다. 그래서 라캉은 「무의식의 위치」에서

---

[4] "La direction de la cure……", 같은 책, p. 628.

동물은 그 자신의 무의식을 가질 수 없다고, 고유하게 자신에 속하는 무의식을 가질 수 없다고 강조해요. 동물의 무의식이라고 말할 수 있다면, 그 표현의 논리가 우스꽝스럽지 않다면, 그렇게 얘기할 수 있다는 거죠. 하지만 그건 우스꽝스럽습니다. 무엇보다도 라캉 자신에게 아마 그럴 겁니다. 그는 이렇게 쓰고 있기 때문이죠.

> 예비 교육 단계에서는 학생에게 다음과 같은 질문을 함으로써 언표 행위의 효과를 예시할 수 있다. 언어의 효과, 그것도 인간적 언어의 효과가 없는 한, 동물에게 무의식이 존재한다고 상상할 수 있을까?[5]

이 문장의 모든 단어는 비판적으로 검토할 가치가 있을 거예요. 이 문장의 주장은 명확하죠. 동물은 인간적 질서의 효과, 전염, 전유, 가축화에 의해서가 아니라면 무의식도, 언어도, 타자도 가지지 않는다는 겁니다.

동물에서 성애적 거울성을 고려하는 것은 비록 그것이 거울에 비친 동물말을 포획하는 것이라 할지라도, 또 심지어 그것이 상상 속에 비둘기나 메뚜기를 붙잡아 두는 것이라 할지라도 의심할 여지없이 주목할 만한 진전입니다. 라캉은 '심리적 인과성'의 언어를 달가워하지 않는 '생물학적 실험'에 의해 입증된 게슈탈트(Gestalt) 효과들을 언급하면서, 이 이론에 공로를 돌립니다. 그런 어려움에도 불구하고 "암컷 비둘기에서 생식선의 성숙"이 "동족의 시선"을, 그러니까 성별에 관계없이 다른 비둘기의 시선을 전제로 한다는 점을 인식한 것에 대해서 말이죠. 그리고 이것은 사실이에요. 거울에 비친 단순한 상만으로도 입증될 정도죠. 메뚜기가 단독성에서 군

---

5 "Position de l'inconscient", 같은 책, p. 834.

집성으로 이동하기 위해서는 메뚜기와 유사한 시각적 이미지만 있으면 됩니다. 라캉은 이것이 "단독적" 형태에서 "군집적" 형태로 넘어가는 것이지, 사회적인 형태로 넘어가는 것은 아니라고 말합니다. 마치 **군집적**인 것과 **사회적**인 것의 차이가 동물과 인간의 차이라는 것처럼요. 이런 방식이 내게는 의미심장하게 들리는군요. 이 모티프와 군집적이라는 단어, 나아가 **군집 본능**(grégarisme)이라는 단어는 약 10년 후에 동물성과 관련하여 강력하게 다시 등장합니다. 「심리적 인과성에 관한 강연」[6](1946)에서인데, 이 텍스트의 마지막에서 라캉은 데카르트를 극복 불가능한 인물로 취급하기도 하죠. 비둘기의 거울 효과에 대한 분석은 더 발전되긴 했으나 같은 방향으로 진행되지요. 해리슨의 최근 연구(1939)에 따르면 암컷 비둘기의 배란은 동족을 연상시키는 형태를 보는 것만으로도 일어납니다. 요컨대, 실제 수컷이 없을 때에도 반영적 시각만으로 배란이 일어나는 것이죠. 이것은 냄새나 울음소리에 의한 식별이 아니라 반영적 시선, 이미지, 시각적 이미지의 문제입니다. 구애 행위가 유리판에 의해 물리적으로 차단되어 있는 경우에도, 두 암컷으로 쌍이 구성되는 경우에도 배란이 발생해요. 이성애—이렇게 말할 수 있다면—쌍일 경우에는 12일 후에 발생하지만, 두 암컷일 경우에는 2개월까지도 늦어질 수 있죠. 거울 하나면 충분합니다.[7]

이 해석의 흥미로운 점 중 하나는, 이 해석이 요컨대 데카르트처럼, 그리고 내가 규칙적으로 되돌아가는 검증된 성서적-프로메테우스적 이 전통에 따라, 정보의 질서나 의사소통의 질서에서 동물적 결정론의 고정성을 동물이 지닌 특정한 본래적 완전성과 관련시킨다는 점입니다. 반대로,

---

⁝
6 "Propos sur la causalité psychique", 같은 책, 특히 p. 190~191.
7 같은 글, 같은 책, p. 189~191. 또 p. 342, 345~346, 452 참조.

만약 "인간의 인식"이 "욕망의 힘의 장 속에 있는 동물의 인식보다 더 자율적"[8]이라면, 만약 "인간의 질서가 자연과 구별"[9]된다면, 그것은 역설적으로 인간의 불완전성, 인간의 본래적 결함 때문이지요. 인간이 언어와 기술을 받긴 했으나, 그건 결국 인간에게 무언가가 결핍되어 있는 한에서였으니까요. 여기서 초점이 되는 것은 라캉이 '거울 단계'의 중심에 놓는 것, 즉 "인간의 **출생에 특별한** 진정한 **미성숙**이라는 주어진 사실"[10]입니다. 이 미성숙과 결부된 결함은 "피라미드적 체계의 해부학적 불완전에 대한 객관적 개념"에, 배아학자들이 "태아화(foetalisation)"라고 부르는 것에 해당할 겁니다. 라캉은 이것이 특정한 "유기체 내의 거울"[11]과 연결되어 있음을 환기하죠. 내부의 자동적 거울성은 초기 인간의 결함, 미성숙, 불완전과 관련이 있습니다.

「주체의 전복……」의 문턱에서 우리는 언제나, 우리가 제한적이지만 부인할 수 없는 진전이라고 성급하게 부른 것을 기록하는 데 무척 신중해야 합니다. 왜냐하면 그 동물은 상상적인 것에 갇혀서 상징적인 것, 무의식적인 것, 그리고 언어에 (또 그러니까—우리 논의의 실마리를 잃지 않기 위해 말하자면—자가지시적인 자서전에) 접근할 수 없을 뿐만 아니라, 동물의 기호적 힘에 대한 서술 또한 「로마 대회에서의 보고」[12](1953)에서 가장 독단적으로

---

8 "Le stade du miroir", 같은 책, p. 96.
9 "Variantes de la cure-type", 같은 책, p. 354. "왜냐하면 말은 상징적 수임(受任)에 의해 주체의 존재를 구성할 뿐 아니라, 인간의 질서가 자연과 구별되도록 해 주는 혼인 동맹의 법칙을 통해, 출생 이전부터 주체의 지위를 결정하며 또 주체의 생물학적 존재가 세계로 들어오는 것을 결정한다는 점을 심사숙고해야 하기 때문이다."
10 "Le stade du miroir", 같은 책, p. 96. (강조는 라캉)
11 같은 글, 같은 책, p. 97.
12 "Fonction et champ de la parole et du langage en psychanalyse", 같은 책, p. 237 이하.

전통적인 방식에 따라 결정된 채로 남아 있기 때문이지요. 데카르트적 고정주의에 고정된 채, 자극에 대한 **반응**만 허용하고 질문에 대한 **응답**은 허용하지 않는 코드를 전제로 해서요. 나는 언어가 아니라 '기호 체계'라고 말하는데, 그 이유는 라캉 자신이 동물에게서 부인하는 것이 바로 언어이기 때문이에요. 라캉이 동물에게 인정하는 것은 그가 "코드", "코드화의 고정성" 또는 "신호 체계"라고 부르는 것뿐입니다. 이것은 사람들이 "사전에 배선된 응답" 또는 "사전 배선된 행동"[13]이라고 부르는 것을 동물에 대한 인지주의적 문제틀 속에서 명명하는 다른 방법이죠. 그 문제틀은 형이상학의

13 Joëlle Proust, *Comment l'esprit vient aux bêtes. Essai sur la représentation*, Paris, Gallimard, 1997, p. 150 참조. 이 저자는 동물의 경우에 '응답'이라는 단어 자체가 프로그램된 **반응** 외에는 아무것도 의미하지 않는다는 점을 내세우기 위해 최선을 다합니다. 거기에는 모든 책임이, 또는 말하자면 모든 '지향적' 응답성조차 결여되어 있죠. 지향적이라는 이 단어는 경솔하고도 확신에 찬 어투로 사용됩니다. 웃음을 자아내는 현상학적 조잡함이라고 말할 필요까지야 없겠지요. "특정 알고리즘에 따라 자동으로 추적 궤적을 적용하여 추적 대상을 가로채 암컷을 찾도록 프로그램된" 곤충인 꽃등에에 대해 조엘 프루스트는 루스 밀리칸(Ruth Millikan)의 말을 인용하고 다음과 같이 언급합니다. "이러한 유형의 응답에서 흥미로운 점은 그것이 **자극**의 정확한 특정 특성(이 경우는 크기와 속도)에 의해 **비탄력적으로** 유발된다는 것이다. 그 곤충은 다른 특성에는 응답할 수 없으며, 표적이 예상되는 기능과 양립할 수 없는 특성을 나타내게 되더라도 이제 그 표적을 멀리할 수 없다. 암컷을 따르고 있지 않다는 것을 '알아차림'으로써 그 길을 포기할 수 없는 것이다. 이 곤충에게는 자신의 고유한 지각의 정확성을 평가할 수단이 없는 것 같다. 그러니까 이 곤충에게 **엄밀한 의미의 지향적** 능력이 있다고 하는 것은 **지나치게 관대해** 보인다. 그것은 **신호들에 응답하지만**, 이 신호들은 독립적 대상의 특성들이 아니라 근위 자극의 특성들이다. 밀리칸의 말을 빌면, '근위 규칙'을 따르는 것이다. 그러나 사전 배선된 이 응답의 목적은 암컷 꽃등에의 수정을, 즉 세상에 존재하는 한 대상의 수정을 유발하는 것이다……"(같은 책, 228~229쪽. 다른 것들보다 더 주의 깊게 읽었으면 하는 단어들에 내가 강조 표시를 했습니다. 우리가 요구하는 비판적 또는 해체적 읽기가 추구하는 바는, 동물이나 이 같은 곤충에 논란의 여지가 있는 능력을 복원하려는 것이라기보다는(비록 이것이 때로 가능해 보이더라도), 동일한 유형의 분석이 인간에게도 마찬가지의 적합성을 가지고 주장될 수 있지 않을까를 묻는 데 있을 겁니다. 예를 들어 인간의 성적 행위 및 생식 행위의 "배선" 등등에 대해서 말이죠.)

가장 낡은 진리 주장을—거기에 반대하는 듯 보이지만—때로 반복합니다.

라캉은 꿀벌에 대한 현대화된 낡은 토포스를 더욱 정확하고 확고하게 받아들입니다. 그에게는 평온한 의식{양심}이 없어 보인다고 말하고 싶을 지경이군요. 나는 꿀벌에 대한 이 새롭지만 너무나 낡은 담론의 권위 아래서 귀가 먹먹해지는 불안을 느낍니다. 라캉은 현재의 언어-기호 개념을 비판하기 위해 그가 평온하게 "동물계"라고 부르는 바에 기대고 있다고 주장합니다. "인간의 언어들"에 대비해서 말이죠. 꿀벌들이 "메시지"에 "응답하는" 것처럼 보일 때, 그들은 **응답하는** 것이 아니라 **반응하는** 것이죠. 그들은 프로그램의 고정성에 순종하는 것일 뿐이지만, 인간 주체는 타자에, 타자의 질문에 응답하는 것입니다. 말 그대로 데카르트적 담론이지요. 나중에 살펴보겠지만, 라캉은 동물계를 인간계와, 자연을 관습과 대비시키는 것처럼, **반응**을 **응답**과 명백하게 대비시킵니다.

우리는 언어-기호라는 개념의 불충분성을 보여 줄 것인데, 동물계에서 그 점을 가장 잘 예시해 주는 현시 자체를 통해 그렇게 할 것이다. 그것은 최근 진정한 발견의 대상이 되지 못했다면 이 목적을 위해 발명되어야 했을 것 같은 그런 현시다.

이제 누구나 받아들이고 있는 것은 꿀을 모아 벌집에 돌아온 꿀벌이 두 종류의 춤을 통해 동료들에게 가깝거나 먼 전리품의 존재를 알린다는 점이다. 두 번째 춤이 더 주목할 만한데, 왜냐하면 **꼬리 춤**(wagging dance)이라는 이름이 붙여진 8자 곡선과 벌이 주어진 시간 동안 움직이는 빈도를 알려주는 이 춤의 구도가, 한편으로는 태양의 경사도에 따라 결정된 방향(편광에 대한 감수성 덕택에 벌은 어떤 조건에서도 자기 위치를 찾을 수 있다)을 정확히 나타내고, 다른 한편으로는 전리품이 있는 최대 수 킬로미터의 거리를 나타내기 때문이다. 다른 벌들은 이 메시지에 응답하여 즉시 그렇게 지시된 장소로 향한다.

카를 폰 프리쉬(Karl von Frisch)는 10여 년 동안의 끈질긴 관찰을 통해 이러한 양식의 메시지를 해독할 수 있었다. 왜냐하면 여기서 실제로 중요한 것은 그 일반적 특성만으로는 관습적으로 규정지을 수 없는 코드 또는 신호 체계이기 때문이다.

그렇다고 해서 그것이 언어일까? 우리는 기호와 기호가 의미하는 현실의 **고정된**[나의 강조입니다] 상관관계 때문에 그것이 언어와 구별된다고 말할 수 있다. 왜냐하면 언어에서 기호의 가치는 기호들이 서로 맺는 관계로부터 얻어지기 때문이다. 형태소의 위치적, 심지어 굴절적 사용만큼이나 의미소의 어휘적 분배에서 맺어지는 관계로부터 말이다. 이는 벌들에게서 작용하는 코드화의 **고정성**[다시 강조합니다]과 대조적이다. 인간 언어의 다양성은 이런 조망하에서 그 충만한 가치를 갖는다.

더욱이, 여기서 서술된 양식의 메시지가 사회체(socius)의 행동을 결정한다 할 때, 그것은 이 사회체에 의해 절대 재전달되지 않는다. 그리고 이것은 메시지가 행동의 중계자로서의 기능에 **고정되어**[역시 나의 강조예요] 있으며, 어떤 주체도 그것으로부터 메시지를 소통 그 자체의 상징으로서 분리해 내지 못한다는 것을 의미한다.[14]

우리가 이 논리에 잠정적으로 동의한다고 해도(하기야 나는 이 논리에 결코 반대하지 않아요. 단지 그것을 전혀 다르게, 동물과 인간의 대립을 넘어 다시 기입하고 싶군요.), 라캉이 명시적으로 그랬던 것처럼 기호들의 차이성

---

14 J. Lacan, "Fonction et champ de la parole……", 앞의 책, p. 297~298.

을 인간의 언어에 유보해 두고 동물적 코드에는 거부하기란 어렵습니다. 라캉에게서 기호는 "언어에서", 다시 말해 인간의 질서 속에서 "자신들의 가치를 서로의 관계로부터 취하지" 단지 "실재에 대한 (…) 고정된 상관관계"로부터 취하지 않지요. 그렇지만 라캉이 이러한 기호들에 부여하는 속성은, 동물이든 인간이든… 적용될 수 있고 또 적용되어야 합니다.

동물-기계에서의 응답의 부재와 관련하여, **반응**과 **응답** 사이의 날카로운 구별과 관련하여 가장 데카르트적인 구절이 꿀벌에 대한 이 담론에 이어 등장하는 것은 우연이 아닙니다. 꿀벌의 정보 체계는 "말과 언어의 장"으로 도입될 수 없을 테니까요. 여기서 문제가 되는 것은 정보의 한계를 지나 말에 접근할 때의 주체의 구성, 인간 주체로서의 주체의 구성입니다.

왜냐하면 언어에서 언어의 기능은 알리는 것이 아니라 불러일으키는 것이기 때문이다.

내가 말에서 찾는 것은 타자의 응답이다. 나를 주체로 구성하는 것은 나의 질문이다. 타자로부터 인정받기 위해 나는 있었던 것을 있을 것의 견지에서만 발언한다. 그를 찾기 위해 나는 그를 이름으로 부른다. 내게 응답하기 위해서는 그가 받아들이거나 거부해야 하는 이름으로 말이다.

(…) 이제 내가 묻기 위해 타자와 대면한다 할 때, 상상할 수 있는 제아무리 풍부한 사이버네틱 장치로도 **응답인 바의 반응**(réaction de ce qui est la réponse)을 만들어 낼 수 없다. 자극-반응(réponse) 회로의 두 번째 항으로서 그것을 정의해 보아야 그것은 동물에 전가된 주관성에 의해 뒷받침되는 은유에 지나지 않기에 물리적 도식 속에서 생략되고 만다. 물리적 도식에서는 반응이 주관성을 환원해 버린다. 이것이 바로 우리가 토끼를 모자에 집어넣었다가 꺼내는 것이라 불렀던 행위다. **그러나 반응은 응답이 아니다.**

전기 버튼을 눌러 불이 켜지는 경우, 존재하는 응답이란 **내** 욕망에 대한 것뿐이다.[15]

다시 한 번 강조하지만, 여기서 관건은 우리가 **반응**이라고 부르는 것과 우리가 보통 **응답**이라고 부르는 것 사이의 모든 차이를 지우는 것이 아니에요. 컴퓨터 키를 누를 때 일어나는 일과 대화 상대에게 질문할 때 일어나는 일을 혼동하는 것이 아닙니다. 라캉이 '동물'이라고 부르는 것에, 그가 '주관성' 또는 '무의식'이라고 부르는 것을 귀속시키는 것은 더더욱 아니죠. 그런 무의식은 이를테면 그 동물을 분석적 상황에 놓을 수 있게 할 테지요. (**어떤** 동물들에게는, **어떤** 맥락들에서는, 유사한 시나리오가 반드시 배제되지는 않겠지만 말입니다. 그리고 만일 우리에게 시간이 주어진다면, 이 유사함의 논리를 세련되게 할 가설을 상상해 볼 수 있을 거예요.) 내가 유보적 태도를 보이는 것은, 이미 '우리-인간'에서 반응과 응답을 구분하는 경계의 순수성, 엄격성, 불가분성에 관해서뿐이에요. 그리고 결과적으로 거기에서 영향력을 행사하는, 특히 책임 개념의 순수성, 엄격성, 불가분성에 관해서 그럴 뿐이죠. 이렇게 내가 정식화하는 일반적인 우려는 적어도 다음 세 가지 경우에 가중됩니다.

1) 모든 책임이 전제하는 자유에 대한 의식에서 모든 즉각적 확신을 금지해야 하는 무의식의 논리를 고려해야 할 때.
2) 특히, 그리고 라캉에서 독특하게, 이 무의식의 논리가 반복의 논리에 기초하고 있을 때. 내 생각에 반복은 모든 응답 속에 항상 반복 가능성의

---

15 같은 글, 같은 책, p. 299~300. ("**내** 욕망"은 라캉의 강조, 그 외에는 모두 나의 강조.)

운명을, 그러니까 어떤 반응의 자동성을 새겨 넣을 겁니다. 그 응답이 아무리 독창적이고 자유롭고 결정적이며 반-반응적으로(a-réactionnelle) 보일지라도 말이죠.

3) 특히 라캉에서, 말의 물질성에, 언어의 물체(corps)에 권리를 부여할 때. 라캉은 다음 페이지에서 그 점을 이렇게 환기하죠. "말은 사실 언어의 선물이며, 언어는 비물질적인 것이 아니다. 그것은 미묘한 물체다. 그러나 물체다." 하지만 그 사이에 라캉은 모든 '책임'을, 우선 모든 정신분석적 책임을, 그러니까 모든 정신분석적 윤리를 내가 그토록 문제가 있다고 보는 **반응**과 **응답** 사이의 구별 위에서 정초하게 될 겁니다. 그는 자신의 **주체** 개념조차 그렇게 할 거예요. 나는 무엇보다도 바로 이 점을 보여 주고 싶어요.

그리하여 내 고유한 응답의 결정적 기능이 나타나는데, 이 기능은 사람들이 말하는 것처럼 주체에 의해 그의 이야기에 대한 찬성이나 거부로 받아들여질 뿐 아니라, 실제로 그를 주체로 인정하거나 폐기한다. 분석가가 말로 개입할 때마다 지게 되는 분석가의 **책임**은 이러한 것이다.[16]

이 문제가 여기서 한층 더 심각해 보이는 이유는 무엇일까요? 내가 지금 하는 것처럼 반응과 응답 사이에 놓인 선의 순수성과 불가분성에 대해, 또 무엇보다도 인간 **일반**과 동물 **일반** 사이에 이 선을 그을 수 있는 가능성에 대해 문제를 제기하는 것은—내가 이 점을 지적하면 사람들이 걱정할 것이 분명한데요—모든 책임, 모든 윤리, 모든 결정 등등에 의문을 제기하는 위험을 감수하는 것입니다. 여기에 대해 응답해 보겠습니다. 관건은 역

---

16 같은 글, 같은 책, p. 300.(강조는 라캉.)

시 응답이니까요. 다음과 같이, 도식적이고, 원칙적으로, 세 가지 점에서 응답하죠.

1) **한편으로** 책임을, 결정을, 자신의 고유한 윤리적-존재를 의심하는 것은 내가 보기에 윤리, 결정, 책임의 해지 불가능한 본질일 수 있으며(peut être) 또 아마(peut-être) 영원히 그렇게 남아 있어야 마땅한 것 같습니다. 이 주제에 관한 확고하고 이론적인 모든 지식, 모든 확실성, 모든 확신은 사람들이 부정하고 싶어 하는 것 자체를, 즉 응답에서의 반응성을 정당하게 확인하기에 충분할 거예요. 나는 방금 사람들이 '부정하고' 싶어 한다고 말했어요. 이것이 내가 동물에 대한 모든 담론의 중심에 항상 부정을 두는 이유죠.

2) **다른 한편으로** 차이를, 즉 반응과 응답 사이의 비대립적이고 무한히 분화되며 질적이고 집중적인 차이를 지우지 않고, 오히려 그 차이를 분화된 경험과 삶의 세계의 모든 장에서 고려하는 것이 중요합니다. 그렇다고 이 분화된 다중적 차이를 한쪽의 인간 주체와 다른 쪽의 동물 일반이라는 비-주체 사이에 양적인 방식으로 또 동질화하는 방식으로 분배해서는 안 되지요. 그런 동물 일반은 다른 의미에서, 인간 주체에 종속된 비-주체가 될 겁니다.

3) **끝으로** 결정, 응답, 사건에 대한 다른 '논리'를 정교화하는 것이 관건일 거예요. 이건 내가 다른 곳에서도 전개하려고 하는 것이죠. 그리고 이건 라캉 자신이 「주체의 전복……」에서 "타자의 코드"로서의 코드에 관해 말한 것과 그닥 양립 불가능해 보이지 않는군요. 관건은 "주체는 자신이 보내는 메시지조차 타자로부터 수신"한다고 할 때의 이 타자죠. 이 공리는 **책임**과 **반응** 사이의 단순한 구분을 복잡하게 할 겁니다. 그것의 모든 결과와 함께요. 그러니까 중요한 것은 응답에 대한 반응의 이 차이를, 따라서 윤리적, 법적 또는 정치적 책임의 이 역사성을 생명과 생명체들에 대한 다

른 사유 속에 다시 새겨 넣는 일입니다. 생명체들이 자신의 자기성(ipséité)에 대해, 자신의 **자가**(auto)에 대해, 자신의 고유한 자가반응 및 반응적 자동성에 대해, 죽음에 대해, 기술에 또는 기계적인 것에 대해 맺는 다른 관계 속에 다시 새겨 넣는 일이지요.

이 우회 이후, 나중에 「프로이트적 무의식에서의 주체의 전복과 욕망의 변증법」이라는 제목의 텍스트에 이르면, 우리는 거기서도 동일한 논리를 쫓을 거예요. 확실히 그렇지요. 또 동일한 대립들을, 특히 상상계와 상징계의, 동물이 할 수 있는 반영적 포획과 동물이 접근할 수 없는 기표의 상징적 질서의 대립을 쫓을 겁니다. 상상계와 상징계 사이의 이 교차점에는 자서전의 전체 문제가 걸려 있어요. 의심할 여지 없이 자서전 일반의 문제가, 뿐만 아니라 이론가의 자서전 또는 제도의 자서전 문제가 걸려 있죠. 이 제도의 역사 속에서 그 이론가는 그 교차점에 대한 자신의 논의를 분명히 하고 그 논의에 자기의 이름을 올립니다. 이 경우에는 자서전 분석으로서의 라캉의 논의가 해당되죠. (여기서는 이 자리의 한계 때문에 그렇게 할 수는 없지만, 그 논의의 고유한 관점 속에서 전쟁 후의 몇 년간인 그 시대의 본질적으로 인류학적인 구상 전체를 그것의 이데올로기적 초점들과 함께 다시 살펴볼 필요가 있습니다. 그 구상은 자신이 모든 **실증적** 인류학이나 모든 형이상학적–인간주의적 인간 중심주의를 넘어선다고 주장했죠. 그리고 무엇보다도 생물학주의, 행동주의적 물리주의, 유전주의 등등을 아주 정당한 방식으로 넘어선다고 주장했습니다. 하이데거에게도 라캉과 다른 많은 사람들에게 관건은 우선 새로운 **근본적** 인류학을 확보하고 "인간이란 무엇인가?"라는 질문에 엄격하게 **응답**하고 **책임**지는 것[17]이었지요.)

- -
17 원문의 표현은 de répondre rigoureusement à la question et de la question: "Qu'est-ce que l'homme?"–옮긴이

「주체의 전복······」에서 분석은 다른 개념적 구분들을 통해 정교해집니다. 그 구별들도 우리가 방금 분석한 것들과 마찬가지로 문제가 있는 것처럼 보이며, 더욱이 그것들과 분리될 수 없는 것으로 남습니다.

이것은 분명히 괄호의 사안이지만("괄호 사이에서 살펴 두자······"[18]) 내 눈에는 중대해 보이는 괄호의 사안입니다. 이 괄호는 실제로 증언 일반의 차원, 즉 여기서 우리에게 중요한 문제틀을 뒷받침하는 것과 관련이 있습니다. 누가 무엇을 누구에게 증언하나요? 누가 증명하고, 누가 지켜보고, 누가 누구를 또 무엇을 관찰할까요? 지식, 확실성, 진실은 어떤가요? 라캉은 이렇게 말합니다.

> 괄호 사이에서 살펴 두자. 말의 자리로서 구별되는 이 타자가 진리의 증인으로서 자신을 부과한다는 것을. 그 타자가 구성하는 차원이 없다면, 말의 속임수(tromperie)를, 싸움이나 성적 과시에서 보이는, 그 속임수와는 전혀 다른 가장(feinte)과 구별할 수 없을 것이다.[19]

그러니까 동물의 형상은 **속임수**와 **가장**의 이 차이에서 생겨났습니다. 라캉에 따르면, 동물이 잘 할 수 있는 것, 즉 전략적 가장(쫓음, 뒤쫓음 또는 괴롭힘—호전적, 약탈적, 유혹적인 것)과, 동물이 할 수 없고 증언할 수 없는 것, 즉 기표와 진리의 질서에서의 말의 속임수 사이에는 분명한 구분이 있습니다. 앞으로 살펴보겠지만, 말의 속임수란 물론 거짓말을 뜻하죠. (그리고 상식에 따르면, 라캉과 다른 많은 사람들에 따르면, 알다시피 동물은 가장하는

---

18 지나는 길에 여담으로 얘기해 보자는 뜻. 여기서는 자구대로 옮겼다.—옮긴이
19 J. Lacan, "Subversion du sujet······", 앞의 글, 앞의 책, p. 807.

데 능숙하더라도 제대로 거짓말을 할 수 없어요.) 더 정확하게 말해 속임수는, 참을 약속하면서 타자를 오도하고 참이 아닌 다른 것을 믿게 하기 위해 참을 말하는 보충적 가능성을 포함하는 한에서 거짓말입니다. (프로이트가 말했고 라캉이 자주 인용하는 유대인 이야기를 우리는 잘 알고 있죠. "넌 실제로는 X로 가면서, 왜 Y로 간다고 믿게 하려고 X로 간다고 말하는 거지?") 라캉에 따르면, 동물이 할 수 없는 것은 바로 이 거짓말, 이 속임수, 이 두 번째 단계의 속임수입니다. 반면에, '기표의 주체'는 인간적 질서에서 그렇게 할 수 있는 능력을 가지고 있으며, 더 나아가 주체로서 등장합니다. 가장을 가장함으로써 속이는 **의식적 능력**인 **이 능력 덕택에** 스스로를 제도화하고 주체로서의 그 자신에 이른다는 거죠. 틀림없이 라캉은—그리고 이것이 이 분석의 관심사 중 하나인데요—이번에는 철학의 다른 누구보다도 더, 그리고 이전 저술들에서의 그 자신보다도 더, 그가 항상 정관사 및 부정관사 "동물"이라고 부르는 것의 가장 역량에 관심을 기울입니다. 여기서 그가 동물의 "율동성"이라고 부르는 것({densité의 e가 아니라} a를 지닌 dansité)에 말예요. 율동성은 춤, 미끼, 사냥이나 유혹의 안무 속에서, 사랑을 나누기 전 자신을 드러내거나 싸움을 벌일 때 자신을 보호하는 과시 행위 속에서, 그러니까 우리가 여기서 추적하고 있는 "나는 ~이다" 또는 "나는 쫓긴다"의 모든 형태 속에서 가장할 수 있는 역량입니다. 그러나 라캉은 이런 식으로 동물에게 빌려 주거나 부여하는 것이 무엇이든 간에, 그것을 상상계나 전-상징계 속에 두지요. (우리가 '거울 단계'에서 비둘기나 메뚜기의 예를 언급했던 것처럼요.) 그는 '동물'을 상상계의 거울성에 가둡니다. 라캉은 차라리 동물 스스로가 이 포획 상태에 놓이게 하고 그 '상상적 포획'에 대해 말합니다. 무엇보다도 그는 '동물'을 가장의 첫 번째 단계(가장을 가장하지 않는 가장) 속에, 또는—여기선 같은 얘기겠는데—흔적의 첫 번째 단계에 두지요. 즉 흔적을 쫒는, 뒤를 밟는 능력, 탈-추적하는 능력, 그러나 그 탈-추적을 탈-추적하지 못하며 자신의 흔적을 **지우지** 못하는 능력에 듭니다.

'그러나'가 이 단락을 사실상 두 개로 나눕니다. ("그러나 동물은 가장을 가장하지 않는다.") 대차대조표는 동물에게 인정해야 할 것(가장과 흔적, 흔적의 새김)과 부정해야 할 것(속임수, 거짓말, 가장의 가장과 흔적 지우기)을 구분하지요. 그러나 이 '그러나'의 분절이 아마도 눈에 띄지 않게 하는 것, 조사된 모든 특징 가운데 비밀스러운 그림자 속에서 눈에 띄지 않게 하는 것은, 아마 생명, '생명적인' 것에 대한 언급일 겁니다. 동물에게 부여된 모든 것은 "생명의 상황"이라는 명목으로 동물에게 허용된 것이지만, 그 동물이 사냥꾼이든 사냥감이든 동물은 죽음과 진정한 관계를 맺을 수 없다고 결론 내리고 싶은 유혹에 빠질 수 있습니다. 동물은 사멸성을 증언할 수 없다는 것이지요. 사멸성은 진리의 핵심 또는 진리의 말의 핵심에 본질적인 것인데 말입니다. 동물은 다만 살아 있는 생명체, 말하자면 '불멸의' 생명체입니다. 하이데거가 말했듯, 동물은 죽지 않습니다.[20] (하이데거는 라캉과 누구보다도 가까운 인물이죠. 앞으로 살펴보겠지만, 특히 로고스를 '속임' 및 '속음'의 가능성에 연결시키는 것과 관련해서 그렇습니다.) 게다가 동물은 죽지 않는다는 이 이유 탓에 애도도, 매장도, 그리고 시체도 모를 거예요. 시체에 대해 라캉은 그것이 하나의 '기표'라고 말하죠.

괄호 사이에서 살펴 두자. 말의 자리로서 구별되는 이 타자가 진리의 증인으로서 자신을 부과한다는 것을. 그 타자가 구성하는 차원이 없다면, 말의 속임수를 싸움이나 성적 과시에서 보이는, 그 속임수와는 전혀 다른 가장

---

[20] 여기에 대해서는 *Apories*, Paris, Galilée, 1996, 특히 p. 70 과 p. 132 부근 참조.

과 구별할 수 없을 것이다. 상상적 포획 속에서 펼쳐지는 그 가장은 태생의 춤을 구성하는 접근과 단절의 놀이 속에 통합된다. 여기서 이 두 상황은 자신의 리듬(scansion)을 찾고, 거기에 보조를 맞추는 파트너들은 우리가 대담하게 그들의 율동성이라고 부르는 것을 찾는다. 그런데 동물도 쫓길 때는 자신의 출발 행동을 미끼로 삼아 유인하고 **따돌리는**(dépister)[21] 능력을 보여 준다. 이것은 사냥감에게서 어떤 고귀함을 **떠올리게 하는**(suggérer) 데까지 나아갈 수 있다. 사냥에 있어 내보여지는 것을 명예롭게 하는 고귀함 말이다. 〔물론 이것은 '모자 쓴 토끼'라는 식의 의인화되고 비유적인 떠올림일 뿐입니다. 왜냐하면 뒤따르는 '그러나'에 의해 곧바로 분명해지는 것은, 명예와 고귀함은 주어진 말과 상징적인 것에 연결되어 있다는 점이기 때문이죠. 동물은 당연히 이런 능력이 없습니다. 동물은 자신의 말을 하지 않으

---

[21] 라캉은 "Séminaire sur *La Lettre volée*"(「'도둑맞은 편지'에 관한 세미나」)의 한 중요한 주석(*Écrits*, 앞의 책, p. 22)에서 그가 여기서 쓴 "dépister"라는 말의 원래 용법을 설명합니다. 그것은 추적하고, 냄새 맡고, 자취를 따라감이 아니라, 반대로, 말하자면, 흔적을 지워 자취를 흐리게 함, **탈-추적하다**(dé-pister)를 의미하죠. 이 주석에서 그는 "원시적이든 아니든 특정 단어의 이율배반적 의미"에 관한 프로이트의 유명한 텍스트와 이에 대한 벵베니스트의 "탁월한 수정", 그리고 dépister라는 단어의 두 번째 용례가 1875년까지 거슬러 올라간다는 블로흐와 바르트부르크에게서 얻은 정보를 모두 언급하고 있습니다. 라캉은 특정 단어들의 이율배반적 의미에 대한 문제가 "기표의 차원을 그것의 엄밀성에서 끌어내야 할" 것으로 "온전히 남아 있다"고 분명하게 말하지요. 그리고 실제로, 나는 이 일의 값을 높이고 싶은 유혹을 느낍니다. 특히 여기서처럼, 우리가 한편으로는 동물적 질서(상상계의 포획)와 인간적 질서(상징계와 기표에 대한 접근)의 구별과, 다른 한편으로는 결정 불가능성의 또 다른 해석적 구현이라는 이중적 관계에서 기표 논리의 공리들을 시험한다면 말입니다. **뒤를 밟다**(pister)와 **탈-추적하다**(dé-pister), 또는 **추적하다**(dépister)(자취를 좇거나 따르다)와 **탈-추적하다**(dé-pister)(자취를 지우고 쫓는 자를 의도적으로 잘못된 길로 이끌다)의 확실한 차이는 라캉에 따르면 인간과 동물의 전체적 구분을 모두 보증합니다. 이 구분이 흔들리는 것만으로도 공리적인 것은 그것의 원리 자체에서 파괴될 수 있습니다. 이것이 우리가 명확히 해야 할 부분이지요.

며 우리는 의인화된 투사나 전이의 경우를 제외하고는 우리의 말을 동물에게 주지 않는다는 것이지요. 우리는 동물에게 거짓말을 하지 않습니다. 특히 우리가 동물에게 내보이는 어떤 것을 숨기는 척할 때요. 이것은 자명하지 않습니까? 그렇겠지요. 어떻든 이 담론의 전체 구성, 바로 이것을 우리가 여기서 문제 삼고 있는 겁니다.) 그러나 **동물은 가장을 가장하지 않는다. 동물은 거짓으로 여겨지게 하기 위한 속임수로 진짜인 흔적을 만들지 않는다. 즉, 실마리를 줄 자취를 만들어 속이지 않는다. 더욱이 자신의 흔적을 지우지 않는데, 그렇게 한다면 동물은 이미 기표의 주체가 될 것이다.**[22]

기표의 주체가 된다는 것, 여기서 동물이 할 수 없는 것으로 여겨지는 이것은 무엇을 뜻할까요? 이것은 무엇을 뜻하죠? 우선, 지나는 길에 다음을 유념해 둡시다. 이것은 동물의 심오한 무구함에 대한 오래된 (아담-프로메테우스의) 주장을 확인해 줍니다. 동물은 '기표'의 능력이 없고, 거짓말과 속임수의 능력이 없고, 가장을 가장할 수 없죠. 여기서 이 동물은 똑같이 전통적인 방식으로 잔인함이라는 주제와 연합되어 있습니다. 이것은 그러니까 악에 낯선, 즉 선과 악의 차이 이전의 한 생명체가 지닌 잔인한 무구함인 것이죠.[23]

··
22 J. Lacan, "Subversion du sujet······", 앞의 글, 앞의 책, p. 807. (물론 강조는 내가 한 것입니다.) 다른 곳에서 나는 죽음의 문제를, **이미 죽은 존재**의 문제를 다루는 한 텍스트를 연구하게 될 거예요. 이 텍스트는 같은 논리("성적 본능은 (···) 상상의 (···) 관계에서 결정화(結晶化)한다")에 강박된 채, 특히 큰 가시고기 및 "암컷과의 교미 춤"과 관련하여 이런 문제들을 논의하죠. 종의 "전형(type)"인 개체의 사멸적-존재만 다루지는 않습니다. 즉 말(馬)들이 아니라 말(馬)의 문제를 다루죠. J. Lacan, *Écrits techniques de Freud*, Paris, Le Seuil, 1975, p. 140~141 (한국어 번역본, 『자크 라캉 세미나 01권-프로이트의 기술론』, 맹정현·이수련 옮김, 새물결, 2016) 참조.
23 "만약 본능이 실제로 인간의 부정할 수 없는 동물성을 의미한다면, 왜 그것이 이성적인

그러나 기표의 주체가 된다는 것은 주체의 주관성에 결합되어 있는 분리할 수 없는 두 가지를 여전히 의미하기도 합니다. 기표의 주체는 기표에 종속되어 있어요. 라캉은 "주체에 대한 기표의" "우위"[24]와 "주체에 대해 구성적인 상징적 질서"[25]를 끊임없이 내세우죠. '주체'는 상징적 질서를 통제하지 않습니다. 주체가 인간의 법 질서 안으로 들어오는 것은 이 수동적 유한성을, 이 연약함을, 동물이 겪지 않는 이 결함을 전제로 합니다. 동물은 악도, 거짓말도, 속임수도 모릅니다. 동물이 결여하고 있는 것은 인간이 기표의 주체, 기표에 종속된 주체가 되게 하는 바로 그 결함이죠. 그러나 기표의 주체가 된다는 것은 또한 종속시키는 주체가 되는 것입니다. **주인** 주체가, 기표의 능동적이고 결정적인 주체가 되는 것이지요. 어떤 경우라도 가장을 가장할 수 있고 따라서 흔적을 없애는 힘을 발휘할 수 있을 만큼 충분한 주인(maître)이 되는 것이에요. 이 주인됨(maîtrise)은 동물에 대한 인간의 우월성입니다. 비록 그것이 결함, 결핍 또는 잘못의 특권으로부터 그 확실성을 보장받는다 해도 말이죠. 출생 특유의 미성숙과 거세 콤플렉스로 거슬러 올라갈 수 있는 실패의 특권으로부터 확실성을 보장받는

∴
　존재에 체현될 때 덜 온순한지 알 수 없게 된다. 인간은 모든 인간에게 늑대이다(homo nomini lupus)라는 형태의 격언은 그 의미 면에서 기만적이다. 그리고 그라시안(Balthasar Gracián)은 『비판자(El Criticón)』라는 자신의 책의 한 장에서 우화를 하나 만들어 내는데, 여기서 그는 도덕주의 전통이 의미하는 바를 보여 준다. 동류에 대한 인간의 잔인성은 동물이 할 수 있는 어떤 것도 능가하며, 그 잔인성이 자연 전체에 가하는 위협에는 육식동물들조차 공포에 떨며 물러난다고 표현함으로써 말이다. 그러나 이 잔인함 자체가 인간성을 내포하는 것이다. 그것이 겨냥하는 것은, 다른 종의 존재에서조차, 다름 아닌 동류이다." ("Introduction théorique aux fonctions de la psychanalyse en criminologie(범죄학에서의 정신분석의 기능에 관한 이론적 입문)", *Écrits*, 앞의 책, p. 147.)
24 예를 들어 "Le séminaire sur La Lettre volée", 같은 책, p. 61.
25 "주체가 기표의 여정으로부터 받아들이는 주요한 결정을 이야기 속에서 보여 줌으로써, 주체에 대해 구성적인 것은 상징적 질서임을……" 같은 책, p. 12.

다 해도 말입니다. 이를 라캉은 잠시 뒤에 인용할 텍스트에서 과학적(어떤 경우건 신화적이지는 않은)이고 프로이트적인 버전의 원죄 또는 아담의 잘못이라고 지칭합니다.

상상계에서 상징계로 넘어가는 통로가 동물적 질서에서 인간적 질서로 넘어가는 통로로 결정되는 것은 바로 여기죠. 주체에 대한 전통적 철학이 타자의 자리에서 오는 기표의 질서인 주체성을 인간과 동물의 관계로서 포착하지 못했다고 여겨지는 지점도 바로 여기입니다. 적어도 이것은 라캉이 인간 중심주의의 논리를 미묘하게 재도입하고 데카르트적 코기토의 고정적 사고방식을 동물-기계 일반에 대한 논제로서 확고히 강화하는 주장이에요.

이 모든 것은 그럼에도 불구하고 전문가인 철학자들에 의해 혼란스러운 방식으로 표현되었을 뿐이다. 그러나 말이 시작되는 것은 오직 가장에서 기표의 질서로 이행하는 것과 더불어서라는 점은 분명하다. 또 기표가 지탱하는 말이 거짓말이 될 수 있으려면, 다시 말해 진리로 정립될 수 있으려면, 기표가 다른 자리를, 즉 타자의 자리를, 타자인 증인을, 어떤 파트너와도 다른 증인을 필요로 한다는 점도 분명하다.
이처럼 진리는 자기가 관계하는 현실(Réalité)과는 다른 곳에서, 즉 말로부터 자기의 보증을 끌어낸다. 진리가 자기를 허구의 구조 속에 확립하는 이 표식을 받는 것은 말로부터인 셈이다.[26]

'허구의 구조'에 대한 이 암시는 「도둑맞은 편지」를 둘러싼 논쟁으로 되

---

26 J. Lacan, "Subversion du sujet……", 앞의 글, 앞의 책, p. 807~808.

돌아가게 합니다.[27] 여기서는 이 점을 다시 언급하지는 말고 '허구'라는 단어의 반사적 예민성에 주목해 보죠. 이 단어가 지향하는 개념은 더 이상 단순히 **형태**의 개념이나 단순한 **가장**의 개념이 아니라, 반사적이고 심오한 **가장된 가장**의 개념입니다. 가장을 가장하는 능력에 의해 우리는 말에, 진리의 질서에, 상징적 질서에, 간단히 말해 인간적 질서에 접근합니다.

〔내가 시도한 독해의 원리를 다시 한번 분명히 하기 전에, 최소한 한 가설을 제기하겠습니다. 라캉은 타자의 타자는 없다는 말을 자주 반복합니다.[28] 또 반대로 레비나스에게서는 다른 관점에서 정의의 문제가 제삼자(le tiers)에 대한 이 요청에서 발생합니다. "단순히 그의 동류"[29]가 아닌 타자의 타자에 대한 요청에서 발생하죠. 그렇다고는 하나, 타자 및 삼자에 관한 이 두 담론이 공통으로 함의하는 부정적인 면모로 동물의 예가 적어도 하나쯤은 상정되지 않을까요? 타자-동물의, **동물로서의** 타자의, 살아 있고-죽을 수밖에 없는-**타자**의, 아무튼 동류-아닌 것의, 형제-아닌 것(신적인 것이거나 동물적인 것, 여기서 이 둘은 불리불가능하죠)의 예, 요컨대 비-인간의 예가 말이에요. 이 비-인간에서는 신과 동물이 결합됩니다. 신화, 종교, 우상숭배의 구성 요소인, 심지어 우상숭배와 결별을 주장하는 유일신교에서의 희생 제사의 구성 요소이기도 한 신-동물 형태의 온갖 가능성에 따라서요. 게다가 라캉은 '비인간'이라는 단어를 겁내지 않습니다. 「주체의 전복……」의 후기에서 그는 콜로키움 참가자 중 한 명이 자신의 제언을 '비인간적'이라고 지칭했을 때 전혀 불쾌하지 않았다고 쓰고 있죠.〕

∴
27 "Le facteur de la vérité", *La Carte postale. De Socate à Freud et au-delà*, Paris, Flammarion, 1979 참조.
28 예컨대, "Subversion du sujet……", 앞의 글, 앞의 책, p. 818.
29 「평화와 근접성」, 앞의 책, p. 345. 나는 『아듀 레비나스』(앞의 책)에서 이를 인용하고 거론했지요.

"기표가 다른 자리를, 즉 타자의 자리를, 타자인 증인을, 어떤 파트너와도 다른 증인을 필요로 한다"고 상정할 때 라캉은 무엇을 하고 있는 것일까요? 이 파트너 너머, 그러니까 거울의 또는 상상의 쌍 너머가 이미지 및 동류의 것과 결별하기 위해서는, 자기 이미지의 모든 동일시와, 모든 **동류**의 생명체와, 따라서 모든 형제 관계[30]나 모든 인간적 근접성과, 모든 인간성과 결별해야 할 만큼 충분히 급진적인 타자성의 자리에 놓여야 하지 않을까요? 이 타자의 자리는 비인간적이어야 하지 않을까요? 만약 정말 그렇다면, 비인간적인 것, 적어도 어떤 신적 동물성의 형태는, 한마디로, 그리고 그것이 인간을 통해 감지된다고 하더라도, 준-초월적 지시자가 될 것입니다. 자신이 기초한 것의, 즉 상징적 질서, 인간적 질서, 법, 정의의 배제되고, 폐제되고, 부정되고, 길들여지고 희생된 기초가 될 거예요. 세상의 온갖 차이에도 불구하고 그토록 자주 만나게 되는 레비나스와 라캉 사이에는 이 같은 불가피성이 은밀하게 작용하지 않을까요? 동물과 관련하여 지배나 초월의 담론을 끌어내면서 동시에 신의 이름으로, 아버지의 이름으로 또는 법의 이름으로 그렇게 한다고 내세우기 몹시 어려운 이유 중 하나가 바로 이것이죠. 아버지, 법, 그리고 동물 등등은 근본에서 같은 것이라고 해야 하지 않을까요? 아니면 차라리 같은 것의 분리 불가능한 형태들이라고 해야 하지 않을까요? 거기에 어머니를 결합시킬 수 있을 테지

---

30 내가 (앞에 언급했던 『우정의 정치들』에서) 그 전통과 권위를 해체하려고 시도했던 '형제 관계/형제애(fraternité)'의 가치에 관해서는 라캉에서도 그 신뢰성이 규명돼야 할 겁니다. **토템과 터부**의 논리에 따라 아버지의 살해자인 형제들에 대해 제기된 의혹을 물론 넘어서서 말이죠. 라캉은 여러 곳에서 사실상 다른 **형제애**를 꿈꿨어요. 예를 들어 「정신분석에서의 공격성」의 마지막 대목에는 이런 말이 있습니다. "…… 이 무의 존재에 대한 우리의 일상적 임무는 사려 깊은 형제애에서 그 의미의 길을 새롭게 여는 일이다. 그런 형제애에 상응하기에는 우리가 늘 너무 불균등하지만."(*Écrits*, 124쪽).

만, 그런다고 바뀌는 건 아무것도 없을 겁니다. 의심할 나위가 없죠. 니체와 카프카는 적어도 우리가 분석하려는 전통에서의 철학자나 이론가들보다 이 점을 아마 더 잘 이해했을 겁니다.

물론 다시 한번 말하지만, 내 관심사는 우선 이 담론의 논리와 이 담론이 『에크리』(1966년) 시기의 라캉에게 부여한 임무를 정면에서 공박하는 것이 아닙니다. 그 세미나들 안이나 그다음의 텍스트들(출판된 것이든 아니든, 접근 가능한 것이든 아니든)에서 이 논리의 틀이 명시적으로 재검토되었는가 하는 문제는 당분간 보류해 두어야 해요. 동물에 대한 이 담론의 공리 자체를 이루는 상상계와 상징계 사이의 대립적인 구분을 라캉이 거부하지는 않는다 해도 점점 더 무시하는 것처럼 보일 때는 특히 그렇죠. 언제나 그렇듯, 나는 한 담론의 가장 강력한 체계적 조직을 그 과정의 상대적으로 결정적인 순간에 그 조직이 모아진 형태로 생각하려고 애씁니다. 30년에 걸쳐 한 권의 책으로 묶인 다양한 텍스트들이 서로 강하게 연결되어 있는 『에크리』는 이러한 점에서 우리에게 신뢰할 수 있는 길잡이가 되어 줍니다. 『에크리』에 뒤이어 출판된 접근 가능한 텍스트 가운데 특히 우리가 쫓아야 할 흥미롭고도 단절되지 않은 자취는 이를테면 동물의 모방에 대한 분석이라고 생각해요. 이 분석은 언제나 시각의 관점에서, 정확하게는 이미지와 "응시하는 자신을 보는" 것의 관점에서, 심지어 나를 보지 못하는 정어리 통조림에 따라서도 이루어집니다. ("우선, 깡통이 나를 보지 못한다고 꼬마-장이 말하는 것이 의미를 갖는다면, 그것은 어떤 의미에서는 그 깡통이 그래도 나를 응시하고 있기 때문입니다. 그것은 나를 응시하는 모든 것의 광점 수준에서 나를 응시하죠. 그리고 이것은 결코 은유가 아닙니다."[31])

---

31 *Les Quatre Concepts fondamentaux de la psychanalyse*, Paris, Le Seuil, 1973. (우리말

그러니까 나는 이 논변에 반대하는 대신, 그 특정 연결 구조의 논리적 취약성, 그러니까 합리적 취약성으로 인해 이 개념 전체를 전반적으로 손봐야 한다고 강조하고 싶습니다.

애당초 가장과 가장의 가장 사이의 경계를, 즉 분할 불가능한 문턱을 식별하거나 결정하는 것은 어려워 보입니다. 게다가 이 한계가 개념적으로 접근 가능하다고 가정하더라도(나는 그렇게 생각하지 않아요), 우리는 어떤 지식이나 증언(그런데 지식은 증언이 아닙니다)의 이름으로 **동물 일반**은 가장을 가장할 수 없다고 태연하게 선언할 수 있는지 알아야 할 거예요. 라캉은 여기서 어떤 동물행동학적 지식(이것의 정교함은 동물말의 정교함에 비례하여 증가하고 화려해지죠)도, 어떤 경험이나 관찰도, 신뢰할 만한 개인적 증언도 환기하지 않습니다. 동물에게서 가장의 가장을 부인하는 것은 단순히 독단적 형태의 주장이지요. 그러나 이 인본주의적 독단주의 또는 인간중심적 독단주의에 숨겨진 동기가 있다는 점은 의심할 여지가 없어요. 또 모호하지만 반박할 수 없는 느낌은 가장과 가장의 가장을, 가장의 능력과 가장을 가장하는 능력을 구별하는 것이 매우 어렵고 거의 불가능하다는 것입니다. 예컨대, 가장 기초적인 성적 과시에서 가장과 가장의 가장을 어떻게 구별하죠? 여기서 기준을 제시하는 것이 불가능하다면, 우리는 모든 가장은 단순한 가장(라캉은 이것을 동물적 가장 또는 상상적 가장이라고 말하겠죠)으로 머물거나, 아니면 반대로 그것이 아무리 단순하더라도 모든 가장은 반복되며 결정 불가능한 방식으로 그 가능성 속에서 가장의 가장(라캉에 따르면 인간적 가장 또는 상징적 가장)으로 정립된다고 결론지을 수 있

∴ 번역본은 자크 라캉, 『세미나 11 – 정신분석의 네 가지 근본 개념』, 맹정현·이수련 옮김, 새물결, 2008) p. 89. 특히 p. 70~71 참조.

을 겁니다. 잠시 후에 설명하겠지만, 증상학은(그리고 물론 정신분석학도) 언제나 어떤 가장도 가장의 가장일 수 있고, 어떤 가장의 가장도 단순한 가장일 수 있다는 결론을 내릴 수 있죠. 또 그런 결론을 내려야 해요. 그래서 거짓과 가장 사이의 구별은 (라캉적 의미에서의) 말 또는 진리와 그가 그것과 구별한다고 주장하는 모든 것 사이의 구별과 마찬가지로 위태로워집니다. 가장은 타자에 대한 고려를 전제로 하죠. 그러니까 그것은 동시에 가장의 가장을, 즉 놀이 전략에서의 타자에 대한 단순한 보충적 수법을 전제로 합니다. 이 보충성은 첫 가장부터 작동해요. 다른 곳에서 라캉은 동물이 타자를 고려한다는 사실을 부인할 수 없었지요. 「정신병의 모든 가능한 치료에 전제가 되는 한 가지 문제에 대해」(1957~1958)라는 글에는 이런 의미를 드러내는 언급이 있습니다. 나는 그럴 수 있다면 이 언급을 그물에 걸어 놓고 아주 끈기 있게 다루어 보고 싶었습니다. 동물의 상상적인 (그래서 요컨대 타자가 결여된) 포획에 대한 라캉의 담론과 모순되지는 않더라도 긴장 관계 속에 있는 동시에, 병리학에 대한 담론과는 조화를 이루는 이 언급을 말이죠. 악, 결핍이나 결함은 인간에게는 타자 그 자체와의 관계를 나타냅니다. 그런데 이것들은 동물에게서 이미 공언되지요.

샤르코(Charcot)가 프로이트를 그토록 기쁘게 했던 표현을 사용해 보자. 타자가 자신의 위치 A에 "존재하는 것을 이것(ceci)이 방해하지 못한다." 그것을 제거하면 인간은 더 이상 나르시시스의 위치에서 자신을 지탱할 수조차 없기 때문이다. 마치 고무줄의 효과처럼 아니마는 **아니무스**에게, 또 **아니무스**는 동물(animal)에게 다시 돌아온다. 동물은 S와 a 사이에서 자신의 주변세계(Umwelt)와 더불어, 우리들의 경우보다 훨씬 더 긴밀하게 '외적 관계들'을 유지한다. 타자에 대한 동물의 관계가 전혀 존재하지 않는다고 말

할 수는 없다. 그것은 다만 신경증의 산발적인 단초들에서나 우리에게 나타나지만 말이다.³²

달리 말해, 동물이 인간과 유사하게 타̇자̇와의 관계로 (더 약한 방식으로, 그리고 더 '밀접한' 적응으로 인해, 그러니까 앞서 말했듯 더 '고정'되고 환경에 더 '매인' 방식으로) 들어가게 되는 것은 오직 병과 신경증적 결함에 한해서라는 겁니다. 이런 결함은 동물을 인간과 가깝게 해 주죠. 조숙하며 여전히 불충분하게 결정된 동물이라는 결함을 지닌 인간과 말입니다. 동물의 질서와 인간의 질서 사이에 연속성이 있다면, 동물의 심리와 인간의 심리 사이에서처럼, 그것은 악, 잘못, 결함이라는 이 선을 따를 거예요. 다른 곳에서 라캉은 이 두 심리(동물과 인간) 사이에 불연속성이 있다고 주장하는 걸 스스로 금했어요. **적어도 심리로서**는 말이죠.

적어도 여기서 이 여담이 우리가 일부 사람들에게 불러일으켰을지 모르는 오해, 즉 동물 심리와 인간 심리 사이의 불연속성이라는 학설을 우리에게 뒤집어 씌우게 하는 오해를 불식시킬 수 있기를 바란다. 그것은 우리 생각과는 정말 거리가 멀다.³³

이것은 무엇을 의미할까요? 그것은 동물과 인간 사이의 급진적인 불연속성, 즉 라캉이 그럼에도 불구하고 확인하고 심화시키는 절대적이고

---

32 J. Lacan, "D'une question préliminaire à tout traitement possible de la psychose", *Écrits*, 앞의 책, p. 551.

33 J. Lacan, "Situation de la psychanalyse et formation du psychanalyste en 1956", 같은 책, p. 484.

불가분적인 불연속성이 더 이상 심리로서의 심리에서가 아니라, 아니마와 프시케에서가 아니라, 정확하게는 다른 질서의 출현에서 생겨나는 문제라는 겁니다.

다른 한편으로, 이와 유사한 (동일한 것은 아닙니다) 개념적 결정 불가능성이 라캉에게 매우 결정적인, **흔적을 그림**(tracer)과 **지움**(effacer) 사이의 대립을 흔들어 버리게 되죠. 동물은 흔적을 그리거나 새기거나 남길 수 있어요. 그러나 동물은 "자신의 흔적을 지우지는 않는다"라고 라캉은 덧붙입니다. "그건 이미 자신이 기표의 주체가 된다는" 것일 테니까요. 그런데 여기서 다시 우리가 이 구별을 믿는다고 가정한다 해도, 라캉은 '동물'이, 즉 그가 말하듯 동물 **일반**이 흔적을 지우지 못한다는 주장을 증언에 의해서도 동물행동학의 지식에 의해서도 정당화하지 못합니다. 내가 다른 곳에서 보이려고 노력한 것처럼(그리고 이것이 내가 오래전에 기표 개념을 흔적 개념으로 대체한 이유입니다), 흔적의 구조는 흔적을 **그림**이 흔적을 각인하는 것만큼이나 (언제나 현존하고-부재하는) **흔적을 지움**으로 귀착한다는 점을 전제해요. 그밖에도, 모든 종류의 동물적 실행, 때로는 의례적 실행은, 예를 들면 장례식과 애도에서, 흔적의 경험과 흔적 지우기의 경험을 연관시키죠. 더욱이 가장은, 단순한 가장조차 민감한 흔적을 읽을 수 없게 만들거나 지각할 수 없게 만드는 것으로 구성됩니다. 하나의 흔적으로 다른 흔적을 단순하게 대체하는 것, 가장 기초적인 새김에서 기호로 흔적들의 차이를 표시하는 것, 이것은 라캉이 동물에게 인정하는 것인데, 이런 것이 각인만큼이나 지우기를 포함한다는 점을 어떻게 부정하지요? 가장과 가장의 가장 사이에 경계를 지정하는 것, 가장된 가장의 한가운데로 분할 불가능한 선이 통과하도록 하는 것은, 흔적의 새김과 흔적의 지움 사이에 경계를 긋는 것만큼이나 어려운 일입니다.

하지만 여기서 더 나아가, 시간이 있었다면 일반화하고 싶었을 유형의 질문을 제기해 보겠습니다. 관건은 **단지 동물에게 이런저런 능력**(말, 이성, 죽음에 대한 경험, 애도, 문화, 제도, 기술, 의복, 거짓말, 가장의 가장, 흔적 지우기, 선물, 웃음, 울음, 존경 등등—이 목록은 필연적으로 무한하죠. 그리고 우리의 삶의 환경인 가장 강력한 철학적 전통이 '동물'에게 **이 모두를** 부인했지요)을 부인할 권리가 우리에게 있는지를 묻는 것만이 **아닙니다**. 그것은 **또한** 인간이라 불리는 자가 동물에게 부인하는 것을 아주 엄격하게 인간에게 귀속시킬 권리가 있는지, 그러니까 자신에게 귀속시킬 권리가 있는지, 그리고 그것에 대해 **순수하고 엄격하며 분할 불가능한** 개념을 그 자체로서 가지고 있는지를 묻는 문제이기도 합니다. 그렇다면 '동물'이 자신의 흔적을 지울 수 없다고 가정하더라도, 어떤 권리로 이 능력을 인간에게, '기표의 주체'에게 양보하는 것일까요? 특히 정신분석학적 관점에서 보면요? 모든 인간은 확실히 억견의 현상성 공간에서, 자신의 흔적을 지운다는 의식을 가집니다. 하지만 이 제스처의 실효성에 대해서는 누가 판단할까요? 지워진 모든 흔적은 의식에 그 지움의 흔적을 남길 수 있고 그것의 (개인적 또는 사회적, 역사적, 정치적 등등의) 징후는 언제나 되돌아올 수 있을 것이라는 점을 상기하는 것이 필요할까요? 무엇보다도 정신 분석가에게 이것을 상기시킬 필요가 있을까요? 그리고 흔적을 지우는 힘에 대한 언급이 여전히 의식적 자아, 심지어 상상의 자아의 언어를 말한다는 점을 지적하는 일이 필요할까요? (사람들은 우리의 주제인 자서전 문제와 관련하여 여기 밀려드는 모든 잠재적 결과들을 짜낼 수 있을 겁니다.)

    이 모든 것이 흔적을 지울 수 없다고 말하는 데로 귀착하게 되는 것은 아니죠. (나는 다른 곳에서 이 점을 길게 설명했습니다.) 그 반대예요. 항상 지워지고(s'effacer) 항상 지워질 수 있다는 것이 흔적의 특성입니다. 그러나 흔적이 **자기를** 지우고(s'effacer), 항상 **자기를** 지울 수 있다는 것, 그리고 흔적이 새겨진 첫 순간부터 억압을 통해 그리고 억압 저편에서 그럴 수 있다는 것이, 신이든 사람이든 동물이든 그 누구도 그 주체가 되어 **그것을** 지울 수 있는 능력을 가질 수 있다는 것을 의미하지는 않습니다. 그 반대예요. 이 점에서 인간은 자신의 흔적을 지울 **능력**이 '동물'보다 더 많지 않습니다. 자신의 흔적을 **근본적으로** 지운다는 것, 그것은 **근본적으로** 파괴하고, 부정하고, 죽이고, 심지어 스스로 목숨을 끊는다는 것을 의미합니다.

그러나 우리는 이것으로부터 하나와 다른 것들의 흔적이 지워질 수 없으며 죽음이나 파괴가 불가능하다는 결론을 내리지는 않지요. 모든 것처럼 흔적은 지워집니다/(자기를) 지웁니다[(s')effacer]. 그러나 다음과 같은 사태는 흔적의 구조에 속해요. **그것을** 지우거나 무엇보다도 그 지우기에 대해 '판단할' 권한(pouvoir)은, 또한 지워지는 것을 수행적으로 지우는 일을 보장하는 구성적 힘에 대해 '판단할' 권한은 누구에게도 있지 않습니다. 이 구분은 미묘하고 연약해 보일 수 있죠. 하지만 이 미묘한 연약함은 상징계와 상상계의 대립부터 시작하여 우리가 탈-추적하고 있는 모든 견고한 대립에 영향을 미칩니다. 상징계와 상상계의 대립은 동물 질서에 대한 인간 질서의 우월성, 생명체에 대한 법의 우월성 등등에 대한 이 모든 인간 중심적 복원을 궁극적으로 뒷받침하지요. 여기서 이 미묘한 형태의 남근 중심주의는 프로이트가 말하는 공황(panique)을 자신의 방식으로 증언하는 것 같습니다. 인류의 첫 번째 외상인 코페르니쿠스적 외상(지구가 태양 주위를 돌고 있음)이 아니라, 세 번째 외상인 프로이트적 외상(무의식과 관련된 의식의 탈중심화)이 아니라, 두 번째 외상인 다윈적 외상에 대한 상처받은 반응을 말이지요.

라캉의 텍스트에서 잠시 벗어나기 전에, 나는 한 과제를 설정하고 상기시키고 싶습니다.

이 과제란 우리가 여기서 데카르트의 **코기토** 기호 아래 새겨 넣은 모든 것에 따라, 라캉의 데카르트에 대한 언급을 면밀히 분석하는 것입니다. 헤겔에 대한 언급과 마찬가지로, 그리고 종종 헤겔과도 연관되어, 데카르트에 대한, 데카르트의 "나는 생각한다"에 대한 소환은 지속적이고, 결정적이며, 복잡하고, 차별화된 것이었지요. 풍부한 저작과 광범위한 과정 속에서 우리의 문제틀은 우리에게 첫 번째 기준점을 제시합니다. 그것은 동물의 가장 없는 가장과 자신의 흔적을 지울 수 있는 인간의 가장하는 가장 사이의 차이에 대한 단락 바로 다음 페이지들에서 찾을 수 있어요. 거기서 라캉은 칭찬과 비판을 나눕니다.

한편으로, "데카르트의 코기토가 모르지 않는" 것은 본질적인 사안, 즉 존재에 대한 의식인 나는 **존재한다**(le sum)가 코기토에게 내재적인 것이 아니라 초월적인 것이며, 따라서 반영적 포획이나 상상적 포획 너머에 있다는 것이에요. 이는 동물적 **코기토**가 식별 이미지의 포로로 머물 것이라는 점을 확인하는 데로 귀착합니다. 이런 상황은, 동물이 자아(le moi)에 접근하는 것은 **나**(le je)를 결여하는 경우뿐이지만 이 **나**는 결여 이후에만 그 자신이 기표에 접근한다고 말함으로써 공식화될 수 있죠. (동물적) 자아는 결여를 결여하고 있는 셈입니다. 예를 들어 라캉은 이렇게 썼어요.

그리하여 자아는 지배의 기능, 위용의 게임, 구성된 경쟁이 된다. 〔이것은 동물에게도 부인되지 않는 특성들이죠.〕 자아는 자신의 상상적 본성에 사로잡혀 자신의 이중성에 가면을 씌운다. 이 이중성이란 자신이 논쟁의 여지가 없는 존재임을 확신하는 의식(페넬롱의 명상에서 펼쳐지는 순진함)이 결코 자신에 내재적이 아니라 오히려 자신을 초월한다는 데 있다. 그런 의식은 자아 이상의 단일적 특성에 의해 뒷받침되기 때문이다. (이 점을 데카르트적 코기토가 모르지 않는다.) 그렇게 가면을 씌운 결과 초월론적 자아 그 자체도 상대화되고, 자아의 동일시가 시작되는 오인 속에 있음을 함의하게 된다.[34]

그러나 **다른 한편**, 그러니까 **에고 코기토**는 중심 주체라는 자신의 위치에서 밀려납니다. 그것은 지배력, 중심 능력을 상실하고 기표에 종속된 주체가 되죠.

상상적 과정은 그렇게 하여 거울 이미지로부터 "기표에 의한 주체화의 길 위에서 자아를 구성"하는 데까지 이릅니다. 이는 자아의 주체-됨이 기표, 말, 진리 등등을 통과한다는 것, 즉 즉각적인 투명성을 상실함으로써, 자기와 동일한 자기의식으로서의 의식을 상실함으로써 이루어진다는 것을 확인하는 것으로 보이죠. 이것은 명백한 역설로 이어질 뿐입니다. 주체의 능력을 전복하고 그것의 결함으로 되돌림으로써 그 능력의 탁월성 면에서 주체를 긍정하게 되는 것이죠. 즉, 동물성은 의식적 **자아**의 편에 있는 반면, 인간 주체의 인간성은 무의식의 편에 있게 되는 겁니다. 기표 법칙의, 말의, 가장의 가장의, 등등의 편에 말입니다.

데카르트적 **코기토**의 역사적 여파 속에서 의식을 주체에 본질적인 것으로 격상시킨 것은, 우리가 보기에는 주체를 결정하는 기표의 불투명성을 희생시키는 것을 대가로 현실태로서의 나의 투명성을 기만적으로 강조하는 것이다. 또 의식(Bewusstsein)이 자기(Selbst)의 혼동을 은폐할 수 있도록 해 주는 미끄러짐은 『정신현상학』에서 헤겔이 오류를 범한 이유를 헤겔의 엄밀함

---

[34] J. Lacan, "Subversion du sujet…", *Écrits*, 앞의 책, p. 809.

에서부터 입증해 준다.³⁵

이렇듯 투명성을 강조하는 것은 '기만적(trompeur)'이라고 말해집니다. 이것은 단순히 오류로 '스스로를 속이는' 것을 의미하는 것이 아니라, 속임수로, 거짓말로, 신뢰로서의 자기에 대한 거짓말로 '스스로를 속이는' 것을 의미하죠. 자아의 또는 자기에 대한 자기의 투명성을 '믿게 하여' '스스로를 속이는' 것을 의미합니다. 이런 것은 데카르트의 **코기토**에 대한 전통적 해석의 위험일 수 있을 거예요. 아마 데카르트 자신의 자가-해석, 그의 지적 자서전, 즉 자기 해석의 위험일 수도 있겠죠. 이로부터 코기토에 대한 라캉의 격상(promotion)이, 코기토 자체의 핵심에 있는 거짓, 속임수, 기만적 투명성에 대한 진단이 나오는 것입니다.

"헤겔의 엄밀함"이라고 그는 말합니다. 그렇다면 우리는 주인과 노예 사이의 투쟁에 대한 라캉의 해석을 따라야 할 텐데, 거기서 그 해석은 "동류에 대한 동류의 평형을 분해하는 데" 이르죠. '주인과 노예의 소외 변증법'이라는 동일한 모티프가 「표준 치료의 변형태들」(1955)에도 등장합니다. 동물적 거울성은 그것의 미끼적 특성 및 그것의 일탈적 모습들과 함께, "인간 주체를 지속적으로 구조화"하게 되는데, 이는 출생의 미성숙(prématuration) 때문이지요. 이 "사실에서 우리는 자연적 조화가 이렇듯 저절로 드러남을 이해하게 된다. 헤겔은 인간이 자신의 본질로부터 자기를 구별하여 자신의 실존을 발견하는 풍요로운(fécond) 병이 존재하려면, 삶의 행복한 결함이 존재하려면, 이런 것이 필요하다고 보았다."³⁶ 라캉의 헤

---

35 같은 책, p. 809~810.
36 J. Lacan, "Variantes de la cure-type", 같은 책, p. 345.

겔 재해석에 대한 우리의 재해석에 동물에 대한 질문을 다시 기입함으로써, 우리는 라캉이 상상계를, "반영적 포획"을, "출생의 특유한 미성숙"을, "헤겔이 무시한 […] 위험"에 다시 상기시켜 주는 지점에 자리할 수 있습니다. 라캉은 여기서도 문제는 생명이라는 점을 분명히 하죠. 주체가 동물적 상상계를 넘어 인간적 질서로 이행하는 것이 실제로 삶과 죽음의 문제라는 얘깁니다.

그것을 초래하는 투쟁은 당연히 순수한 위신(라캉에 따르면 여기서 투쟁은 더 이상 동물적이 아니게 되죠)의 투쟁이며, 관건은, 문제는 생명이다. 이것은 헤겔이 무시한 출생의 특유한 미성숙의 위험에 반향하여 마련된 것이다. 우리는 이 위험을 반영적 포획의 역동적 동력으로 삼았다.[37]

라캉 자신이 말했듯, 상상과 상징 사이의 구별의 적합성에서 출발해, '미성숙'이라는 집요하고 결정적인 개념을, 즉 그것이 없다면 이 모든 담론이 '동력'을 잃게 될 절대적 사건을 그토록 강력하게 규정하는 '특유한(générique)'이라는 단어를 우리는 어떻게 이해해야 할까요? '특유한'은 동물의 유로서의 '인간 유'의 한 특성인가요, 아니면 그 유를 벗어나는 한에서, 정확하게는 특유한 것, 유전적인 것을 벗어나는 한에서 인간적인 것의 특성인가요? 그 벗어남은 결함에 의한 것이겠죠. 퇴화(dégénérescence)라기보다는 특정한 탈–생성(dé-génération)의 결함 말이에요. 바로 그 결함이 상징적 '생성'을, 생성들 사이의 관계를, 아버지의 이름의 법을, 말을, 진리를, 속임수를, 가장의 가장을, 흔적을 지우는 능력 등등을 낳습니다.

---

[37] J. Lacan, "Subversion du sujet……", 앞의 글, 같은 책, p. 810.

우리가 과제로 남겨 둘 이 질문, 그럼에도 불구하고 타고난 결함이라는 이 전통적 논리에서 유래하는 이 질문에서, 나는 내가 궁극적 환기라고 언표했던 것으로 돌아갑니다. 본래적 결함의 역사에서, 원죄의 역사에서 결함의 관점에 놓인 이 모두를 아우르는 것으로요. 우리는 원죄의 신화적 중계점을 오이디푸스에서 발견하며, 다음에는 그것의 비신화적 중계점, 과학적 중계점을 프로이트가 공식화한 것처럼 '거세 콤플렉스'에서 찾습니다. 결핍과 결함을 강조하는 다음 구절에서 우리는 우리 여정의 모든 단계를 다시 발견하죠. 창세기, 뱀, 나에 대한 질문과 "나는 무엇인가/무엇을 쫓는가?" 또는 "나는 누구인가/누구를 쫓는가?"라는 질문, 발레리의 「뱀의 스케치」의 인용("우주란 비-존재의 순수성 속에서의 **결함**이다"), 등등을 말입니다.

이것이 자기가 **코기토**에 의해 모조리 설명된다고 생각할 때 주체가 결여하게 되는 것, 즉 자기에 관해 생각할 수 없는 것이다. 그러나 고유명사의 바다에서 모종의 **결함으로** 나타나는 이 존재는 어디서 오는 것일까?

우리는 나로서의 이 주체에게 이 질문을 할 수 없다. 그것을 알기에는 주체에게 모든 것이 **결여되어** 있다. 우리가 말했듯, 이 주체인 나(Je) 자신이 죽었다면 그 주체는 그것을 알지 못할 것이기 때문이다. 그러니까 그 주체는 내가 살아 있다는 것을 모른다. 그렇다면 어떻게 나는 내게 그것을 증명할 것인가?

왜냐하면 나는 기껏해야 타자에게 그가 존재한다는 것을 증명할 수 있기 때문이다. 물론 수세기에 걸쳐 그를 죽이고 있는 신의 존재 증명으로가 아니라 그를 사랑함으로써 말이다. 이것은 기독교 케리그마가 가져온 해결책이다.

이것은 너무 불안정한 해결책으로 남아 있다. 이것으로는 우리의 문제, 즉 나̇는̇ 무엇인가? 라는 문제를 위한 우회로의 토대를 놓는 것은 생각하기조차 힘들다.

나는 "우주란 비-존재의 순수성에서의 결함이다"고 외쳐지는 장소에 있다.

그리고 여기에는 이유가 없지 않다. 이 장소는 스스로를 지키려고 존̇재̇ 그 자체를 쇠약하게 만들기 때문이다. 이 장소는 향̇유̇(Jouissance)라고 불린다. 그것의 결함이 우주를 허무하게 만들게 되는 것이 바로 향̇유̇이다.

그러니까 내가 여기에 책임이 있을까?—의심할 여지없이 그렇다. 그것의 결핍이 타자를 일관성 없게 만드는 이 향유는 그러니까 내 것인가? 경험은 그것이 내게 보통은 금지되어 있음을 입증해 준다. 이는 어리석은 사람들이 믿는 것처럼 사회의 나쁜 배치에 의한 것만이 아니다. 나는 만일 타̇자̇가 존재한다면 타̇자̇의 잘못̇̇에 의한 것이라고 말하겠다. 타자가 존재하지 않는다면 내게 남은 것은 나에게 잘못̇̇을 돌리는 것뿐이다. 다시 말해, 경험이 프로이트를 필두로 우리 모두를 이끄는 것, 즉 원죄̇̇를 믿는 것뿐이다. 프로이트가 침통하게 짐짓 내뱉은 고백이 없다손 쳐도, 역사상 마지막으로 탄생한 신화, 우리가 그의 펜에 빚진 신화는 금단의 사과라는 신화 말고는 더 이상 아무것에도 봉사할 수 없을 것이라는 사실이 남기 때문이다. 더 간결할수록 감각적으로 덜 우매하게 한다는 점—이것은 신화의 자산에 속하지 않는다—을 제외하면 말이다.

그러나 신화가 아닌 것, 그리고 프로이트가 오이디푸스만큼이나 즉시 정식화한 것, 그것이 거세 콤플렉스다.[38]

---

38 같은 글, 같은 책, p. 819~820.

4부[1]

왜 이러는지

왜 이러는지 모르겠고⋯⋯ 어디서 용기를 얻었는지 모르겠군요〔웃음〕⋯⋯ 계속 제 말을 들어주세요! 무엇보다 내가 마지막 말을 하는 기회를 지키려 한다거나 '마지막 유대인' 또는 '마지막 종말론자'가 되려 한다고, 뿐만 아니라 정말 '마지막 발언자', 발언하는 마지막 사람들 중 마지막이 되려 한다고 생각하지는 마세요. 그건 아니거든요. 하지만 엊그제 아마도 내게 가장 중요했던 순간에 논의를 중단하게 되어서, 내가 정말 하고 싶었을 말과 이르고 싶었을 지점에 대해 조금 더 말씀드리는 것이 정직한 일이라고 생각했습니다. 하지만 이 일을 정직하게 행하려면 한편으로, 아주 긴 글을 직접 써야 했을 거고—언젠가는 그렇게 할 수 있기를 바랍니다

---

1 서문에서 언급했듯이, 이 마지막 부분은 콜로키움 마지막에 행해진 자크 데리다의 즉흥 강연 녹음을 옮긴 것이다.—편집자

만—또 다른 한편으론, 너무 오랫동안 여러분을 다시 붙잡게 되겠죠. 그래서 그건 포기했습니다. 지금 내가 가진 건 노트 몇 줄뿐이에요. 만일 내게 시간이 있었다면, 또 우리가 함께 시간을 보냈더라면, 내가 무엇을 하려고 했는지에 대해서 개요만 말씀드리려고 합니다.

나는 아마도 우리가 라캉의 '가장의 가장', 속임수, 언어에 관한, 말에 관한 거짓의 문제에 관심을 가졌던 지점에서, 하이데거의 어구에 얽혀 들었던 것 같습니다. 그건 이제 말할 책의 거의 끝부분에 등장하죠. 그 책은 하이데거가 『존재와 시간』 이후 1929~1930년에 행한 세미나로, 『형이상학의 근본 개념들: 세계-유한성-고독』이라는 제목으로 나왔어요.² 동물에 대한 긴 설명이 끝날 무렵(여기에 대해서는 잠시 후에 다시 돌아오죠), 하이데거는 자신의 눈에 본질적인 것이 무엇인지 언급합니다. 동물이 결여하고 있는 것, 그것은 "그러한 것으로서의/자체로서의(en tant que tel) 것", "~로서의 구조(als Struktur)"예요. 우리 전체 문제틀의 본질적 특징이며, 레비나스와 라캉이 타자의 문제를 제기할 때 근본적으로 이미 우리의 이전 궤적의 경계를 표시해 주게 될 것, 동물이 결여하고 있는 것, 그러니까 "자체로서의" 것, 그것은 "자체로서의 타자"입니다.

그러니까 동물은 존재자와 관계하지만 자체로서의 존재자와는 관계하지 않아요. 하이데거의 미덕은 이것을 한정하고, 심화시키고, '자체로서(comme tel)' 정확하게 취급한다는 데 있지요. 내게는 비교할 데가 없어 보이는 폭넓고 엄밀한 분석으로요. 속임수의 문제는 하이데거가 동물이 세계

---

2 Martin Heidegger, *Die Grundbeggriffe der Metaphysik — Welt-Endlichkeit-Einsamkeit; Les Concepts fondamentaux de la métaphysique — Monde-finitude-solitude*, tr. fr. Daniel Paris, Paris, Gallimard, 1992. (우리말 번역본은 『형이상학의 근본 개념들: 세계-유한성-고독』, 이기상·강태성 옮김, 까치, 2001)

에 대한 자신의 개방성에서 자체로서의 세계에, '자체로서'에 접근하지 못한다고 설정하고, 이 '자체로서'가 언어에, **로고스**에 의존하지 않는다는 점을 지적하고자 할 때 튀어나오죠. 사실 우리가 동물에게 **로고스**가 없다고 말할 때, 이것은 무엇보다도, 동물에게 **로고스**를 **기초 짓는** '자체로서'가 없다는 것을 의미합니다. 그래서 그는 자신이 현시적인(apophantique) 것이라고 부르는 것, '현시적 구조'와 현시적 **로고스** 사이의 관계를, 즉 '자체로서'의 언어 되기를 분석합니다. 그러니까 하이데거는 바로 이 순간에, 문단 §72b에서—내가 얽혀 들었다면 이 지점에서 그랬을 거예요— 로고스와 속임수의 이 문제에 다다르죠.

드러나는 이 로고스(λόγος)의 본질에는 특히, 속이는 것일 수 있음이 속한다. 속임이란 어떤 것을 믿게 만드는 것, 어떤 것을 그것이 아닌 것으로 여기게 만드는 것, 더 나아가서는 이러저러하지 않은 것을 이러저러한 것처럼 여기게 만드는 것을 뜻한다. 따라서 속임수가 행해지는 것과 관련하여, 속인다는 이 사태, 로고스의 본질에 속하는 이 속임의 존재, 즉 어떤 것을 그것이 아닌 것으로 여기게 하고 어떤 것을 믿게 하는 것, 이것은 **물러남**(mettre en retrait)[3]이다. 드러나는 이 로고스의 가능성에는 물러날 수 있음이 속한다.

그런 다음 그는 로고스와 로고스의 가능성 조건인 '자체로서'와의 관계를 질문의 형식으로 제기하지요.

---

[3] 이것에 해당하는 하이데거의 용어는 '숨김'이라는 뜻의 'Verbergen'이다.—옮긴이

'~로서'의 구조는 단지 로고스의 속성일 뿐일까, 아니면 궁극적으로 어떤 근원적인 것, 즉 하나의 로고스가 결국 로고스인 바가 될 수 있는 가능성의 조건일까?[4]

그리고 더 뒤에서—당연히 나는 많이 건너뛰고, 비약하면서 나아갈 거예요. 우리에게는 순차적으로 사태를 따라갈 시간이 없군요—그는 '자체로서'의 구조가 동물에게 부정된다고 가정합니다.

그 행동의 모든 충동적 몰아댐에서, 동물은 이 행동과 관련된 바로 그것에 **흡수된다**. 그것에 대해 동물이 관계하고 있는 것은 그러므로 결코 그것의 '무엇인 존재' 속에서 자체로서 동물에게 주어지지 않는다(이 긴 연구의 모든 페이지에서 반복될 명제이죠). 그것은 동물에게 그것이 무엇으로 있는지로서 또 어떻게 있는지로서 주어지지 않는다. 그것은 동물에게 **존재자로서** 주어지지 **않는다**. 동물의 행동은 어떤 것을 어떤 것으로 지각하는 것이 아니다. 우리가 **어떤 것을 어떤 것으로서** 파악할 가능성을 세계 현상의 특성으로 간주하는 한, '~로서'의 구조는 세계 구조의 본질적 규정이다. 그 결과 '~로서'는 **세계 문제의 가능한 공격점으로** 주어진다.

동물에게 거부된 '~로서'의 구조는 그러니까 인간에 예약되어 있지요.

우리는 공식적으로 '~로서'의 구조를 발화 명제로 돌아가게 했다. 이 명제

---

4   위의 책, § 72 b, p. 448. (프랑스어본에는 "§ 72 c"라고 표기하고 있는데, 착오로 보인다.—옮긴이)

는 인간 말의 보통 형태다.[5]

그러니까 바로 여기서 나는 이 세미나 읽기를 시작하게 되었을 거예요. 명확히 하자면, 라캉을 읽으면서 우리 문제의식의 특정 지점에 도달했기 때문에 그랬을 겁니다. 하지만 그렇다고 해서 지금부터 시도할 긴 돌아보기에서 벗어날 수는 없었을 테지요.

물론 아시다시피, 1929~1930년의 이 세미나에서 내가 중요하게 생각하는 것, 돌, 동물, 인간, 특히 동물의 '세계 빈곤(weltarm)'에 관한 핵심적 명제들에서 내가 중요하게 생각하는 것에 대해 나는 이미 오래전부터 관심을 가지고 있었습니다. 내가 여기서 말하고자 하는 것은 근본적으로는 이미 「인간의 종말」, 「게슐레히트」, 「하이데거의 손」, 『정신에 대하여』에서 말한 것들이에요. 거기서 이 텍스트와 이 명제들에 대해 이야기했고, 「하이데거의 귀」에서, 『아포리아』에서, 바로 여기 스리지에서—여러분 중 몇몇 분은 그때 계셨죠—동물의 문제를 다루었지요. '죽지(mourir) 않고' '사멸하는(crever)' 동물, 끝이 있지만 엄격히 말해 죽지는 않는 동물의 문제를요. 이것이 하이데거가 볼 때 동물과 인간의 결정적인 차이예요. 하이데거는 동물이 죽지 않는 것이 말을 하지 않는 한에서인가 아닌가 하는 문제는 유보해 두고 있지요. 이 모든 문제들은 그러니까 어떤 방식으로는 이미 다루었기에, 다시 거기로 돌아가지고 싶지는 않군요.

그래서 만일 내가 이 세미나의 다른 읽기를 제안하고 싶다면, 그건 우리가 놓인 맥락에서 동물에 대한 이전 담론과 관련하여 강조해야 할 특정 장

---

5 같은 책, §72 b, p. 449.

점이 이 세미나에 있기 때문입니다. 한편으로는 동물행동학의 특정 지식을 고려한다는 장점이 있어요. 이를 고려하는 방식은 또 다른 논의 사안입니다. (시간이 있다면 어떤 면에서 그 지식을 고려하면서도 고려하지 않는지 보이려고 애써 볼 텐데, 아쉽군요.) 그러나 어떻든 거기에는 폰 윅스퀼(von Uexküll), 드리쉬(Driesch), 바위텐다이크(Buytendijk)에 대한 풍부한 언급이 있습니다. 진지한 작업이지요! 다른 한편, 하이데거는 여기서 기계론/목적론의 선택지를 넘어서려 시도합니다. 그는 명시적으로 그렇게 말하지요. 하이데거는 휴머니즘적이든 아니든 지금까지 철학에서 동물에 대한 담론을 특징지어 온 모든 교리적 대립 바깥에 또는 그 앞에 단호하게 자신을 놓습니다. 그리고—여기서 나는 이 점을 지금까지보다 더 많이 또 좀 더 무겁게 내세우고 싶은데—이 세미나는 1929~1930년에 열렸고, 그래서 이 세미나는 거기 수반되는 온갖 모호함과 더불어, 그 정치적 함의를 진지하게 받아들여야 할 하이데거의 일관된 제스처를 보여 줍니다. 그건 모든 생물학에 대해 거리를 두어야 할 필요성이죠. 그것은 레비나스와 라캉에게도 공통된 제스처이기도 합니다. 그들의 주장, 그들의 휴머니즘은 형이상학적 휴머니즘에 대항하여 전개될 때조차 모든 담론에 대한, 그들이 말하는 문화를 위협할 위험이 있는 모든 생물학적 담론에 대한 제스처이자 윤리적–정치적 자세인 것이죠. 마지막으로, 이 텍스트에 대한 또 다른 관심은 그것이 '세미나'라는 사실에 있습니다. 이 텍스트는 긴 세미나의 특징을 모두 간직하고 있죠. (세미나가 어떤 것인지 잊지 말아야 합니다. 그건 우발성, 즉흥성, 노고, 특정 진술에 대한 상대적으로 정당화할 수 없는 집착 등을 부분으로 지니지요.) 게다가 이건 『존재와 시간』 다음의 세미나입니다. 그런데 『존재와 시간』은 (나는 『아포리아』에서 이 점을 지적했다고 생각하는데) 동물에 대한 질문이 거의 없는 책이지요. 딱 두 곳을 제외하면요. 그 하나는 죽음의 문제가 다뤄지는 곳입니다. 정확하게는 "죽음을 향한 존재"에 대한 논의에서 죠. 거기서 동물은 배제됩니다. 동물은 "죽지" 않는다. 동물은 "죽음을 향한" 현존재(Dasein)가 아니다, 이런 식이죠. 다른 하나는 내가 이 자리에서 며칠 전에 인용한 아주 짧은 언급이에요. 거기서 하이데거는 동물에게 시간이 있는가 하는 물음(동물의 시간화에 대한 물음)이 "문제로 남는다"고, 그러니까 미결로 남는다고 말하죠. (그리고 어떤 면에서 보면 이 문제야말로 그가 이 세미나에서 용기 있게 제기한 문제입니다.)

하지만 내가 이 세미나를 급하게 다루고 싶지 않았던 가장 큰 이유는 "세계가 빈곤한" 동물에 관한 모든 명제가 동물의 문제틀이 아닌 훨씬 더 광범위한 문제틀에 잡혀 있기 때문입니다. 그러니까 동물에 대한 이 문제가 제기되는 공간을 재구성할 필요가 있을 거예요. 이 공간은 훨씬 더 일반적인 문제들의 공간입니다. 놓쳐서는 안 되는 문제들의 공간이죠. 도중에 잃어 버린 것처럼 보이더라도 말입니다. 제목에서 알 수 있듯, 그 문제들은 세계, 유한성, 고독이에요. 그러니까 동물과 직접적으로 관련된 특정 부분들에 도달하기 전에(우리에겐 아주 멀리 갈 시간이 없을 것이기에), 세계에 대한 이 문제틀의 일반적 구성에 몇 가지 기준점을 표시하고 싶습니다. 이 문제틀에는 '테제'가 새겨지게 될 거예요. 왜냐하면 하이데거 자신의 말에 따를 때 그것은 '테제'이기 때문이죠. 나는 하이데거가 '테제들'을 거의 내놓지 않는다고 이미 말했죠. 그렇지만 그는 "동물은 세계가 빈곤하다"는 명제를 '테제'로 제시할 겁니다. 그는 사실 다음과 같은 세 개의 테제를 제시할 거예요. "돌은 세계가 없다(weltlos)", "동물은 세계가 빈곤하다(weltarm)", "인간은 세계 형성적이다(weltbildend)〔이 말은 번역하기 어렵습니다〕.[6]"

⁂
6 L'animal que donc je suis(Galilée, 2006)에는 'weltbilden'으로 표기되어 있으나(p. 198),

몇 가지 기준점, 그러니까 동물에 관한 장 앞에 나오는 몇 가지를 살펴보죠.

처음에 문제가 되는 것은 다름이 아니라 철학 그 자체에서 출발하는 철학의 규정입니다. 하이데거는 이를 노발리스(Novalis)의 말을 따라 행하지요. 이 모든 것에서 정말로 하이데거의 관심을 끄는 것은 'Grundstimmung', 즉 근본 기분, 'Heimweh', 즉 향수(鄕愁)예요. 그리고 동물에 대한 질문이 제기되는 것은 근본 기분에 대한 성찰에서죠. 이 점은 중요합니다.

"*Das Heimweh als die Grundstimmung des Philosophirens und die Fragen nach Welt, Endlichkeit, Vereinzelung*" 이것이 그 문단의 제목입니다. "철학함의 근본 기분으로서의 향수 그리고 세계, 유한성, 외로움에 대한 물음들."[7] 〔Vereinzelung에 대한 최선의 번역이 "'외로움(esseulement)'일까요? 독특화? 외로움? 고독? 매우 까다롭군요.〕 다시 한번, 문제가 되는 것은 명백히 "인간이란 무엇인가?"라는 물음에 응답하는 것입니다. 그리고 "인간이란 무엇인가?"라는 물음에 응답하기 위해서는 "세계란 무엇인가?"라는 물음에 응답해야 하죠. 이 단락의 첫머리에서 하이데거는 이렇게 묻습니다.

그러나 인간이란 무엇이기에, 자신의 존재의 바탕에서 철학을 하는가? 그

∵ 오기로 보인다. 데리다는 이를 'configurateur de monde'라는 프랑스어로 옮기고 있다.-옮긴이

[7] *Les Concepts fondamentaux de la métaphysique*……, 앞의 책, § 2 b, p. 21. (우리말 번역본에서는 *Vereinzelung*을 '개별화'로 옮겼다. 『형이상학의 근본 개념들』……, 앞의 책, 25쪽.-옮긴이)

리고 이 철학함이란 무엇인가? 철학함에서 우리는 무엇인가? 우리는 어디로 가려고 하는가? 우리는 우연히 어쩌다 우주 안으로 발을 디딘 것일까? 노발리스는 한 단편에서 이렇게 말한 적이 있다. "철학은 본래 향수이며(*ist eigentlich Heimweh*), 어디서나 제 집에 있으려는 충동(*ein Trieb*)이다."

제 집에 대한 물음은 특히—우리가 그럴 시간이 있다면—'동물과 함께' 제 집에 있다는 것으로 이 물음이 구체화할 때 다시 떠오를 거예요. '동물과 함께 거주한다'는 것은 무엇일까요? 동물과 '동−거한다co-habiter'는 것은 무엇일까요? 이것이 바로 **함께 지냄**(Mitgehen)과 **함께 실존함**(Mitexistieren)의 문제입니다. 동물은 집에서 우리와 **함께 지낼**(mitgehen) 수 있어요. 예를 들어, 자기애적 동물이라고 종종 말하는 고양이는 우리와 같은 곳에서 거주할 수 있고, '우리와 함께 가고', '우리와 함께 걷고', 집에서 '우리와 함께' 있고, '우리와 함께' 거주할 수 있지요. 그러나 고양이는 집에서 '우리와 함께 실존하지는 않'습니다.

향수에 대한 이야기로 이 세미나의 문을 여는 것은 의미심장하지 않을 수 없어요. 노발리스를 인용한 직후 거짓말이 등장하는 것도 마찬가지죠. 하이데거는 시인 노발리스의 말을 인용하곤 이렇게 덧붙입니다.

그런데 아리스토텔레스는 『형이상학』에서 이렇게 말하지 않는가? πολλὰ ψεύδονται ἀοιδοί, "시인은 거짓말을 잘 한다"[8]라고.

이제 이 같은 단락 가운데, 내가 다소 인위적으로 떼어 낸 곳에 무엇이

---

8 아리스토텔레스, 『형이상학』, A 2, 983 a.

나타나고 지나가는지 볼까요? 그건 동물이에요.

노발리스는 한 단편에서 이렇게 말한 적이 있다. "철학은 본래 향수이며, 어디서나 제 집에 있으려는 충동이다." 기이한 정의(*Eine merkwürdige Definition*)이며, 물론 낭만적이다(*romantisch natürlich*). 향수(*Heimweh*)—오늘날 아직 그와 같은 것이 있을까(*gibt es dergleichen heute überhaupt noch*)? 일상생활에서도 이해하기 힘든 낱말이 되지 않았는가(*ein unverständliches Wort geworden, selbst im alltäglichen Leben*)? 결국 현대의 도시인과 문명의 원숭이는 오래전에 향수를 폐기해 버리지 않았는가(*Denn hat nicht der heutige städtische Mensch und Affe der Zivilistion das Heimweh längst abgeschafft*)?

달리 말해—레비나스에서 "원숭이처럼"이 그렇듯 이 '원숭이'는 모욕인데—조국에 대한 감각까지 잃어 버린, 향수에서 해방된, 향수를 잃어 버린 도시인("향수는 더 이상 예전 같지 않다", 어떤 면에선……), 근대성의 도시인은 문명의 '원숭이'입니다. 우리가 향수에 대해 이야기하면 그는 웃죠.

이 세미나의 시작 전체는 그러니까 향수, 우울, 철학, 형이상학과 관련됩니다. 향수로서의 철학에 말이죠. 동물에 접근하기 전의 긴 서문이라 부를 만한 이곳『예비 고찰(*Vorbetrachtung*)』에서, 그럴 수 있었다면 나는 데카르트와 관련된 몇몇 구절들을 선택했을 겁니다. 여러분이 아시는 이유로요. 왜냐하면 내게 중요한 것은 하이데거 담론이 여전히 데카르트적이라는 것을 자연스럽게 도발적 방식으로 보여 주는 것일 테니까요. 비록 하이데거의 첫 번째 과녁은『존재와 시간』에서뿐 아니라 여기에서도 분명히 데카르트이긴 하지만 말입니다. 데카르트의 기계론뿐 아니라 **코기토**의 데카르트 역시 과녁입니다. 이 점을 생각해 볼 수 있게끔, "데카르트와 근대 철학에서 비판적 태도의 애매성"이라는 제목 아래의 단락을 인용해 보죠. 여기서 본질적으로 데카르트에 가해지는 비난은 신뢰가 주어지는 곳이 겉모습이라는 겁니다. 그의 비판적 제스처에서조차 그렇다는 거죠.

철학을 절대 과학의 수준으로 끌어올리려는 강력하고 분명한 경향의 탄생이 데카르트에서 철학의 애매성에 대한 매우 특별한 반향과 일치하는 것은 우연이 아니다. 데카르트는 철학을 절대적 인식으로 만드려는 근본 지향을 가지고 있었다. 바로 그에게서 우리는 어떤 기이한 것을 본다. 여기서 철학은 **의심**과 더불어 시작되며, 모든 것이 의문에 부쳐지는 것처럼 보인다. 그러나 이것은 겉모습일 뿐이다(*Aber es sieht nur so aus*). 현존재, 나(자아)는 전혀 의문에 부쳐지지 않는다(*Dasein, das Ich(das ego) wird gar nicht in Frage gestellt*). 비판적 태도의 이 겉모습—사실 비판적 태도에 대한 애매성—은 현대 철학 전반에 걸쳐 가장 최근까지 이어져 왔다.[9]

하이데거는 이미 『존재와 시간』에서 이를 주장하면서, 데카르트가 근본적으로 '내가 존재한다(ego sum)'에서 **존재한다**가 무엇을 의미하는지에 대한 존재론적 질문을 제기하지 못했다는 점을 보여 주죠. 근본적으로 그의 '내가 존재한다'는 독단적인 것으로 남아 있다는 겁니다.[10]

그러니까 이 기준점을, 단순한 기준점으로서 잊지 말아야 해요. 내가 그렇게 하려 했을 것처럼, 하이데거의 제스처가 어쨌든 동물에 관한 한 여전

---

9 Les Concepts fondamentaux de la métaphysique……, 앞의 책, "Considération préliminaire", § 6 b γ, p. 43.
10 『존재와 시간』, § 6.

히 심오하게 데카르트적이라는 것을 보여 주려면 말이죠. 하이데거가 여기서 새로운 질문의 방향으로, 즉 세계와 동물에 대한 새로운 문제 제기의 방향으로 나아가는 바로 그 순간에조차, 그가 전체 형이상학적 전통, 특히 주관성, 데카르트적 주관성 등등의 전통을 해체한다고 주장하는 바로 그 순간에조차 그는 데카르트적이죠.

이 점을 놓아 두고, 나는 이 예비 고찰에서 다시 '제1부'의 제1장으로 건너뜁니다. 여기서 하이데거는 '일깨움'과 의식의 문제를 제기하죠. 이 문제는 현시적인 것의 기준인 '~로서'가 얼마나 깊이 있게 제시되는가를 표시하는 데 필수적인 질문이에요. 사실, 하이데거에게 관건은 "그러한 것으로서/자체로서(als Struktur)"를 단순히 의식이나 표상의 구조에 연결시키는 것은 아닐 겁니다. 더욱 발본적인 깊이가 문제될 거예요.

일깨움(Weckung)은 어떤 눈앞의 것을 확인함이 아니라(kein Feststellen eins Vorhandenen)(『존재와 시간』에 나오는 존재자의 세 양상 사이의 구별을 떠올려 보세요. 사물로서 눈앞에 있는 것(Vorhanden), 도구, 도구의 눈앞의-존재인 것(Zuhanden), 마지막으로 현존재(Dasein)의 구별을 말이죠.), 오히려 잠자는 자를 깨어 나게 함(sondern ein Wachwerdenlassen des Schafenden)이다.[11]

일깨움의 문제는 동물의 문제와 분리할 수 없는 수면의 문제로 이어집니다. 일깨움은 "잠자는 자를 깨어나게 함"이며, 당연히 하이데거는 깨어 있음과 수면의 구분을 의식과 무의식의 구분으로 축소하려는 사람들을 공

⁝
11 Les Concepts fondamentaux de la métaphysique……, 앞의 책, § 16 a, p. 97. (이 인용문은 § 16 a의 제목이다.)

격하죠. 그가 깨어 있음이라고 부르는 것은 의식이 아니며, 그가 수면이라고 부르는 것은 무의식이 아닙니다. 다음 구절을 보세요.

…… 우리가 어떤 기분(*Stimmung*)을 일깨운다면, 그것이 여기 이미 존재했지만 아직 존재하지 않았기 때문이다. 부정적 측면에서 우리는 이 점을 보았다. '현존재'와 '비현존재'의 차이는 '의식'과 '무의식'의 차이와 겹치지 않는다. 그러나 이것으로부터 우리는 더 많은 것을 도출한다. 기분이 인간의 일부인 어떤 것이라면, 우리가 말했듯 '인간 안에' 있는 어떤 것이라면, 또는 인간이 기분을 가지고 있다면, 그리고 이것이 '의식-무의식'이라는 대립의 도움으로 해명될 수 없다면, 인간이 물질적 사물과 구별되는 이유가 의식이 있다는 점, 이성을 부여받은 동물, 즉 **이성적 동물**이라는 점, 또는 순수한 체험을 지니고 신체에 결부된 나라는 점에 있다고 여기는 한, 우리는 문제에 절대 접근하지 못한다.[12]

하이데거의 의도는 그러니까 인간의 본질을 의식에 의해서, 특정 동물에게 귀속시킬 수 있을 이성(우리는 이러한 언급을 「휴머니즘 서간」[13]에서 찾을 수 있지요)에 의해서, 또 무엇보다 나, "순수한 체험을 지니고 신체와 결부된 나"에 의해서 정의하는 것과는 달리 정의하려는 것입니다. "인간을 생물로, 곧 이성을 부여받은 생물로 여기는 이 파악 방식은 기분의 본질에 대한 완전한 오해를 초래했다"라고 하이데거는 덧붙입니다. 그가 정의

---

12 같은 책, § 16 b, p. 100~102.
13 M. Heidegger, *Brief über den »Humanismus«*, 1947. 우리말 번역본은 「휴머니즘 서간」이라는 제목으로 하이데거의 『이정표 2』(이선일 옮김, 한길사, 2005)에 실려 있다. —옮긴이

하고자 하는 것은 근본 기분(Grundstimmung)이에요. 기분이란 무엇이죠? 향수, 우울, 정동적 기분이란 무엇일까요? 인간을 의식, 무의식, 이성을 부여받은 동물 등등으로 정의하는 한, 우리는 정동적 기분이 무엇인지 이해하지 못할 겁니다. 그래서

기분의 일깨움과 이 낯섦에 접근하려는 시도는 결국 인간에 대한 우리의 개념을 완전히 뒤집어야 한다는 요구와(mit der Forderung einer völligen Umstellung unserer Auffassung vom Menschen) 일치한다.

그리고 분명한 것은 하이데거가 프로이트 못지않게, 지금까지 우리가 언급한 다른 어떤 사람 못지않게, 동물의 수면에서 어떤 일이 일어나는가 하는 물음을 회피했다는 점이에요. 그래서 그는 조금 아래에 이렇게 썼지요. (여기에 오래 멈춰 있을 필요가 있을 거예요.)

우리는 돌이 잠들어 있거나 깨어 있다고 말하지 않는다. 하지만 식물은 어떤가? 여기서 우리는 이미 확신하지 못한다. 식물이 잠들어 있는지는 꽤 문젯거리다. 식물이 깨어 있는지가 문젯거리이기 때문이다. 우리는 동물이 잠을 잔다는 것을 안다. 그러나 이 수면이 사람의 수면과 동일한지(ob dieser Schlaf derselbe ist wie der Schlaf der Menschen), 그리고 그렇다면 수면 일반은 무엇인지(und was denn der Schlaf überhaupt ist)는 여전히 의문이다.

하이데거는 의식, 무의식에 대한 모든 형이상학으로부터 독립해서 수면 또는 일깨움의 질문을 제기하려 하죠. 더 이상 의식의 논리에 의존하지 않는 깨어 있음-수면의 대립에서 시작하기를 원합니다.

이 문제〔이건 그가 세미나 후반부에서 다룰 내용을 예고하는 대목이죠. 우리는 꽤 많은 페이지를 건너 뛸 거예요〕는 돌, 식물, 동물, 인간(Stein, Pflanze, Tier, Mensch)과 같은 다양한 종류의 존재자의 존재 구조에 대한 질문과 밀접한 관련이 있다.

그러니까 하이데거는 세미나의 시작부터 다름 아닌 수면과 깨어 있음에 대한 문제에서 출발하여 존재자들의 이 유형학을 내놓습니다. 이제 우리는 이 유형학을 다룰 거예요. 지난번에 정립해 보려 했던 예속과 관계의 문제틀을 고려할 때, 하이데거가 수면과 관련하여 아리스토텔레스에 대해 (아리스토텔레스는 이 세미나에서 처음부터 끝까지 주요한 전거입니다) 말하는 것을 자세히 살펴보면 좋겠지만, 그럴 시간이 없을 것 같군요.

아리스토텔레스는 깨어 있음과 수면에 관해 특별한 논문〔잠과 깨어 있음에 관하여(Περὶ ὕπνου καὶ ἐγρηγόρσεως)〕을 썼다. 이 논문에는 독특한 특징이 있다. 아리스토텔레스가 수면을 아키네시아(ἀκινησία)〔움직이지 않음〕라고 말할 때 그는 주목할 만한 점을 발견한 것이다. 아리스토텔레스는 수면을 의식이나 무의식과 연관시키지 않았다. 오히려 그는 이렇게 말한다. 수면은 데스모스(δεσμός), 즉 예속의 관계[14]다. 그것은 독특한 관계, 〔관계(lien)의 문제는 항상 되돌아올 거예요. 또한 제약의 문제, 조임에 의한 예속의 문제도요. 그리고 동물—나는 이 말을 함으로써 많은 걸 예상하는데—동물은 결

---

14 데리다는 프랑스어 번역본에 따라 하이데거의 'Gebundenheit'(글자 그대로는 '묶여 있음'을 뜻한다)라는 표현을 'lien d'assujettissement'('예속의 관계')이라고 옮기고 있다. — 옮긴이

국 인간의 눈에는 단순히 더 촘촘한 속박의 망에 붙잡혀 있죠. '도관들'의 망이라고 하이데거는 말하죠. 더 촘촘한 도관들 말입니다. 이것은 관계의 문제를이죠.) 아이스테시스(αἴσθησις){감각}의 관계다. 지각의 관계일 뿐 아니라, 다른 존재자, 자신이 아닌 다른 존재자를 받아들일 수 없다는 의미에서 존재의 관계다. (그러니까 동물은 너무 묶여(lié) 있다는 거예요.) 수면의 이런 특성은 이미지 이상이며, 형이상학적 견지에서는 전혀 파악되지 않았던 위대한 관점을 열어 준다. 근본적으로 형이상학적인 근거들 때문에 우리는 수면의 문제를 자세히 다루지 않고, **다른 길**을 통해 기분을 일깨운다는 것이 무엇을 의미하는지 명확히 하려고 해야 한다.

그리고 분명히 그가 기분, 권태 등등의 문제를 다루는 것은 이 길, "다른 길"에서입니다.

여기서부터 나는 하이데거가 동물로서의 동물의 문제에 접근하는 세미나의 '제2부'로 넘어갑니다. 이미 말했듯, 이 동물의 문제는—매우 낯선 방식으로, 왜냐하면 그것은 길잡이 역할을 하면서 마침내 전체 공간을 침범할 테니까요—세계의 문제를 구체화하게 됩니다. 그리고 세계의 문제 그 자체는 세 문제의 집합에 속하지요. 이 세미나에서는 모든 것이 다음 세 가지에 따라 진행됩니다. "세계, 외로움, 유한성에 대한 물음들. 즉, 오늘날의 우리 현존재의 깊은 권태라는 근본 기분이 우리로 하여금 물어보도록 제기하고 있는 질문들. 세 가지 물음의 뿌리로서의 시간의 본질."**15**

∴
15   *Les Concepts fondamentaux de la métaphysique*……, 앞의 책, § 39, p. 255. (이 인용문은 § 39의 제목이다.)

달리 말해, 세계, 외로움, 유한성이라는 세 가지 질문은 그것들의 공통 뿌리, 즉 시간이라는 문제에 의해 연결되어 있습니다. 건축학적 관점에서 볼 때, 이것은 매우 중요하죠. 하이데거가 『존재와 시간』에서 동물에 관한 사태는 어떠한가, "동물이란 무엇인가"라고 물었던 것이 바로 시간이라는 주제에서였기 때문이에요. 동물은 시간이 있는가, 시간을 갖는가, 즉 "…… 동물은 시간화하는가?—이것은 다른 곳에서 다뤄야 할 문제다."[16] 우리는 이 제스처에 주목할 필요가 있습니다. 이 제스처는 하이데거의 교육적 제스처로 보이지만 교육적인 것 이상이죠. 매번 사물들을 세 가지로 제시합니다. 그리고 공통된 뿌리 또는 중간의 테제를 취하겠다고 말하지요. 여기서 세 가지 문제의 공통된 뿌리인 문제란 시간의 본질이죠. 이것이 "세계란 무엇인가? 등등"의 질문이 "순간이란 무엇인가?"라는 질문으로 시작되는 이유입니다. "존재자가 온전히 자신을 거부한다는 사태 속에서 동시에 언표되는 것은 현존재를 진정으로 가능하게 하는 것, 즉 순간(Augenblick)이다." "일별(一瞥)", 일별의 순간. 순간이란 무엇일까요? "세계란 무엇인가? 유한성이란 무엇인가? 외로움이란 무엇인가?"라는 질문은 "순간이란 무엇인가?"라는 질문에서부터 펼쳐집니다. 이 하나로 된 세 가지, 세 가지로 된 하나의 다른 예를 들어보죠.

세 가지 질문은 다음과 같은 순서로 제시되었다. 1. 세계란 무엇인가? 2. 유한성이란 무엇인가? 3. 외로움이란 무엇인가? 그런데 우리는 유한성이 세 번째 질문이 되는 방식으로 전개하였다. 그러나 어떤 의미에서 세 번째인

---

[16] 『존재와 시간』, §68 b.

가? 다른 두 가지의 통합적이고 근원적인 뿌리로서다.[17]

다시 한 번! 이전에는 세 가지 질문의 공통된 뿌리가 시간이었지만, 이제는 유한성입니다. 유한성은 "다른 두 가지의 통합적이고 근원적인 뿌리"로서 두 가지의 중간에 있다가 셋으로 들어온 것이죠. 그러니까 세미나 전체를 지배하는 것은 시간화 문제뿐 아니라 유한성의 문제이기도 합니다. 『존재와 시간』에서와 마찬가지로요. 시간은 존재에 대한 질문의 초월론적 지평이죠. 그러니까 어떤 의미에서 하이데거는 이미 『존재와 시간』에서 밟았던 길을 반복하고 있는 셈입니다. 그러나 분명한 것은 이 유한성을 고집해야 한다면, 즉 "인간이란 무엇인가?"라는 질문과 관련된 다른 세 가지 질문의 근원으로서 이 유한성의 질문을 고집해야 한다면, 그것은 인간과 동물의 공통점이 유한성, 특정한 유한성이기 때문임을 상기할 필요가 있다는 점이에요. 둘 다 죽을 수밖에 없는 존재입니다. 돌은 '유한'하지 않아요. 돌은 유한하지만 돌의 '유한성'은 존재하지 않습니다. 우리는 돌의 유한성에 대해 결코 말하지 못할 거예요. 반면에 우리는 인간의 유한성에 대해서 말하듯 동물의 유한성에 대해 말할 수 있습니다. 그러나 하이데거가 그를 따라 우리가 반복하게 되는 제스처 속에서 지나가게 하는 한계, 그것은 동물과 인간 사이의 한계지요. 여기서 문제인 유한성의 의미에서 오직 인간만이 '유한'한 그런 한계 말입니다. 동물은 이런 의미에서 유한하지 않아요. 비록 이 언급을 받아들이기 어렵다—그렇지 않나요?— 해도……! 동물에게는 유한성이 없어요. 동물에게 말이 없는 것처럼, 동물은 '엄밀히', 엄밀하게 말해, 죽지 않는 것처럼 등등. 이 유한성의 문제는 세미나 전체

---

17 *Les Concepts fondamentaux de la métaphysique*……, 앞의 책, § 39, p. 257.

를 관통하게 됩니다.

동물에 대해 우리에게 가장 중요한 텍스트들에 접근하기 전에 아직 한 단계가 남아 있습니다. 그건 세계에 관한 것인데, 거기서 우리는 동물에 대한 이 담론을 구성하게 될 '세 테제'의 출현에 가장 가까이 가게 됩니다. (기본적으로 우리는 일이 어떻게 진행되는지 알죠. 이건 세미나이고, 다른 단계들을 볼 수 있으니까요. 우리는 하이데거가 매주 돌아와 자신의 세미나 원고를 한 주 한 주 써나가는—나는 그렇게 생각해요—것을 봅니다. 그 덕택에 이 텍스트는 매우 강력해졌고, 또 동시에 전례없는 필연성과 약간의 바로크적 특성을 갖추게 되었죠. 구성이 조금 이상하긴 합니다만. 내게 시간이 있었다면, 결과적으로 이렇게 단계 단계를 쫓아야 하는 이 텍스트의 지위와 방법, 그리고 매우 독특한 그 과정을 정당하게 평가하고 싶었을 겁니다.) 그러니까, 책의 중간쯤에 있는 2부의 2장의 §42에서 세계 그 자체에 대한 문제가 등장하죠. "세계에 대한 질문과 함께 하는 형이상학적 물음의 시작"[18] 말입니다. 이것이 이 장의 제목이에요. 바로 다음에 §42의 제목이 나오죠. "주도적 세 테제, 즉 '돌은 세계가 없다(weltlos)', '동물은 세계가 빈곤하다(weltarm)', '인간은 세계 형성적이다(weltbildend)'의 비교 고찰의 길."[19] (Der Weg der vergleichenden Betrachtung, 내가 알기로 이것은 하이데거가 '비교'라는 단어를 사용한 유일한 경우입니다. 그가 비교의 과정으로 나아갈 것임을 선언하는 유일한 경우죠.) 이 세 테제는 세계에 대한 테제입니다. 돌, 동물, 인간에 대한 테제가 아니라, 세계에 대한 테제죠. 이런 것들을 말하려면 세계가 무엇인지 아는 것이 중요해요. 그리고 내 생각에 이 과정에서 가장 흥미로운 순간이자 동시에 가장 신중한 순간

---

18 Les Concepts fondamentaux de Ia métaphysique……, 앞의 책, 제2부, II장, p. 265.
19 같은 곳, §42, p. 265. (이것은 이 절의 제목이다.)

은 하이데거가 이런 식으로 말하는 순간입니다. 결국 사람들은 세계가 무엇인지 모른다! 근본적으로 그것은 매우 모호한 개념이다! 무장한 테제, 견고하고 긍정적인 테제의 군대처럼 전진하는 순간, 사태는 흔들리고 하이데거는 결국 이렇게 말하죠. 결정적으로 세계라는 이 개념은 모호하다. 근본적으로 그는 '세계······'가 무엇을 의미하는지 모릅니다. 그리고 하이데거가 가장 문제적이라고 또는 가장 아포리즘적이라고 진정으로—어떤 의미로든—믿고 싶은 독자는 이렇게 말하겠죠. 근본적으로 이 모든 것, 인간과 동물과 돌에 대한 이 모든 긍정적이고 자신감 넘쳐 보이는 테제들은 하이데거가 기본적으로 우리는 세계가 무엇인지 모른다고, 그것은 매우 모호한 생각이며 점점 더 모호해진다고 말하는 순간을 둘러싸기 위한 연극적 전략, 교육적 연극의 위대한 전략일 뿐이라고요. 그러나 하이데거와 같은 사람이 내놓은 이런 언급의 심각성을 이해하려면, 우리는 하이데거가 이전에 『근거의 본질에 대하여』[20]에서, 또 무엇보다도 세계에 대한, 세계-내-존재에 대한 책인 『존재와 시간』에서 세계 문제에 대해 발본적으로 새로운 접근법을 제안했음을 기억해야 해요. 그러니까 이번 세미나에서 그는 세계에 대한 이 질문을 새롭게 던집니다. "우리는 세 가지 질문 중 첫 번째 질문으로부터 시작한다. 세계란 무엇인가?(*Wir beginnen mit der ersten der drei fragen: Was ist Welt?*)." 그리고 그는 이 질문에 접근하기 위한 세 가지 (또 다시 셋이죠······) 가능성, 세 가지 '길'을 구별해요. 이전 작품에서 이미 따랐던 두 가지와 앞으로 따르게 될 새로운 길이죠. 첫 번째 **길**, "최초의

---

20 *Vom Wesen des Grandes*, 이 글은 후설에게 헌정된 50주년 기념호인 *Jahrbuch für Philosophie und phaenomenologishe Forshung*, Halle, Niemeyer, 1929에 실려 최초로 출판되었다.

분류에 **가장 가까운**" 길은 '역사학'의 길, 즉 "'세계'라는 **말의 역사**"입니다. 그러나 "그 말의 역사는 외벽만을 제공"하기에, 더 나아갈 필요가 있죠. "이 말이 담고 있는 개념 형성의 역사"까지 가야 합니다. 이것이 바로 그가 『근거의 본질에 대하여』에서 따르려고 했던 길이라고 하이데거는 말하죠. 그리스의 우주(cosmos)에서 시작되는 이 길에서 기독교의 세계 개념은 특히 중요합니다.

가장 잘 알려진 것은 세계와 신의 구분에서 드러난다. 세계는 신이 아닌, 신 바깥의 존재자의 총체(그러니까, 피조물, 창조된 것의 전체)다. 따라서 이것은 기독교적 의미에서, 창조되지 않은 것에 대비되는 창조된 것이다. […] 인간 또한 이렇게 이해된 세계의 한 조각이다. 그러나 인간은 세계 안에서 발생하고 세계를 구성하는 데 기여하는 세계의 조각으로서만 가치를 지니지 않는다. 인간은 또한 세계와 맞서 있다. 이렇게 세계와 맞서-있음은 세계를 가짐이다.(하이데거는 가짐을 강조합니다. *Dieses Gegenüber-stehen ist ein Haben der Welt*, 인간은 세계를 가지죠. 반면에, 하이데거는 동물은 세계를 가지지 않는다고 말하게 될 거예요. 차라리 세계를 가지지 않은 채 세계를 가진다고 또는 세계를 가지면서 세계를 가지지 않는다고 하게 될 겁니다. 매우 복잡해지겠죠.) 인간이 그 속에서 움직이는 것으로서, 그것과 대결하는 것으로서, 지배하는 것으로서, 동시에 섬기고 자신을 맡기는 것으로서 말이다. 그 결과, 인간은 1) 세계의 한 조각이고, 2) 이 조각으로서 세계의 주인인 동시에 종이다(*zugleich Herr und Knecht der Welt*).[21]

---

21 *Les Conceprs fondamentaux de la métaphysiique*……, 앞의 책, § 42, p. 266.

그러나 하이데거는 이 첫 번째 길을 최초의 초안 상태로 남겨 두죠. '역사학적 길'을 내버려둔 채 『존재와 시간』에서 쫓아가는 두 번째 길은 "세계 현상을 특징짓는" 길입니다.

> 세계 개념을 이해하기 위한 이 역사학적 길과는 달리(Im Unterschied zu diesem historischen Weg), 『존재와 시간』에서 나는 **세계 현상**에 대한 최초의 특성화를 시도했다. 우리가 우리의 세계에서 **가장 우선, 그리고 가장 자주 일상적으로 움직이는** 방식을 해석함으로써 말이다. 〔…〕 우리에게 전적으로 가깝고 우리가 매일 이해하는 것은 근본적으로 이미 멀고 이해할 수 없는 것이다.[22]

그러니까 하이데거는 2, 3년 전에 했던 일을 소환합니다. 그는 『존재와 시간』에서 세계를 다룬 것, '세계-내-존재(In-der-Welt-sein)'에 대한 분석에 거스르는 말은 하지 않습니다. 하지만 여기서 그가 관심을 갖는 것은 '세 번째 길'이에요. 그러므로 동물에 대한 테제들을 진지하게 받아들이려면, 하이데거가 『근거의 본질에 대하여』에서 시도한 것도 아니고 『존재와 시간』에서 시도한 것도 아닌 새로운 문제틀 속에서 그 일을 행한다는 점을 알아야 합니다. 하이데거가 세 번째 길(다시 셋이죠, 매번 셋이군요……)을 원한다는 점을 알아야 하죠. "우리는 이제 차라리 세 번째 길—비교 고찰(vergleichenden Betrachtung)의 길을 선택한다."

이 단락을 좀 더 자세히 읽어 봅시다. 동물들에 이르고 있으니까요.

우리는 인간이 단지 **세계**의 한 **조각**인 것이 아니라, 세계를 '가진다'는 방식

---

22 같은 곳.

으로 세계의 주인이자 종이라는 말을 들었다. 인간은 세계를 가진다. 인간과 마찬가지로 세계의 조각인 나머지 존재자들, 즉 동물, 식물, 물질적 사물(예를 들어 돌)(이것은 물질적 사물의 유일한 예입니다)은 어떤가? 그들은 세계를 또한 **가지는** 인간과 달리 세계의 조각들(*Stücke*)일 뿐인가? 아니면 동물도 세계를 가지는가? 그렇다면 어떻게? 인간과 같은 방식으로, 아니면 다른 방식으로(*In derselben Weise wie der Mensch, order anders*)? 〔이제 모든 것이 이 '다른'에 몰릴 겁니다.〕 이 '타자성'은 어떻게 파악되어야 하는가? 〔자, 여기 문제가…… '타자성'의 문제가 있군요.〕 돌은 어떤가? 여기서 아직 개략적으로나마 차이가 드러난다. 우리는 그것을 세 테제〔언제나 셋이에요……〕로 정리한다. 1. 돌(물질인 것)은 **세계가 없다.** 2. 동물은 **세계가 빈곤하다.** 3. 인간은 **세계 형성적이다.**[23]

이 뒤로도 자세히 계속 읽어 내려갈 수 있습니다. 하지만 여기서 중요한 것은 하이데거의 전략이죠. 그건 매우 독특합니다. 그는 비교 검토를 통해 질문, 용어 등의 이 삼중주 안에서 세 가지 논제를 제기한 후, 이 삼중 비교 질문에 들어가는 가장 좋은 방식은 중간을 통해 들어가는 것이라고 말합니다. 따라서 중간 테제, '가운데 테제(*der mittleren These*)'[24]를 선택하게 되는 것이죠.

어려움은 문제가 동물성의 본질에 접근하는 것이라는 데서 옵니다. 하이데거는 이걸 그렇게 부르죠. 이 동물성의 본질은 그 이전에 생명체의 살

---

23 *Les Conceprs fondamentaux de la métaphysiique*……, 앞의 책, §42, p. 267.
24 같은 책, 2부, III장, p. 277.(이것은 이 장 제목("동물은 빈곤하다는 가운데 테제에서 출발하는 비교 고찰의 시작")에 해당한다.)

아 있다는 본성을 명확히 한 경우에만 결정될 수 있어요. "동물의 **동물성의 본질**(*das* Wesen der Tierheit *des Tieres*). 〔…〕 우리는 **생명체의 살아 있다는 본성**(*die* Lebendigkeit des Lebenden)을 구성하는 것이 무엇인지 명확해진 경우에만 동물의 동물성을 결정할 수 있다……"**25** 그런데 "생명체의 살아 있다는 본성"은 동물이 인간과 공통적으로 가지고 있는 것이죠. 그러니까 동물성의 본질 일반에 대해 말하는 것은, 하이데거가 그의 탐구 과정에서 여러 동물의 예를 들었지만, 동물들의 차이(예컨대 도마뱀과 침팬지 사이의 차이)에도 불구하고, 모든 동물이 '동물성의 일반적 본질'에 속한다는 점에 의문을 제기하지 않는 경우에만 가능해요. 그의 문제는 인간의 '**인간성의 본질**(*das* Wesen der Menschheit *des* Menschen)'과 대립하는 '동물의 **동물성의 본질**(*das* Wesen der Tierheit *des Tieres*)'이에요. 왜죠? "생명이 없는 것과 달리 생명체의 살아 있다는 본성"은 "죽을 수 있는 가능성"이기 때문입니다. 분명히 동물은 죽을 수 있기 때문에, 죽을 수 없는 돌과 구별됩니다. "돌은 생명이 없기 때문에 죽을 수 없다." 그렇다면 우리는 이 구절을 하이데거가 다른 곳에서 말한 것과 비교해 볼 필요—우리에겐 그럴 시간이 없지만—가 있을 거예요. 그 구절은 내가 이 자리에서 인용했던, 또 『아포리아』에서 인용했던 텍스트에 나오죠. 거기에서 하이데거는 문자 그대로 이렇게 말합니다. "동물은 죽지 않는다." 동물은 살기를 마치고 "사멸한다." 그런데 여기서는 동물이 죽는다고 말해요.

우리는 **생명체의 살아 있다는 본성**을 구성하는 것이 무엇인지 명확해진 경우에만 동물의 동물성을 결정할 수 있다. 죽을 가능성조차 없는(*nicht einmal*

25 같은 책, § 43, p. 269.

die Möglichkeit hat zu sterben) 생명이 없는 것과 구별하여(*im Unrerschied zum Leblosen*) 말이다. 돌은 생명이 없기 때문에 죽을 수 없다(*Ein Stein kann nicht tot sein, weil er nicht leben*).

다시 말해, 여기서 그가 함의하는 것은 '동물은 죽는다'는 겁니다. 바로 여기에서부터 하이데거는 생명의 본질에서 출발하는 동물성의 본질 문제를 제기합니다. 하지만 그렇다면 이 구절은 그가 다른 곳에서 그렇게 단호하게 말한 것과 어떻게 조화를 이룰 수 있을까요? 동물의 특성이 '죽지 않는다'는 것 말입니다. 동물은 살기를 끝마칠(*verenden*) 뿐, 죽지(*sterben*) 않는다, 이 말과 어떻게 조화를 이룰 수 있을까요? 여기서 사용된 *sterben*이라는 단어는 전에 인용한 다른 텍스트들에서는 동물에 결여되었던 것입니다. 지금 인용한 구절에선 동물은 돌과 달리 '죽습니다.' 그래서 새롭게, 수수께끼처럼, 그리고 하이데거가 어김없이 그렇게 하듯, 제기되는 문제는, "그것의 본질에서" "생명"이란, "생명체의 살아 있다는 본성"이란 무엇인가 하는 것이에요. 당연히 이 모든 것은 제가 다른 곳에서 자주, 그리고 이번 주에 바로 이곳에서 다시 주장한 바탕 위에서 제기됩니다. 즉, 하이데거가 명시적으로 현존재를 본질적으로 '생명체'가 아닌 '존재자'로 정의한다는 사실에서 말이에요. 생명에 대한 규정과 참조는 현존재를 규정하는 데 본질적이지 않죠. 그러니까 동물에 대한 이 문제와 더불어, 개방된 문제틀의 이 모든 거대한 장 외에도, 동물에게뿐 아니라 현존재에게 또한 생명의 문제가 제기되는 겁니다. 다시 말해, 우리가 지금 열어 보고 있는 텍스트들을 읽으면서 우리는 동물이라 불리는 것의 문제에 하이데거가 제시하는 예들과 함께 관심을 가질 뿐 아니라, 현존재의 동물성 문제에도 끊임없이 관심을 가질 필요가 있어요. 하이데거는 이 후자의 문제를 자연스럽게 멀리하거나 유보하죠. 그의 삶과 사상을 끝에서 끝까지 볼 때 드리는 말씀입니다.

더 읽고 싶은데 지금 몇 시인가요? 벌써 6시군요! 좋아요…… 나는 이 글에서 현기증과 순환의 계기들을 강조하고 싶었어요. 여기엔 시간이 필요할 겁니다. 하이데거가 과정의 순환성이라고, 현기증이라고 부른 것에 대해 그 자신이 고백하고 선언한 당혹감을 살펴보는 데는 말이죠. 그리고 하이데거는 현기증(Schwindel)을 끈질기게 다룹니다. 주변를 빙글빙글 돌아요…… 그는 이 비교 고찰이 원 안에 붙잡혀 있고, 이 원이 현기증을 일으킨다는 것을 깨닫지요. 그는 이 현기증을 끈질기게 다루며, 이걸 "섬뜩하다(unheimlich)"고 말합니다. "현기증은 섬뜩하다(Schwindel ist unheimlich)." 그리고 이 텍스트에는 자세히 살피면 좋을 계기들이 많아요. 머리가 도는 지점들이요. 거기서 하이데거는 현기증은 섬뜩하지만 필요하다고 고백합니다.[26] 이 현기증은 동물에 대한 문제 제기의 현기증이죠. 그래서 결국, 문젯거리가 되고 깨지기 쉽게 되는 것은 세계 그 자체의 개념이에요.

그러나 시간이 10분밖에 없으므로, 텍스트에서 벗어나는 것이 좋겠군요. 가장 어려운 부분 중 하나는 하이데거가 동물에게는 세계가 빈곤하다는 주장을 옹호해야 하면서도, 이 빈곤이 위계의 일부가 아니라는 점을, 그것이 단순히 '덜한' 것이 아니라는 점을 지적해야 할 때입니다. 이것은 옹호하기 매우 어렵지요. 무슨 이유로 '빈곤하다'는 겁니까? 어쨌든 빈곤은 덜 풍부한 것인데 말입니다…… 그래서 하이데거는 위계도 없고, '가치

∴
26 *Les Concepts fondamentaux de la métaphsique*……, 앞의 책, § 43, p. 271. "철학적 질문으로 현기증을 느낀 적이 전혀 없는 사람은 철학을 하면서 질문을 해 본 적이 없는 사람이다."

의 질서'도 없다고 말합니다.[27] 다른 한편으로 이 빈곤은 '결핍'으로부터 규정되어야 하죠. 그래서 그는 여기서 전적으로 **결핍**에 대한 사유를 전개합니다. 동물은 '결핍되어' 있으며, 결핍은 단순히 부정적인 감정은 아니에요. 하이데거는 앞서 이렇게 말했습니다. 돌은 결핍되어 있지 않다, 돌은 세계가 없지만 결핍되어 있지 않다. 돌은 세계가 없기에, 또 결핍되어 있지 않기에, 우리는 돌은 세계가 '빈곤하다'고 말할 수 없다. 다시 말해, 동물에 관해 동물이 세계가 빈곤하다고 말하는 것은 그 동물이 세계를 가지고 있다는 것을 보여 주는 거예요. 그리고 하이데거는 계속해서 짐짓 모순되는 말을 합니다. 동물은 '갖지 않음'의 방식으로 세계를 갖는다는 것이죠. 동물은 '결핍되어' 있으며 이 결핍은 동물이 감정을 가진다는 점을 함축합니다. "빈곤을 느낌", 즉 '*Ar-mut*'[28]는 "자신이 ~하다고 느끼는 방식"의 하나고, 기분이고, 감정이에요. 동물은 이 세계의 결핍을 겪습니다. 그러니까 위계도, 목적론도, 궁극주의도, 기계론도, 아리스토텔레스적 스테레시스(stérêsis)의 위대한 전통으로서의 결핍도 없습니다. 결국, 동물은 이 결핍 속에 "갇혀 있다"고 말해지지요. 그래서 하이데거는 "포위됨"[29]을, 빼앗김을, 마비를, 붙잡힘(Benommenheit)[30]을 얘기합니다. 동물은 마비 속에 갇혀 있지만, 결핍의 느낌과 함께 그런 것이죠. 동물을 인간 아래에 놓았다고 하이데거를 비난한다 할 때, 당연히 이 텍스트들을 아주 면밀하게 고려할 필요가 있어요. 하이데거가 그것과 다른 주장을 한다는 점을 잊지 않기

- -
27 같은 책, § 46, p. 290.
28 같은 책, 같은 곳. "……자신이 빈곤하다고 느낌("즉 그의 **마음**에 어떠함, 곧 빈-곤(nämlich wie ihm dabei zu Mute ist—Ar-mut)")"
29 같은 책, § 47, p. 295.
30 같은 책, 특히 § 58 b.

위해 말이죠. 즉, 하이데거는 이 빈곤이 덜함을 의미하지 않는다고, 심지어 어떤 면에서는 더함을 의미한다고 말합니다. 그건 동물이 무언가를 느낄 수 있음을 보여 주는 결핍의 감정이라는 것이죠. 돌은 그럴 수 없는데 말이지요. 그리고 이 붙잡힘을, '빼앗김'으로 번역되는 이 마비를 분석할 필요가 있습니다. 이것은 현시적인 것의 문제와, "그러한 것으로서/자체로서"의 문제와 본질적 관계가 있어요. 예를 들어 도마뱀은 (이 텍스트에 나오는 도마뱀을 모두 참조할 필요가 있을 거예요……) 도마뱀에게 나타나는 돌, 도마뱀에게 나타나는 태양과 관계를 맺고 있지만, 이것들은 도마뱀에게 '자체로서' 나타나지는 않죠.

물론—이전에도 이미 시사했던 것이니 아주 빨리 넘어가 보죠—시간이 있었다면 내가 시도했을 해체 전략은 하이데거가 '자체로서'에 대해 말하는 것에 이의를 제기하는 것이 아닙니다. 그 전략은 도리어 다음과 같은 점을 지적하는 것일 테지요. 즉, "동물은 세계를 **가지며 가지지 않는다**", 그러니까 세계를 **가지며** 세계를 '자체로서' **가지지 않는다**는 유형의 모순적 언급들을 정확하게 분석하고 형식화하며 고려하기 위해서는 아마도, 하이데거를 포함한 철학 전반에 걸쳐 절대적으로 구조화되어 있는 '자체로서'와 '자체로서가 아닌' 사이의 이 대립에서 벗어나야 할 거예요. 마치 우리가 '자체로서(als Struktur)'와 그 반대 사이에서만 선택을 하는 것처럼 보이는 이 대립에서 결국 벗어나야 할 겁니다. 그리고 나는 동물말에 대한, 동물들에 대한 차이 나는 분석이 '자체로서'의 문제틀을 복잡하게 만들 것이라고 믿습니다. 내가 내세우고 싶었을 요소 중 하나, 이 문제틀에 대한 점거점 중 하나는 하이데거가 거짓말과 현시적 로고스의 문제를 분석하면서 다음과 같은 사실(이것은 내겐 매우 중요한 전략적 사안으로 보여 나 자신이 규칙적으로 여러 번 내세웠던 것인데)을 암시하는 순간이에요. 그건 아리스토텔레스 자신이 로고스에서 비현시적 계기를, 즉 선언적, 언표적이지 않은 계기를 고려하며, 그래서 간구(懇求)의 예를 든다는 사실이죠. "현시적이지 않은 로고스(λόγος)의 예: εὐχή, 간구."[31] 여기서 하이데거는 로고스 아포판티코스(logos apophantikos), 즉 '드러내는' 말―내가 '나'라고 말할 때 이것은 드러내는 말이죠. '나', 즉 '너에게 말하는 나', 나는 나를 보여 줍니다―과, 비현시적 표시(나는 여기서 로고스를 말하진 않겠습니다)를 구별합니다. 예를 들어 간구는 어떤 면에서는 아무것도 보여 주지 않고 "아무것도 말하지 않"죠. 내 생각에 여기서 비현시적 로고스의 가능성은 이 장치 전체에 구멍을 열어 놓을 거예요. 그러나 이 점을 보여 줄 시간이 없군요.

아주 빨리 마무리하기 위해 가축인 동물들에 대한 구절을 읽어 드리겠습니다. 왜냐하면 이것이 우리가 앞서 고양이와 함께 이야기했던 것이니까요. 고양이는 집에 사는 동물이지만 내 생각엔 길들여지지 않았고 훈련되지 않았으며 '가축화'되지 않았어요. 이 대목은 § 50에 있는데, 그 절의 제목은 "세계를 가지며 가지지 않는다는 것, 그것은 옮겨 놓음을 허용할 수 있음과……"예요. 이 대목에서 하이데거가 던지는 질문은 우리가 인간에 대해 말하는 것을 현존재에 옮겨 놓을(versetzen) 수 있는가 하는 것입니다. 이 *versetzen*, 즉 옮겨 놓음이란 무엇일까요? 무엇보다도 인간에서 인간으로의 옮겨 놓음, 인간들 사이의 옮겨 놓음이란 무엇일까요? 옮겨 놓을 때 우리는 무엇을 하는 것일까요? 이것은 이 비교 분석에 본질적인 질문이에요. 옮겨 놓음이란 무엇이며 우리는 동물에서도 옮겨 놓을 수 있을까요? 이것은 전적으로 의인화 등등에 관한 질문이지요. 그래서 하이데거는

---

31 *Les Conceptsfondamentaux de la métaphysique*……, 앞의 책, § 72 b, p. 447. (아리스토텔레스 인용의 전거는 『오르가논』, 「해석에 관하여」, 4, 17 a l.)

다른 것들로-옮겨 놓아진-존재라는 이 거대하고 아주 오래전부터 발전해 온 이 문제 안에서 다음과 같이 썼습니다. 그가 인간 현존재의 본질이라고, 즉 현존재의 특성으로서의 옮겨 놓는 능력이라고 특징짓는 이 문제 안에서 말이죠.

타자로 옮겨 놓아진 존재란 인간 현존재의 본질에 속한다(*Das Versetztsein in Andere gehört zum Wesen des menschlichen Daseins*). 우리가 이 점을 놓치지 않는다면, 우리는 인간이 자신을 동물로 옮겨 놓을 가능성이라는 특별한 문제에 대한 본질적인 정향을 갖게 될 것이다. 하지만 이것이 우리에게 무슨 소용이 있을까? 그렇게 함으로써, 우리 자신을 동물로 옮겨 놓아야만 하는 경우에 우리가 겪는 어려움이 사라질까?[32]

그리고 하이데거는 옮겨 놓음에 관해 내가 여러분께 읽어 드리고 싶은 구절에 이릅니다. 그 구절 다음에 멈추도록 하지요.

중요한 예를 들어보자. 그것은 가축(*Haustiere*)이다. 가축이 그렇게 불리는 것은 집 안에 있기 때문(*weil sie im Haus vorkommen*)이 아니라, 집의 일부이기 때문(*weil sie zum Haus gehören*)이다. 〔개미는 가축이 아니고, 가축은 단순히 집 **안에** 있지 않죠. 그것은 집의 **일부를 이룹니다.**〕 다시 말해, 어떤 면에서는 집에 유용하다(*d.h. für das Haus in gewisser Weise dienen*). 그러나 이 동물들은 지붕이 사나운 날씨로부터 집을 보호하는 한에서 집의 일부인 것과 같은 방식으로 집의 일부인 것은 아니다. 〔그들은 아무래도 좋은 어떤 것

---

32 같은 책, § 50, p. 309.

으로서 집의 일부인 것은 아니죠. 예를 들어 지붕과 같은 도구가 유용한 것처럼 유용하지 않아요. 그 동물들은 다른 방식으로 유용합니다.〕 우리는 집에 가축이 있고 그들은 **우리와 함께 '산다'**. 〔하이데거는 따옴표를 치고 강조를 하죠. *sie* 'leben' *mit uns*〕. 그러나 산다는 것이 동물의 방식으로 **존재하는** 것을 의미한다면 우리는 그들과 함께 살지 않는다(*Aber wir leben nicht mit ihnen, wenn Leben besagt: Sein in der Weise des Tieres*). 〔다시 말해, 동물은 우리와 함께 살지만 산다는 것이 동물이 행하는 것을 의미한다면 우리는 동물과 함께 살지 않는다는 겁니다. 그러니까 여기선 산다는 것의 의미가 달라져요.〕 그럼에도 불구하고, 우리는 그들과 **함께 있다**. 〔강조되어 있죠.〕 (*Gleichwohl* sind *wir* mit *ihnen*). 그러나 이 함께-있음은 **함께 실존함**이 아니다(*Dieses Mitsein ist aber auch kein Mitexistieren*). 개가 실존하지 않고 살기만 하는(*ein Hund nicht existiert, sondern nur lebt*) 한 그렇다. 〔그리고 여기서 실존이라는 단어는 당연히 현존재의 분석이 제공하는 모든 범위를 가지고 있죠. 개는 현존재가 없고, 실존하지 않으며, 다만 살 뿐이에요. 실존함과 삶의 차이가 바로 '함께'에서의 차이입니다. '함께 감'이나 '함께 있음'에서의 차이. 즉, 동물과 우리 사이의 비대칭적인 차이인 것이죠.〕 동물과 이렇게 함께 존재한다는 것은 동물이 우리 세계에서 움직일 수 있도록 허용하는 것과 같다. 우리는 말한다. 개가 테이블 아래에 누워 있고, 계단을 뛰어 올라간다고. 하지만 개는 테이블을 테이블로서, 계단을 계단으로서 대하고 행동하는가?

자, 보세요! 이것이 하이데거가 어떤 순간에 '~로서의' 것에 대해 말하게 될 이유입니다. 개는 때때로 우리보다 잘, 우리보다 빨리 계단을 오르지만 개는 '자체로서의' 계단과는 아무 관련이 없어요. 바로 이것이 하이데거가 다른 구절에서, 동물에게 나타나는 것에 대해 이야기할 때 모든 단어를 삭제해야 한다고 말하는[33] 이유입니다. 요컨대 **삭제**(Durchstreichung)가 일반화됩니다! 어떤 단어가 그것의 의미론 면에서 **실존**에 의해 규정된다면, 그런 단어를 모두 삭제하세요. 이 단어들이 현존재의 실존에서부터 규정된다면, 그 단어들 중 어느 것도 동물에 적합하지 않습니다. 그러니까 이 단어들을 삭제해야 해요. 그것들은 제거되어야 합니다. 바로 이런 이유에서 나는 여기에서도 동물의 삭제가 암시되고 있음을 지적할 수 있었던 것이죠. 그러나 동물 그 자신은 삭제를 할 수 있나요? 라캉에 따라 가장을 가장한다는 의미에서뿐 아니라, 내가 환기했던 가능성, 즉 하이데거의 텍스트에서 필요한 모든 삭제를 실행하게 될 동물-기계의 가능성이라는 그런 의미에서 말이에요.

텍스트는 이렇게 계속됩니다.

그런데도 개는 우리와 함께 계단을 오른다. 우리와 함께 음식을 삼킨다—아니, 우리는 음식을 삼키지 않는다(*nein, wir fressen nicht*). 개는 우리와 함께 식사를 한다—아니, 개는 식사를 하지 않는다. 그렇지만, 우리와 함께 있다! 〔개는 우리와 함께 하죠.〕 (*Und doch mit uns!*) 여기엔 함께 지냄(*ein Mitgehen*)이 있다. 옮겨 놓음(*eine Versetztheit*)이 있다—그렇지만 아무것도

---

33 *Les Concepts fondamentaux de la métaphysique*......, 앞의 책, § 47, p. 294. "도마뱀이 바위 위에 누워 있다고 말할 때, 우리는 '바위'라는 단어를 삭제해야 한다(*so müßen wir das Wort 300 Felsplatte durchstreichen*). 도마뱀이 그 위에 누워 있는 것이 **어떤 식으로든** 확실히 주어져 있지만 바위**로서**(*nicht als Felsplatte*) 인식되지 않는다는 점을 지적하기 위해서 말이다. 〔…〕 이 삭제가 의미하는 것은 〔…〕 그 바위가 **존재자로서는** 절대로 접근될 수 없다는 것이다………(*Die Durchstreichung besagt* 〔…〕 : *nicht als Seindes zugänglich*)." 곤충에 대한 풀잎의 관계도 마찬가지입니다……

없다(und doch nicht).**34**

이것이 바로 부정-거부의 순간이죠. 바로 여기서 이런 일이 일어납니다. 하지만 그렇다고 하이데거가 틀렸다는 뜻은 아니에요. 물론 동물은 우리처럼 먹지 않죠. 그러나 누구도 같은 방식으로 먹지 않아요. 구조적 차이들이 있지요. 같은 접시에서 먹을 때조차 말입니다! …… 하지만 내가 제시하고 싶은 것은—그리고 당연하게도 이건 내가 간단하게 말하는 명제지만 나 자신을 넘어서는 야망을 담은 명제예요—이러한 차이들이 더 이상 '자체로서'와 '자체로서가 아닌' 사이의 차이들이 아니라는 겁니다.

"그렇지만 우리와 함께 있다! 여기엔 …… 있다. 그렇지만, 아무것도 없다……!" 이 느낌표, 나는 이걸 이 대단한 논의를 관통해서 쫓고 싶었을 거예요. 내게 시간과 힘이 있다면 그렇게 했으면 좋겠어요. 이 텍스트는 아주 풍부한 만큼, 공정하게 다루고 싶어요. 단계별로 쫓아가면서 말이죠. 여기서 즉흥적으로 하는 것보다 조금 더 정교한 것들을 말할 필요가 있을 겁니다.

더 뒤에서 하이데거는 죽음에 대해 새롭게 이야기합니다. 『존재와 시간』에서처럼 인간의 죽음에 대해서요. 동물에서의 충동에 대해서, 성적 충동에 대해서, 집 짓기 등등에 대해서도 이야기하죠. 그러나 어쨌든, 이런 논의가 남아 있군요.

동물이 자체로서의 존재자와 관계하지 않는다는 것이 사실이라면, 그 행동에는 자체로서의 존재자를 '**존재하게 두는**' **어떤 양상도** 전혀 존재하지 않

---

34 같은 책, § 50, p. 310.

는다―전혀, 어떤 형식으로도―(*Wenn dem so ist, daß das Tier sich nicht zu Seiendem als solchem verhält, dann liegt im Benehmen überhaupt kein Seinlassen des Seienden als solchem― überhaupt keines, in keinem Modus*……)[35]……

동물은 '존재하게 둘' 줄 모릅니다. "사물을 그것인 바대로 존재하게 둘" 줄 몰라요. 동물은 언제나 유용성의 관계를, 관점에 매인 관계를 갖죠. 동물은 사물을 있는 그대로 존재하게 두지 못합니다. 충동과 욕망의 좁은 '도관'에 의해 인도되는 기획 없이 있는 그대로 나타나게 하지 못해요.[36] 그렇다면 제기될 수 있는 질문 중 하나는 인간은 그렇게 하는가 하는 것이죠. 다시 말해, 내가 쫓고 싶은 전략의 규칙을 제시하자면, 그 규칙은 '자체로서'의 구조나 '자체로서'와 '자체로서가 아닌'의 대립을 펼치고, 증식하고, 잎을 틔우는 것만으로 성립하지 않는다는 거예요. 무엇보다도 그건 하이데거가 말하는 '결핍된' 것을 동물에게 돌려주는 것으로 성립되지 않을 겁니다. 오히려 인간 자신이 '자체로서'를 가지고 있는지 반드시 물어야 할 거예요. 정확히 말하자면, 아주 결정적이고 아주 인상적인 존재자나 경험에 관해서―확실히 죽음이 가장 좋은 예지만(나는 바로 이 자리에서 이런 관점에서 죽음을 다뤘지요) 어디에나 해당되는 건데―우리는 존재자에 대한 현

---

35 *Les Conceptsndamemaux de la métaphysique*……, 같은 책, § 60 a, p. 369.
36 같은 책, § 47, 295쪽. "동물은 동물로서 자신의 음식과 먹이, 적, 성 파트너와 특정한 관계를 맺는다. 파악하기가 무한히 어렵고 많은 방법적 주의를 요구하는 이러한 관계는 독특한 근본 특성을 가지고 있다. 이 같은 특성은 이제껏 형이상학적으로는 전혀 간취되지도 파악되지도 않았다. […] 우리가 '생명'이라고 부르는 동물의 **존재 양식**이 자신 곁에 있는 것에 **접근하지 못하는 것은 아니다**. 동물은 그 가운데서 존재하는 생명체로서 다가온다. 그래서 사람들은 이 연관을 근거로 동물이 자신의 주변 세계를 가지고 있고 그것과 함께 움직인다고 말한다. 동물은 자신의 주변 세계에서 일생 동안 넓어지지도 좁아지지도 않는 도관 속에(*in einem Rohr*) 갇혀 있듯 존재한다."

존재(인간을 말하려는 것이 아니에요)의 관계를, 살아 있는, 실용적인, 관점에 매인 모든 기획으로부터 해방시켜, 모든 생명의 설계로부터 해방시켜, 인간 자신이 존재자를 '존재하게 둘' 수 있도록 할 수 있을까요? 이것이 바로 자체로서의 존재자에 대한 관계니까 하는 말입니다. 즉, 이것은 우리가 그것을 있는 그대로 두는 한에서, 존재하는 것과 맺는 관계예요. 다시 말해, 그런 관계에서 우리는 우리 자신의 관점, 우리 자신의 설계로부터 접근하고 이해하지 않아요. 있는 그대로의 태양과 관계 맺기 위해서는, 어떤 면에서는, 내가 없는 상태에서의 태양과 관계해야 합니다. 그리고 이것은 사실상 죽음에서부터 객관성이 구성되는 방식인 셈이죠. 사물이 그 자체로 있는 바대로 존재하는 것이 가능하다고 가정하고 그것과 관계 맺는다는 것은, 그 사물을 그것이 있는 바대로 파악한다는 것, 내가 거기 없더라도 그것이 존재하게 될 바대로 이해한다는 것이에요. 나는 죽을 수도 있고 단순히 그 방을 나올 수도 있지만, 나는 그 사물이 그것인 바대로 있고 그것인 바대로 남을 것이라는 점을 압니다. 죽음이 그토록 중요한 구분선이기도 한 이유가 바로 이것이에요. 다름 아닌 필멸성으로부터, 또 죽음의 가능성으로부터, 우리는 사물들이 있는 그대로 존재하게 둘 수 있습니다. 말하자면 나의 부재 가운데 말이에요. 그리고 여기서 나의 현존은 내 부재 가운데 사물이 있는 바를 드러내기 위해서만 있게 되죠. 그런데 인간이 이런 일을 할 수 있을까요? 순수하게 말입니다. 인간은 '자체로서의' 존재자에 대한 이해의 관계를 —그러니까 '존재론적 차이'를— 가질까요? 존재자의 존재를, 그것이 존재자의 존재를 존재하게 두는 대로, 어떤 종류의 설계도 없이, 살아 있는 것 없이 있는 그대로 이해할까요? 니체와 하이데거 사이에 차이가 있음은 분명합니다. 니체는 아니라고 말했을 거예요. 그에 따르면, 모든 것은 관점에 처해 있죠. 존재자와의 관계도, 가장 '진리다운' 것조차도, 가장 '객관적인' 것도, 있는 그대로의 것의 본질이 지닌 가장 존경스러운 것도 여기서 살아 있는 것이라고 불릴 운동에, 생명이라고 불릴 운동에 사로잡혀 있습니다. 이러한 관점에서 볼 때, 동물들 사이의 차이가 무엇이든 그것은 '동물적' 관계로 남습니다. 그러니까 문제의 전략은 '자체로서의' 것을 확대하는 데 있을 겁니다. 단순히 동물에게 말을 돌려주는 대신, 또는 어떻게 보면 인간이 동물에게 박탈한 것을 동물에게 주는 대신 말이지요. 인간도 어떤 면에서는 역시 '결핍되어'—이것은 결핍 아닌 결핍이죠—있다는 점을, 그리고 순수하고 단순한 '자체로서'는 없다는 점을 지적하면서요. 그렇습니다! 이것은 당연히 생명체에 대한 급진적 재해석을 전제하지요. 그러나 '생명체의 본질', '동물의 본질' 따위의 관점에서 그런 것은 아닙니다. 그것이 문제예요…… 걸려 있는 사안은—당연히, 나는 이 점을 숨기진 않아요—아주 발본적이어서, 여기 관계되는 것은 '존재론적 차이', '존재의 문제', 하이데거적 논의의 전체 틀이 될 겁니다.

옮긴이의 말

편집자 서문에서 알 수 있다시피, 이 책은 1997년 프랑스 노르망디 지방의 스리지 성(城)에서 자크 데리다가 여러 날에 걸쳐 강연한 원고와 녹취를 엮은 것이다. (데리다와 가까웠던 철학자인 마리루이즈 밀레의 편집을 거쳐 갈릴레 출판사에서 책이 나온 것은 데리다가 세상을 떠나고 2년 뒤인 2006년의 일이었다.) 데리다가 살아 있을 때 지면에 발표되었던 원고는 1부와 3부이며, 2부는 미간행 원고를 실은 것이고, 4부는 녹취를 옮긴 형태이다. 그런 까닭에 원래의 프랑스어판에는 2부와 4부의 제목이 붙어 있지 않다. 하지만 제목 없이 목차를 꾸리려다 보니 좀 허전하다 싶어 영어 번역본(tran. by David Wills, Fordham University Press, 2008)에서처럼 각 부의 제일 첫머리 말들을 따와서 제목으로 붙여 보았다. 번역은 물론 프랑스어 원본을 대상으로 하였으나, 영어 번역본을 참조하여 도움을 받기도 했다.

1부는 "동물과 문화 연구"를 특집으로 삼은 『문화 과학』 2013년 가을호에 번역하여 실은 적이 있었는데, 이번에 다시 검토하고 보완할 수 있게 되어 다행이다. 불충분한 번역이었음에도 이 텍스트에 대한 반향이 컸던 탓에, 아예 책 전체를 완역해야겠다는 다소 무모한 결심을 할 수 있었다. 동물에 관한 서양의 철학적 전통을 집중적으로 비판하는 논의로는 데리다의 이 저작에 견줄 만한 것이 아직도 드물다는 생각이다. 2부에서 다뤄지는 데카르트와 레비나스, 3부와 4부에서 거론되는 라캉과 하이데거에 대한 흥미롭고 신랄한 언급을 통해 데리다는 서양철학의 인간 중심적 사고방식을 세세하고도 발본적으로 문제 삼는다. 옮긴이로서는 비중 있는 여러 철학적 견해를 선이해해야 했을 뿐 아니라, 보들레르, 발레리 등 수시로 등장하는 문학적 인용과 수사(修辭)의 '정동'을 크게 훼손하지 않고 전달하려 노력해야 했다. 나름 애를 쓰긴 했으나 미흡할 수밖에 없는 한계가 안타깝고 송구스럽다.

　데리다의 책은 강의나 강연 원고의 형태로 된 것이 많다. 강의나 강연을 하고 그것을 책으로 만드니 효율적이라 여길 수도 있겠고, 워낙 바쁜 탓에 더 정제된 형태로 결과물을 만들어내지 못하는 것 아니냐고 생각할 수도 있겠다. 하지만 막상 데리다의 책을 찬찬히 들여다보면, 그 표현과 논리가 용의주도하고 세심한 데 자주 놀라게 된다. 구어체의 어투와 적절한 언어유희는 독자에게 생동감을 더해 줄 따름이다. 데리다의 강연이 대부분 완성된 원고를 토대로 이루어진다는 사실이 괜스럽지 않다. 그런 점에서 이 책의 4부는 한층 흥미로운데, 원고 없는 날 것인 데리다의 목소리를 들을 수 있어서다. 하지만 데리다는 역시 데리다여서, 시간이 부족한 가운데서도 하이데거를 조목조목 비판하고 그의 사유 전체 틀을 전복시키려 하는 심도 있는 치열함을 보여 준다.

　옮긴이가 두 사람이다 보니, 어느 정도의 분업이 불가피했다. 철학적 논의가 많은 부분은 문성원이, 문학적 표현이 두드러지는 부분은 최성희가 더 신경 써서 살폈다. 나누어 번역한 초고를 세미나를 통해 함께 검토하고 수정했으나, 1부에는 최성희의 손길이, 2~4부에는 문성원의 손길이 조금 더 묻어 있다고 할 수 있을 것 같다. 이 책이 나오는 데에는 부족한 번역을 같이 읽고 논의해 준 부산대학교 대학원생들의 도움이 컸다. 이 자리를 빌려 고마움의 마음을 전한다. 한국연구재단의 번역 지원은 번역 과정에 큰 뒷받침이 되었고, 책의 모양새를 다듬어준 아카넷 편집부의 수고도 잊을 수 없다. 아울러 감사의 말씀을 드린다.

2025년 여름

찾아보기

ㄱ

각자성 180
개 27, 80, 88, 132, 165, 195, 208, 213, 219~225, 299~300
개입 65, 128, 164
거울/영혼(psyché) 22, 31, 111, 126~128, 133, 135, 143~144, 155~156, 188, 232~235, 245, 252, 261
경계 10, 20~21, 41, 63, 71~72, 74, 78~79, 92~93, 106~107, 128, 162, 188, 203, 206, 240, 254, 257, 270
고양이 22~23, 26~32, 34~36, 38~39, 42, 45, 51~53, 56, 80, 111, 116, 124~127, 131~132, 208, 213, 277, 297
고통 8, 54, 66, 68~70, 90, 92, 165~166, 193, 200, 204, 209~210
곤란 22, 25, 34, 135
근대성 56, 229, 278
기표 203, 226, 230~231, 243~250, 252, 258, 260~261,
기호 10, 12, 45, 77, 86, 132, 167, 203, 229, 236~239, 257, 260

꿈(동물의) 131~133

ㄴ

나치 66, 204, 219~220, 222, 225~226
남성(적) 42, 46, 120, 124~125, 130, 202
낭시, 장뤽 18, 20
노발리스 276~278
늑대 인간 86
능력 8, 10, 27~28, 45, 47, 49, 54, 67~69, 76, 78, 90~91, 109~110, 130, 144, 151~152, 154, 166, 170~171, 179, 183~187, 197, 205, 209, 211, 215~216, 225, 236, 245~248, 251, 254, 258~259, 261, 263, 298
니체, 프리드리히 19, 21, 80, 82, 88, 108, 181, 199, 253, 303

ㄷ

데카르트, 르네 27, 32~33, 43, 58, 67~68, 70, 76~77, 81, 88~89, 91, 101, 103, 108, 116~118, 120~121, 124, 126~127, 145~147, 149~173, 175~177, 179~182, 186, 197~200,

203, 205~206, 211, 214, 216~218, 226, 229, 234, 236~237, 239, 250, 260~262, 278~279, 306
동물 우화 84~86, 91~92
동물-기계(동물기계) 58, 88~90, 118, 121, 154, 157, 175, 181, 183, 191, 197~198, 200, 229, 239, 250, 300
동물말 9, 86, 90, 94, 105~107, 110, 120~121, 124, 129, 138, 171, 176~177, 188, 206~208, 217~218, 230, 254, 296
동물지 41
동물-학 41, 127
뒤따르다 68, 97, 119, 156, 247

ㄹ

라캉, 자크 9, 44, 67~68, 76~78, 89~90, 96, 110, 116, 118, 126~127, 160, 166, 170, 176, 178~182, 196, 199, 206, 216, 229~257, 259~260, 262~263, 270, 273~274, 300, 306
라쿠라바르트, 필립 18, 20
레비나스, 에마뉘엘 9, 11, 40~41, 44, 67~68, 76, 89, 101, 118, 120, 126, 141, 170, 172, 176, 178, 180, 182, 195, 199, 205~209, 211~224, 226, 229~230, 251~252, 274, 278, 306
로고스 9, 24, 54, 68, 75, 170, 189, 203, 224~225, 246, 271~272, 296~297

ㅁ

마레, 마리루이즈 7, 18, 20, 305
『마르크스의 유령』 87

말라르메, 스테판 155
모티프 13, 63, 175, 234, 262
무응답성 116

ㅂ

바이예, 아드리앙 146
반유대주의 226
반응 32, 76, 118, 165, 169~170, 172, 186, 216, 229, 236~237, 239~242, 259
발가벗음 17, 22~28, 35, 38~42, 44~45, 48, 51, 53, 56~57, 62, 71, 77, 84, 97~98, 100, 103~104, 110~111, 120, 123~131, 135, 137~138, 142, 144~145, 152~153, 180, 208, 213, 217, 225
발레리, 폴 136~137, 139, 264, 306
『방법서설』 91, 103, 158~159, 162, 165~167, 169, 172
뱀 48, 86, 95, 97, 103, 136~143, 208~210, 212~213, 264
벌(라캉의 꿀벌) 86, 92, 190~191, 237~239
베냐민, 발터 53~56
벨레로폰 95~96, 101~104
부끄러움(창피) 22, 25, 36, 81, 84~85, 100~104, 110, 123~124, 129~130, 133, 180
부름 42, 45, 128, 170~171
비밀 84, 216

ㅅ

상처 입기 쉬움 69, 208

섭리 20, 191~193, 200
성서 37, 58, 213, 223~224, 234
『성찰』 149, 152, 157, 160, 162
세계 29, 38, 63~65, 88~89, 101, 119, 131, 163~164, 178, 209, 235, 242, 270~273, 275~276, 280, 284~285, 287~291, 294~297, 299, 302
「세계 동물 권리 선언」 175, 177
소크라테스 83, 91~92, 116
수동성 39, 55, 68
수치 98, 101, 104, 124, 129
슬픔 53~55
시간 이래로 13, 18, 21, 51~53, 55~59, 61
심연(동물의) 51, 72~74, 79, 109, 138~140, 169, 182~183

ㅇ

아담 46~49, 53, 56~57, 96, 123, 217, 223, 248, 250
아도르노, 테오도어 196~202, 221
아리스토텔레스 9, 67~68, 76, 82, 115~116, 126, 144, 169, 277, 283, 295~297
아버지 40, 104, 118, 201, 217, 223, 252, 263
아우구스티누스 58, 108, 181~182
악 25, 57~58, 76~77, 89, 99, 103, 135, 160, 165, 191~192, 198~199, 202, 213, 248, 255~256
애도 9, 24, 53~56, 246, 257~258
야훼 40, 48, 97~99, 140, 155
어리석음/짐승스러움 28, 52, 93, 106, 134

언어 27, 29, 50, 52~54, 56, 58, 67, 76~79, 82, 89, 98, 105, 107, 110, 122, 132, 134, 146, 158~159, 172, 175, 179, 183, 185~186, 203, 209, 219, 229, 232~233, 235~239, 241, 258, 270~271, 306
얼굴 23, 31, 36, 39, 41, 61, 85, 97~98, 124, 143, 150, 172, 180, 206~216, 220, 225
『에크리』 230, 253
역량 27, 68, 185~186, 245
우화 26, 81, 85~86, 91~92, 138, 223~224, 249
운명 53, 66, 91, 102, 117, 123, 125~126, 150, 190, 241
유대주의 202~203
유한성 69, 249, 270, 275~276, 284~286
윤리 67, 134, 171, 178, 180, 205~207, 209~210, 212, 215, 220, 224~226, 229~230, 241~242
응시 22, 40~44, 48, 50~51, 53, 71, 82, 111, 123~124, 131~132, 153, 168, 178, 180, 206, 208, 210, 215, 220, 253
『이상한 나라의 앨리스』(『거울 나라의 앨리스』) 30~31
이성적 동물 75, 81, 147~149, 183, 188, 281
이시 46, 48~50, 57, 96
인간에 고유한 것 24, 45, 76, 93
인간주의 204~205, 218

ㅈ

자서전(자기-전기) 19, 57~58, 63, 81,

85, 105, 108, 110~111, 115, 122,
125~126, 156, 159, 161, 171, 178,
181, 183, 197, 203, 215, 235, 243,
258, 262
자서전적 동물 7, 144
전미래(미래완료) 13
접경성 71~72
정념 39~41, 57, 68, 158, 163, 165~168
정동 25, 168, 282, 306
『정신에 대하여』 12, 88~89, 273
『조종』 87
『존재와 시간』 59, 214, 270, 274,
278~280, 285~286, 288, 290, 301
종말 20~21, 41, 71, 163~164
주체 45, 52, 56, 75, 87, 135, 156, 168,
176~177, 179~180, 184~185, 195,
197, 200~201, 203, 205~207, 226,
229~231, 235, 237~239, 241~245,
248~250, 257~259, 261~264
죽음 9, 38, 55, 63, 70, 75, 87, 94, 102,
117, 121, 129~130, 150, 172~173,
198, 200, 214~216, 224, 243, 246,
248, 258~259, 263, 274~275,
301~303
증언하다 160~161
짐승 24, 26~29, 41~42, 46~47, 73, 81,
86, 91, 93, 95, 99, 108, 116~117,
134, 137, 139~140, 142~144,
158~159, 162, 165, 190, 199, 202,
213, 220~221, 232
짐승스러움(짐승성/수간, 짐승스러운) 28,
73, 75, 77, 93~94, 106, 134
쫓아감 20~21, 36~38

쫓음의 권리 120

ㅊ
창세기 17, 19, 45~46, 48, 50, 52,
56~57, 87, 97~100, 136, 155, 184,
197, 217, 223, 264
철학(철학소) 8, 12, 17, 31, 38, 42, 60,
81~82, 91, 93, 108, 118, 120, 134,
154, 157, 171, 178, 245, 250, 274,
276~279, 294, 296
초월 224~226, 252, 260
충동 104, 120, 191~192, 205, 221~222,
232, 277~278, 301~302

ㅋ
카인 40, 96~100, 217
칸트, 이마누엘 9, 20, 38, 43~44, 68,
76, 86~87, 89, 101, 118, 126, 174,
176~186, 189~201, 203, 205, 208,
214, 217~218, 221, 223
칸트의 말(horse) 86, 181
캐럴, 루이스 30, 33
코기토 69, 118, 122, 157, 173, 179, 181,
183, 250, 260~262, 264, 278
키메라 61, 77, 79, 94~95, 101, 103, 105,
107, 116, 138, 156

ㅌ
타자 12, 22, 26, 36, 38~41, 45, 52, 76,
96, 120, 123, 125, 128, 136~137, 143,
170, 188~191, 199~200, 207~208,
210~213, 215~218, 222, 225~226,
229~233, 237, 239, 242, 244~246,

250~252, 255~256, 264~265, 270, 298

ㅍ

파르마콘 91~92
『파이드로스』 91, 116~117
파토스 66, 181
페가수스 95~96, 101, 116
폭력 9, 52, 54, 65~66, 106, 178, 190~191, 196, 198, 202, 226
푸르니발, 리샤르 드 143
프로이토스 102
프로이트, 지그문트 35, 86, 120, 123, 201, 230, 245, 247~248, 255, 259, 264~265, 282
프리쉬, 카를 폰 238
플라톤 11, 83, 91~92, 116
플루타르크 103, 169

ㅎ

하이데거, 마르틴 9, 11~12, 43~44, 53~54, 59~60, 67~68, 76, 83, 88~90, 92, 101, 104, 126, 138, 148, 163, 170, 175~176, 179~182, 185, 189, 214, 224, 243, 246, 270~271, 273~301, 303~304, 306

할 수 있음(능력들) 28, 67~69, 205
함께-있음 37~38, 64, 299
햄릿 102, 155
행할 수 있음 183, 185
향수 276~278, 282
현기증 13, 51, 138~140, 182, 211, 218, 294
현존재 59, 63~64, 70, 89, 163~164, 179~180, 185, 214, 275, 279~281, 284~285, 293, 297~300
형이상학 88, 148, 215, 236, 270, 276~278, 282
『형이상학의 근본 개념들』 270, 276
호메로스 103
흔적 9, 43, 45, 52, 73~74, 78~79, 87, 90, 107, 109~110, 119~122, 126, 162, 165, 203, 215, 231, 245~249, 257~260, 263
희생 64, 74, 87, 96~99, 118, 134, 179, 181~182, 196, 201, 204, 206, 214, 217~218, 221, 251~252, 261

지은이
자크 데리다 Jacques Derrida

알제리 유대인 집안 태생의 프랑스 철학자로, 서구의 철학 전통에 내재되어 있는 이성, 인간, 남성, 음성 중심주의를 통렬히 비판하고 사유의 새로운 비전을 제시함으로써 오늘날의 지성계 전체에 두루 심대한 영향을 끼치고 있다. 후설 현상학에 대한 연구로 학문적 이력을 시작한 데리다는 그리스 고전 철학에서부터 루소, 헤겔, 니체, 하이데거 등 서양철학에 대한 해박한 이해를 바탕으로 이들 사상의 개념적 연관을 예리하고 신선한 시각에서 해부했다. 해체론이라 불리는 그의 철학적 방법은 기존 사상에 파괴적인 타격을 가하려는 시도라기보다는 그 체계적 개념 연관들의 완결 불가능한 얼개를 발본적으로 드러냄으로써 개방적 변화를 모색하려는 노력이라고 할 수 있다. 대표작으로 『목소리와 현상』, 『그라마톨로지』, 『글쓰기와 차이』, 『정신에 대하여』, 『마르크스의 유령들』, 『동물, 그러니까 나인 동물』 등이 있다.

옮긴이
문성원

서울대학교 철학과를 졸업하고 동 대학원에서 철학박사 학위를 받았으며, 2000년부터 부산대학교 철학과 교수로 역사철학, 문화철학, 현대사회철학 분야를 주로 다루어 왔다. 지은 책으로 『철학의 시추: 루이 알튀세르의 맑스주의 철학』(1999), 『배제의 배제와 환대: 현대와 탈현대의 사회철학』(2000), 『해체와 윤리: 변화와 책임의 사회철학』(2012), 『철학자 구보 씨의 세상 생각』(2013), 『타자와 욕망』(2017), 『철학의 슬픔』(2019), 『철학의 기쁨』(2025) 등이 있고, 옮긴 책으로 지그문트 바우만의 『자유』(2002), 자크 데리다의 『아듀 레비나스』(2016), 『죽음의 선물』(근간), 에마뉘엘 레비나스의 『신, 죽음, 그리고 시간』(2013, 공역), 『전체성과 무한』(2018, 공역), 『타자성과 초월』(2020, 공역), 『존재와 달리 또는 존재성을 넘어』(2021) 등이 있다.

최성희

영국 워릭대학교 '철학과 문학' 과정에서 석사 학위, 부산대학교에서 영문학으로 박사 학위를 받았고, 현재 부산대학교에서 강의하고 있다. 철학 및 비평 이론, 영미 희곡 분야에 걸쳐 학제 간 연구를 하고 있으며, 박사 학위 연구 주제인 타자와 폭력에 대한 관심을 정동 이론과 동물에 대한 연구로 이어 진행 중이다. 지은 책으로 『모빌리티 존재에서 가치로』(2021, 공저), 『근대의 시선에서 보는 식물, 동물, 행성 서사』(2025, 공저)가 있고, 옮긴 책으로 『젠더와 모빌리티』(2021), 『무대의 시간공유』(2013, 공역), 『정동 이론』(2015, 공역), 『존재권력』(2021, 공역) 등이 있다.

한국연구재단 학술명저번역총서 672

동물, 그러니까 나인 동물

1판 1쇄 찍음 | 2025년 9월 1일
1판 1쇄 펴냄 | 2025년 9월 25일

지은이 | 자크 데리다
옮긴이 | 문성원·최성희
펴낸이 | 김정호

책임편집 | 임정우
디자인 | 이대응

펴낸곳 | 아카넷
출판등록 | 2000년 1월 24일(제406-2000-000012호)
주소 | 10881 경기도 파주시 회동길 445-3
전화 | 031-955-9511(편집)·031-955-9514(주문)
팩시밀리 | 031-955-9519
www.acanet.co.kr

ⓒ 한국연구재단, 2025

Printed in Paju, Korea.

ISBN 978-89-5733-993-0 94160
ISBN 978-89-5733-214-6 (세트)

이 번역서는 2022년 대한민국 교육부와 한국연구재단의 지원을 받아 수행된 연구임.
(NRF-2022S1A5A7080065)
This work was supported by the Ministry of Education of the Republic of Korea
and the National Research Foundation of Korea. (NRF-2022S1A5A7080065)